SER BEBÉ TORNAR-SE PESSOA

AFECTOS COMEMORATIVOS

LOURDES LOURENÇO & HELENA RODRIGUES
ORGANIZAÇÃO E COORDENAÇÃO

SER BEBÉ TORNAR-SE PESSOA

AFECTOS COMEMORATIVOS

CATARINA RODRIGUES
DORA OLIVEIRA
ELIZABETE CORREIA
EVA DINIZ
HELENA RODRIGUES
IRENE SOBRAL
LOURDES LOURENÇO
MARIANA SERRAS PEREIRA
MIGUEL AREOSA FEIO
NUNO REIS
PAULO MARIA RODRIGUES

ALMEDINA

SER BEBÉ TORNAR-SE PESSOA

AFECTOS COMEMORATIVOS

ORGANIZAÇÃO / COORDENAÇÃO
LOURDES LOURENÇO & HELENA RODRIGUES

EDITOR
EDIÇÕES ALMEDINA, SA
Av. Fernão Magalhães, n.º 584, 5.º Andar
3000-174 Coimbra
Tel.: 239 851 904
Fax: 239 851 901
www.almedina.net
editora@almedina.net

PRÉ-IMPRESSÃO | IMPRESSÃO | ACABAMENTO
G.C. – GRÁFICA DE COIMBRA, LDA.
Palheira – Assafarge
3001-453 Coimbra
producao@graficadecoimbra.pt

Maio, 2009

DEPÓSITO LEGAL
291897/09

Biblioteca Nacional de Portugal – Catalogação na Publicação

LOURENÇO, Lurdes, e outro

Ser bebé tornar-se pessoa : afectos
comemorativos / Lourdes Lourenço,
Helena Rodrigues.- (Psicologia)
ISBN 978-972-40-3848-3

I – RODRIGUES, Helena, 1962-

CDU 159
       615
       316

ÍNDICE

CLÍNICA

INVESTIGAÇÃO

PROJECTOS

*Aos Pais e Mães
que os filhos criam.*

PREFÁCIO

Ganhar saúde

Desde o início, a vida não é só luta pela sobrevivência mas também, e sobretudo, fruir o prazer de funcionar, conquistando com isso boa disposição, alegria e felicidade. Não apenas sobreviver mas verdadeiramente viver.

Tal concepção ou perspectiva desloca o foco da nossa atenção e intervenção da perda pela doença para o ganho com a saúde. Quer dizer: estamos mais interessados em expandir a relação saudável do que em reduzir a relação doentia, pois sabemos que os benefícios de uma relação sanígena não só aumentam a resistência às relações patogénicas e a resiliência aos traumas psíquicos como resolvem uma parte apreciável dos malefícios derivados da doença.

Não é que seja desprezível tratar a patologia; tão-só que é mais efectivo promover a saúde. Uma mente sã em expansão é um capital permanentemente renovado; é ainda o melhor preventivo e remédio contra toda a sorte de noxas e azares.

Esta é a política do *ganho de saúde*: que, de certo modo, se opõe à política da poupança – da redução de custos – e à da reparação dos danos – o concerto do que está mal –, esperando que a dita saúde jorre por geração espontânea: apenas tirar as ervas daninhas, esquecendo-se de adubar a terra.

Claro que é necessário eliminar os tóxicos, mas não chega; a seguir, é preciso alimentar. Aqui, o alimento é a relação desenvolutiva, que promove o desenvolvimento; a qual, por ela própria – e como já vimos atrás –, facilita a desintoxicação. Mais que isso, actua como catalisador da reacção de expulsão das toxinas e/ou de afastamento da fonte toxígena.

O subsídio aos pobres é uma medida de urgência e temporária; a medida de fundo é criar emprego e riqueza. A este propósito, costuma referir-se o velho provérbio chinês: «Se encontrares um faminto não lhe dês peixe, ensina-o a pescar» – leva-o a desenvolver a sua capacidade de conquistar ou produzir alimentos; empossa-o de direitos e faz com que ele se emposse dos seus reais poderes. Reside neste último passo toda a estratégia do emposse (*empowerment*), que a psicologia comunitária tem teorizado e aplicado.

A vida é uma chama flamejante – passe a redundância – que carece ser alimentada – de combustível carbonado e oxigénio: relações sólidas e arejadas. Na instabilidade do vínculo e opacidade da comunicação, a vida esmorece (a chama empalidece).

É na relação nova e diferente, sanígena e desenvolutiva que o psicoterapeuta oferece, instala e estrutura, estanto aberto e apelante à participação activa do paciente ou parceiro da aventura relacional da vida e partilhando com ele o seu sentir, entender e sonhar, enquanto os dois vão co-construindo o presente da relação e assistindo em intervenção recíproca ao desdobramento dos sonhos-projecto do interlocutor principal – o outro. Sempre de olhos postos no semelhante.

Mas se realmente desejamos provocar mudanças significativas, eficientes e expansionistas na visão do mundo e compreensão da cultura, sistema de crenças e análise do real, formação de mitos e construção de teorias, capacidade de abstracção e desenvolvimento do pensamento conceptual, na complexa mas fascinante sociedade global em que nos inserimos e movemos, temos pela frente uma tarefa deveras hercúlea. Todavia e entretanto, também descobrimos dentro de nós e dos outros inesperadas e insuspeitas forças telúricas, até então desconhecidas, abafadas ou adormecidas, agora emergentes e que despontam com vigor, uma vez que tenhamos assumido a liberdade de ser, a audácia de se exprimir e o direito de as actualizar.

Contudo, só somos autenticamente livres quando aceitamos, respeitamos e até desejamos a liberdade do outro. Esta é a condição *sine qua non* da Liberdade (com letra grande), da vera liberdade; logo, aquela que temos de cultivar, pese em que às vezes tal se ignore.

Da disponibilidade e receptividade, empatia e intuição e resposta contingente e complementar não saturante do psicoterapeuta/psicanalista, depende o encetar e desenvolver da *nova relação* – transformadora (da identidade e do estilo relacional) – e a progressiva decadência da repetição transferencial (e com isso, a regressão da patologia – ou seja, da identidade patológica e da relação patogénica – por falta de uso e ausência de reforço).

O *processo de mudança* – por crescimento da saúde e redução/atrofia da doença – vai decorrendo à medida que a relação de objecto mórbida e morbígena, pela análise e interpretação da transferência, vai sendo desmantelada e a nova relação internalizada. Complementarmente, a nova relação é a pouco e pouco transferida para as relações do quotidiano (*transferência da nova relação*), isto é, a nova relação generaliza-se. O novo estilo de relação – mais aberto, construtivo e criador – consolida-se; e este é o objectivo e o fim da intervenção terapêutica. Expande-se o círculo virtuoso da saúde mental e extingue-se o círculo vicioso da patologia.

Ganhar saúde é o que faz sentido. Com certeza que reparar as perdas e corrigir os desvios é desejável; mas mais ainda, retomar o desenvolvimento suspenso e a orientação perdida – para desfrutar do presente e planear um futuro promissor, de esperança possível e não de miragem ilusória.

Saber de onde viemos, onde estamos e, sobretudo, para onde queremos ir. Ter sonhos, sim; mas, essencialmente, projectos: de amor, paz e realização.

Animal convivial por excelência, *homo sapiens sapiens* quer saber do que sabe, para saber sabendo que é um indómito aprendiz e não um sábio-"sabão" domado e formatado pelo saber já feito.

É numa aproximação assimptótica do infinito de significados da experiência humana que o sentido da vida se revela. A cada pessoa, em última análise, entregamos a liberdade de busca e encontro do seu e com o seu próprio sentido da sua vida única, exclusiva e sempre criadora; e, portanto, eminentemente e eternamente aberta a novos sentidos – não fora o Homem um construtor de significados; e, assim, o Criador Supremo.

Termino lembrando a cada putativo leitor a oportunidade de criar sonhos e pensamentos – livres e fecundos – que o impacto dos textos – criativos e entusiásticos – deste livro efectivamente espevita. É que a obra criada com espírito criador fica de tal forma impregnada pela alma da criação que é em si mesma uma "criatura criadora"; e, desde aí, dialoga com o usufruidor. É isso, e fundamentalmente isso, que distingue a obra de arte ou de ciência do artefacto utilitário ou instrumento técnico.

Bem-hajam os autores. Levantam questões (filosofam), interrogam a realidade (investigam), fomentam o sonho (inventam); e, *last but not least*, labutam em prol da felicidade alheia (humanizam-se). Para eles, o meu respeito e admiração.

Sonhar, enfim. Até porque é penoso cuidar de alguém que não cresce. E sem benefício próprio, o cuidador esgota-se e irrita-se – deprime e ataca.

É o sucesso que gratifica o cuidador, e também o cuidado; no fundo, o par – que assim se torna criativo.

Diz-se que as empresas ou crescem ou morrem (crescimento em qualidade, especifique-se). Com a empresa da vida sucede o mesmo.

Ganhemos, então, saúde!

Lisboa, 5 de Dezembro de 2008

António Coimbra de Matos*

---

* Médico e psicanalista.

A longa memória de *homo sapiens* deve quase tudo ao registo afectivo – *os afectos comemorativos*, que *co-memoram* episódios salientes da existência: de fruição ou insucesso, ânimo ou desânimo, cólera ou medo. Servem a memória de reconhecimento; mas também tecem o lastro do humor dominante, como evocação subliminar do rasto emocional das trocas com o parceiro significativo.

(...)

Os *afectos comemorativos* evocam episódios, pessoas e relações: de prazer ou dor, confiança ou desconfiança, amor ou ódio; ligando passado e presente, religando causa e efeito, antecipando um futuro possível, enfim, fazendo história e previsão; logo, construção identitária – de si e do outro – ao mesmo tempo que delineamento de estilos relacionais. E assim se vão definindo identidade e relação de objecto – as duas faces da sedimentação do processo relacional.

António Coimbra de Matos

«Entre memória emocional e memória semântica: mito pessoal do bebé», *in* **Vária: existo porque fui amado**

Primeiro não foi o verbo, nem a acção. Primeiro foi o entusiasmo!
(NIB, Núcleo de Investigação do Bebé, 2006)

INTRODUÇÃO

Os pais, esses especialistas em gerar afectos!

Uma das condições que nos revela um sentido de mudança, um sentido de aprendizagem no contexto do trabalho clínico e no quotidiano de nossas vidas, é a transformação do velho no novo, a abertura a novas formas de sentir e de pensar, a criação que sempre espreita. No fundo, a constante vontade de aprender com a experiência do outro aquilo que não sei – só assim não me canso de estar vivo! Só assim mantenho a incessante ânsia de criar!

O que é novo e protagonizado na vida pelos mais novos, ricos em entusiasmo, deixa sempre um rasto a seguir. Podendo, assim, os mais velhos manter a esperança de que a vida – esta única vida que temos – só vale a pena ser vivida com amor, garra, entusiasmo e vontade de saber!

Os bebés são os primeiros a indicar este caminho, já que eles são os responsáveis pelo renovar constante da vida. Para que tenham vida, eles precisam de pais que os geraram, simultaneamente, em pensamentos e em actos de amor, e que com eles sonharam já na sua infância através do brincar e do faz de conta. É daí que vêm os bebés!

Como dizia no outro dia o meu filho Tiago, com três anos de idade: «Os bebés vêm da barriga da mamãe!», «E vêm também da caminha, quando a mamãe e o papai dão muitos beijinhos!». Ou, como dizia também um menino do infantário do meu filho, com quatro anos: «É quando a mamãe e o papai dão um abraço tão apertado que se confundem!»

Os bebés precisam de pais que, já na idade adulta, sonhem com eles e os possam conceber como fruto de um amor e de um projecto de vida partilhado. Só assim renovamos o sentido da vida. Só assim nasce um bebé! E com ele todos os sonhos ainda por sonhar! E com ele novos projectos de vida a concretizar!

Do mundo afectivo de seus pais, o bebé deverá receber amor, pois é no amor que se desenvolvem e se constroem os alicerces relacionais que fundam o psiquismo relacional humano.

É numa relação de intimidade que o bebé poderá vivenciar o sentimento de ter sido amado, para assim construir o seu amor-próprio e, depois, poder amar outros. Esta é, sem dúvida, a primeira especialidade dos pais: amar o seu bebé, seu filho, como único! Através da relação afectiva autêntica e espontânea que os pais oferecem ao bebé, este vai organizando e criando, no seu mundo relacional, a experiência do sentir, a maravilhosa descoberta dos afectos que vêm de seus pais e dos outros, da relação humana.

Enfim, o afecto vem da relação e dessa capacidade de nos relacionarmos e nos entusiasmarmos uns com os outros.

Assim, vai-se organizando um psiquismo relacional que cada vez mais – e melhor –, com ajuda da resposta afectiva dos pais, vai dando sentido ao que o bebé observa, vive, investiga, bem como ao que ele vai inventando e descobrindo na relação com o outro, consigo próprio e com a realidade ao seu redor.

Escolho como **primeiro organizador do psiquismo relacional do bebé o olhar apaixonado dos pais para o seu bebé**: este ser único e especial que se sente desejado porque amado pelos seus pais.

Durante os dois primeiros meses de vida, o bebé, com os pais, e de forma privilegiada com a mãe, já verbalizará com naturalidade as competências relacionais: já é capaz de sorrir e de vocalizar, bem como de interagir de uma forma rica, pois a experiência de acontecimentos ricos em afectos sintónicos e de reciprocidade com os pais torna-se gradualmente uma constante. É nestes momentos de intimidade que a mãe tem a possibilidade de se dar a conhecer, pois ao alimentá-lo no seio ou no biberão oferece um acolhimento, por excelência rico nas trocas de olhares, nas ternuras do tocar e na capacidade extraordinária que as mães têm de se colocarem no lugar do seu bebé, bem como conhecê-lo cada vez mais e de compreender melhor os seus estados de alma. As mães mais sintónicas e contingentes vão aprendendo a ir ao encontro das necessidades relacionais do bebé, que reclama, através do seu choro, a sua presença, a sua atenção, o seu amor! As mães tornam-se, então, especialistas em gerar afectos e em compreender os estados afectivos do seu bebé, o seu comportamento relacional.

Através da relação afectiva que estabelece com o seu bebé, a mãe vai desenvolvendo as suas competências maternais. Elas vão sendo mais especialistas em decifrar os diferentes tipos de choro do seu bebé, de perceberem o seu entusiasmo pelo novo, a sua capacidade de exploração e o seu desejo de descoberta. Nesta relação que elas estabelecem com o seu bebé, e através da interpretação dos seus comportamentos, vão-lhe atribuindo uma identidade que o bebé assimila – «identificação imagóico-imagética» (Coimbra de Matos, 2002[1]) –, de forma consciente ou inconsciente, uma maneira de ser e de estar na relação, vão identificando características da sua personalidade. Assim vai nascendo a pessoa, que é o bebé, rapaz ou rapariga.

Os pais são especialistas em gerar afectos, vão atribuindo estados de alma ao seu bebé, através das experiências emocionais partilhadas, ficam maravilhados com o privilégio de lançarem o cimento afectivo daquele que um dia se tornará também um filho da Espécie, filho da Humanidade.

É com a constância do amor parental e a confiança na sua reciprocidade que estão criadas as condições necessárias para termos o sentido de existência para um outro ser humano que nos respeita na nossa unicidade. É este lugar afectivo e confiante no interior mental de seus pais que possibilita ao bebé criar o desejo de conhecer os seus pais para melhor se conhecer a si próprio e ligar-se às pessoas, explorar os objectos e a realidade à sua volta.

Este será **o segundo organizador do psiquismo relacional do bebé: ter existência afectiva e constante no interior de seus pais**, o que possibilita a construção do nosso amor-próprio, bem como a possibilidade de desenvolvermos o desejo de investir na nossa vida de relações. É este investimento afectivo que promove a coragem necessária para podermos mudar, questionar e criar condições alternativas e inovadoras que nos possam levar a escolher novas relações e novos projectos de vida.

Por volta dos cinco meses de idade, o bebé já mostrará claramente a sua capacidade de diferenciar a mãe do pai, através da diferença relacional que cada um terá na sua relação com o bebé. Esta idade de aprender brincando com os pais permite ao bebé desenvolver a sua capacidade de liderar a relação com intencionalidade afectiva, assim nascendo o desejo

---

[1] COIMBRA DE MATOS, António (2002), **Psicanálise e psicoterapia psicanalítica**. Climepsi Editores.

próprio e, com ele, o início da nossa capacidade de termos empatia com o outro, abrindo o caminho para virmos a ter habilidades para investir afectivamente e escolhermos projectos relacionais na vida que nos entusiasmem.

A gradual aquisição do sentar permitirá que o bebé possa olhar e relacionar-se com as pessoas e com os objectos de outras formas, com outro domínio e outras capacidades de investigação em relação ao seu próprio corpo, ao corpo do outro e ao ambiente à sua volta. O desenvolvimento das suas competências físicas, possibilitando o agarrar os objectos, vai paulatinamente potenciar a sua capacidade de exploração e, em consequência, a descoberta do brincar pelas experiências relacionais autênticas, afectivas e espontâneas com os pais e, progressivamente, com os outros.

A quantidade e a qualidade deste amor parental na relação de reciprocidade com o bebé, pelas experiências de prazer fomentadas pelo brincar, irá ser determinante para o bebé desenvolver a coragem necessária na criação de novas relações de confiança e, com entusiasmo, ultrapassar as dificuldades do seu crescimento, com a segurança afectiva de não estar só e de poder encontrar respostas alternativas através da sua criatividade e capacidade de inovação.

A este propósito, no outro dia o meu filho Tiago referia-me que não gostava de dormir sozinho. Então eu virei-me para ele e disse: «Sabes, Tiago, nós não dormimos sozinhos, nós dormimos com os nossos sonhos, lá pode entrar quem a gente quiser e podemos brincar de diferentes maneiras!».

Ser pai, ser mãe, sermos cuidadores afectivos, traz consigo a possibilidade única de sermos responsáveis de dar a um ser humano o cimento afectivo que poderá erguer a sua casa relacional, onde pela primeira vez a vivência de ser amado e o sentido de Humanidade na vida acontece. É o desenvolvimento do entusiasmo de viver, de brincar e de gostar de viver com a família que nos torna seres de relação. Mas é também o que nos fornece a base afectiva para investirmos em relações fora de casa, ir além das fronteiras, andar por mares nunca antes navegados, lugar de novas criações, de novos sonhos, oásis do futuro e do progresso, porque não temos medo, mas sim o desejo de conhecer o que é desconhecido.

Este será, então, **o terceiro organizador do psiquismo relacional do bebé: o entusiasmo relacional e a vontade de explorar o desconhecido**, que se desenvolve por volta do 8.º/9.º/10.º mês do bebé e que o lançará para a aventura do não familiar. É por esta altura que o bebé começará a engatinhar e a pôr-se de pé, testará a sua capacidade de autonomia quando a mãe ou o pai estão lá para festejar. Isto permitirá que o bebé, pela exploração e o conhecimento de si próprio, na relação com os outros e com os objectos, abra portas ao desenvolvimento das suas capacidades relacionais, possibilitando a consolidação de competências cognitivas e emocionais.

Tem sido uma alegria compreender e viver esta experiência com o meu filho Diogo, actualmente com 12 meses de idade, percebendo o seu interesse em compreender o que as pessoas lhe fazem, como comunicam com ele, o que lhe dão, o que ele pode esperar delas, perceber como as coisas são, perceber o que é que ele pode fazer com as pessoas. Assim vai testando a sua capacidade de explorar, desenvolvendo as suas capacidades relacionais, agora de forma diferente, pois já engatinha, testando as suas novas capacidades motoras, inventando novas formas de se relacionar e de brincar, de experimentar emoções, de ir à procura de novos objectos e pessoas. Essas experiências fazem dele um ser relacional, pensante e emotivo, com uma capacidade extraordinária para aderir às brincadeiras e procurar a novidade.

Nos meses que se seguem, a confiança no amor parental começará a dar os seus primeiros passos em direcção à autonomia e à independência do bebé. Este vai à descoberta das suas novas capacidades relacionais e motoras com os seus próprios pés e com entusiasmo nas pontas dos dedos, ocorrendo uma explosão de novas experiências, descobertas e conhecimentos. É nestas alturas que nasce o génio que existe em nós, que é uma constante vontade de conhecer o que é diferente de mim, mas também este aconchego na alma quando ouvimos a voz de quem a gente ama.

Com os protestos nesta idade, quando confrontado com as frustrações que a realidade lhe apresenta, o bebé está a testar o início da sua capacidade de resolver os seus problemas. Os pais "à beira de um ataque de nervos" – e preocupados com os novos perigos, que do ponto de vista do bebé serão os seus novos desafios – devem promover, com segurança afectiva e com brincadeira, esta sua "luta" pela independência.

Chamaria à idade de um ano a "idade do espanto". É uma idade da conquista, pois a partir de agora os seus pedidos através da linguagem, as suas exigências emocionais, a sua capacidade de se defender e de protestar e de se adaptar aos novos desafios e o seu auto-controlo começam a tomar conta da sua vida de relações, bem como do seu sentido de viver. Compete aos pais facilitar estas conquistas e ir percebendo, nos meses que se seguem, esta necessidade de apoio (confiança afectiva), mas, ao mesmo tempo, promovendo e facilitando a constante necessidade de autonomia do bebé face aos pais. Ele começará a utilizar a linguagem como meio preferencial de comunicação, cabendo aos pais ouvi-lo, responder às suas necessidades e dar sentido à experiência emocional e à brincadeira. O bebé vai sendo progressivamente capaz de fazer as coisas sozinho, mas ainda precisa da atenção, do olhar do reconhecimento afectivo de seus pais. O bebé pensa: «Eu sou importante para eles, eles gostam de mim, pois têm entusiasmo, prazer, alegria em estar comigo». Tudo que fazemos na vida é sempre para alguém! Alguém que me ame na realidade, que me amou nos seus sonhos, e que, na minha esperança, por toda a minha vida me vai amar.

E é com amor, mas amando também, que estão criadas as condições necessárias, embora não suficientes, para nos lançar nesta aventura que é o viver. Pois somos seres de relação e é na relação que renovamos a nossa capacidade de amar e sermos amados; é na relação que o desafio do desconhecido se transforma em fascínio de querermos cada vez mais compreender e conhecer o outro. Conhecer o bebé que fomos para os nossos pais, ou gerar aquele que gostaríamos de ter sido, cuidar dos bebés de outros, ou ainda inventar novos bebés! Ou, melhor ainda, brincar aos pais e aos bebés!

Foi o meu percurso pessoal – a experiência de amar e ser amada, o ter sido mãe e a contínua diversidade de experiências emocionais em diferentes contextos, quer de trabalho clínico, quer de lazer, o gosto de conhecer novas pessoas, o gostar delas, que me fez interessar por aquilo que as mesmas me poderiam ensinar – e o meu trabalho como psicoterapeuta ao nível individual e de grupo que me permitiram investigar, de uma forma mais rica, como surge o desejo de parentalidade antes, durante e após o processo gravítico, nas diferentes fases da gravidez, assim como nos diferentes momentos das vidas das pessoas, desde de uma adolescente grávida, com 14 anos, até uma mãe com 43 anos de idade.

Este é um trabalho que desenvolvi durante cerca de cinco anos na Maternidade Dr. Alfredo da Costa, onde obtive o grau de especialista em psicologia clínica. Durante o trabalho que elaborei como psicóloga clínica nesta Maternidade, interessei-me por investigar, do ponto de vista clínico/teórico, o nascimento da parentalidade nas diferentes fases do seu processo evolutivo, da vinculação intra-uterina aos primórdios dos processos de vinculação na relação pais-bebé.

Fiquei surpreendida com a capacidade extraordinária que muitas grávidas adolescentes possuíam em levar a sua gravidez até ao fim, quando muitas destas adolescentes não tinham ainda nascido como filhas para as suas próprias mães... Vivi e partilhei muitas vezes com os pais o sofrimento de se ter um bebé em situação de risco, sem saberem se o poderiam levar para as suas casas. Compreendi que a impossibilidade ou dificuldade de ter um filho traz consigo a frustração de a vida não poder ser diferente e a alma não poder ser renovada. Partilhei experiências profundamente ricas, do ponto de vista afectivo, com pais de bebés que nasciam em situação de risco, com casais que esperavam ansiosamente a possibilidade de vir a ter um filho, com mulheres que sofriam no corpo feminino a amputação da alma.

Questionei e aprendi com diferentes profissionais que tipo de intervenção psicoterapêutica poderia ser mais eficiente para facilitar este processo evolutivo da vinculação intra-uterina aos primórdios da relação pais-bebé, nos mais diferentes momentos das vidas das pessoas, bem como em diferentes situações económicas, sociais e culturais.

Em algumas situações, a grávida encontrava-se abandonada em termos de suporte familiar, vivendo com depressão não só o período de gravidez, como também o período pós-parto.

Em situações de internamento prolongado, encontramos os mais variados factores que afectam o bem-estar da unidade materno-fetal, situações em que a falta de maturidade psíquica para assumir o compromisso parental nos preocupa por implicar um risco psicopatológico, em muitas situações associado a factores de risco social e económico para aquela futura família, mas principalmente para aquele bebé.

Foi neste contexto que também trabalhei como psicóloga a convite da Associação Portuguesa de Ajuda ao Recém-Nascido, juntamente com uma equipa de profissionais da Maternidade Dr. Alfredo da Costa no serviço domiciliário prestado a famílias que, por razões de ordem diversa, tinham receio de levar o seu bebé para a casa. Foi apenas neste contexto participativo e relacional que me foi possível colocar de forma mais completa no lugar afectivo daqueles pais e também compreender as necessidades de cuidados especiais e de suporte afectivo daqueles bebés, para tentar assegurar a sua sobrevivência muitas vezes física, mas também tentar prevenir situações de risco relacional para aqueles bebés, dando continuidade a um acompanhamento psicoterapêutico que fosse benéfico para potenciar quer as competências parentais quer o desenvolvimento do mundo relacional daquele bebé.

Foram diversas as situações em que as dúvidas se transformaram em desafios para melhor conhecer e tentar compreender o que se passava com o outro, assim podendo encontrar a melhor forma de dar respostas às suas necessidades relacionais, sejam elas de um bebé com a sua família; de uma grávida; de pais que sonham em ser pais; e de adolescentes que sonham em vir a ser adolescentes!

No trabalho psicoterapêutico, temos a possibilidade de investigar e de levantar hipóteses acerca da vida relacional do outro, bem como de compreendermos que a história do outro passa de um registo factual, muitas vezes manifestado através da dor do corpo ou da alma, e que se reflecte em paragens de crescimento nas suas vidas relacionais, impossibilitando a concretização de projectos de vida em diferentes áreas de realização.

Cabe ao terapeuta oferecer uma relação afectiva ao paciente que imprima uma dinâmica relacional íntima e diversificada do ponto de vista emocional, tendo como base um diálogo vivo que promova a elaboração de projectos de vida com o desenvolvimento de relações afectivas que buscam o amor, o entendimento, a descoberta e as aprendizagens vivenciais que levem a mudanças reais e inovadoras em suas vidas.

As hipóteses de trabalho e a contínua investigação relacional para a compreensão da vida do outro – do outro que é relacional, e que nos fala da sua dor mas também das suas alegrias – vão surgindo e vão sendo investigadas na base de uma nova relação co-criada com amor e entusiasmo entre terapeuta e paciente, durante e após o tratamento psicoterapêutico. Esta nova relação, que vai sendo interiorizada, será então promotora de mudanças de vivências passadas em novas opções de vida relacional e de estilos relacionais diferentes, relações mais afectuosas, livres de culpas, de perdas, mais abrangentes e flexíveis no seu funcionamento relacional, levando o outro e a sua vida relacional à conquista de projectos mais criativos e duradouros.

Saímos, assim, do parasitismo psicológico de um terapeuta que tudo sabe acerca do outro e nada investiga (porque tudo sabe). De facto, a realidade é que não sabemos, mas interessamo-nos por saber acerca do outro. É o investimento afectivo do terapeuta, e o reconhecimento do outro na sua diferença relacional, que distingue uma relação psicoterapêutica de qualquer outra relação.

Temos de fazer o trabalho que não foi realizado na vida afectiva/relacional do paciente. Mais importante ainda do que aprender com a experiência, é não confundir arrogância e prepotência com o desejo de conhecimento, assim não correndo o risco de que o paciente possa servir apenas como o prolongamento narcísico do pobre e infértil funcionamento mental do terapeuta.

Penso que estes riscos podem acontecer em equipas, instituições ou sociedades científicas pouco abertas ao novo e à mudança. A forma como o ser humano vivencia o seu sofrimento ou mesmo os seus desequilíbrios emocionais transitórios – momentos de crise que permitem a passagem para patamares evolutivos nos seus projectos de vida – não deverão ser tratados "como farinha do mesmo saco", pois as pessoas têm a sua unicidade e diferença. Se assim não fosse, não sairíamos da "idade da pedra" e, diria eu, psicanaliticamente falando, da "idade da transferência".

Aliás, a psicopatologia individual e institucional surge pelo ataque aos vínculos do conhecimento e de afecto, dando lugar a relações mafiosas, controladoras e invejosas que sobrevivem à custa de vínculos sedutores e agressivos, que caracterizam as relações pobres em afecto e inférteis no conhecimento relacional. Talvez o exemplo mais típico seja o psicopata, um tirano, um louco preso dentro de si próprio, incapaz de se relacionar com o outro, incapaz de compaixão, vivendo numa guerra surda, atraindo muitos cegos de espírito e coxos de coração.

O psicólogo, ao trabalhar numa instituição, deve ser aquele que possui a capacidade de criar vínculos, sobretudo vínculos de conhecimento e de afecto, que possibilitam o estabelecimento de relações criativas e promotoras de mudanças reais, contribuindo, assim, para dar sentido à experiência relacional.

Pois não crescemos sozinhos! Crescemos pela complementaridade!

Foi neste contexto que, em 2001, fui convidada pelo Prof. Doutor José Paz para ser directora clínica da Clínica Contemporânea, uma clínica de investigação e de desenvolvimento psicológico onde, durante um período de sete anos, desenvolvi, juntamente com a equipa clínica, um trabalho de investigação clínica, de supervisão de casos e de cursos de longa e curta duração. Deste trabalho e dos projectos desenvolvidos na Clínica Contemporânea, surgiu a necessidade de ensinar para aprender duas vezes, com a possibilidade de criar um curso para formar psicoterapeutas que fossem especialistas em fases específicas do desenvolvimento humano (clínica do bebé/parentalidade, da criança, do adolescente, do adulto e da família) e onde fosse ensinado, de uma forma prática e criativa, a potencialização da nossa capacidade relacional como o principal instrumento de trabalho na prática psicoterapêutica para ajudar de forma eficiente e duradoura o paciente.

Este projecto de formação de psicoterapeutas (CEPSI – Curso de Especialização em Psicoterapia) – de que também sou co-fundadora e onde fui directora pedagógica durante o período de seis anos, juntamente com a Dra. Odília Valério, tendo como director científico o meu colega e amigo José Paz e como director clínico o Dr. António Coimbra de Matos, meu mestre do afecto – permitiu e tem permitido formar psicoterapeutas que investiguem a realidade relacional de seus pacientes, encarando o sofrimento psicológico como uma paragem ou interrupção do percurso de vida da pessoa. Este curso da Clínica Contemporânea é actualmente ministrado na Universidade Autónoma de Lisboa, no Departamento de Psicologia e Sociologia e está integrado na Escola de Psicoterapia, sendo uma das suas pós-graduações. O seu director científico é o Prof. Doutor José Paz e o seu director clínico é o Dr. Coimbra de Matos, e onde actualmente continuo a colaborar como formadora.

Foram muitas as aprendizagens e desafios colocados por alunos, colegas de profissão, pacientes, também pelo meu filho Tiago e, mais recentemente, pelo meu filho Diogo.

Foi também neste contexto que nasceu, em 2006, o NIB – Núcleo de Investigação do Bebé e, com ele, a preocupação de criar um grupo de investigadores (na sua maioria, psicoterapeutas especializados na clínica do bebé/parentalidade) que estivessem entusiasmados e se dedicassem a tentar compreender as relações que se estabelecem entre pais e bebés através da dinâmica relacional do brincar.

A partir desse entusiasmo, e com vontade de descobrir também algo de novo, partimos para a investigação/acção de hipóteses gerais de trabalho que nos ajudassem a compreender a origem e o desenvolvimento da dinâmica do brincar na relação entre pais e bebés. Estamos interessados em investigar e, se possível, descrever as fases do desenvolvimento relacional do brincar na dinâmica relacional entre pais e filhos na primeira infância.

Será que as origens do brincar se organizam nas relações entre pais e bebés? Não há brincar sem criação de vínculos de confiança relacional? Será que o brincar pode ser potencializador das experiências intersubjectivas entre pais e bebés? Acreditamos que o brincar promove uma base relacional segura que poderá potenciar um maior conhecimento afectivo entre pais e filhos e uma vivência mais prazerosa, criativa, aberta à construção de novas relações e novas experiências de vida.

É um dos nossos objectivos específicos descrever as fases do desenvolvimento relacional do brincar na primeira infância. Neste sentido colocamos várias questões: Será que a nossa capacidade de estabelecer relações tem como base o desenvolvimento da nossa capacidade de brincar? E em que idade pré-verbal ela surge? Poderemos descrever o nascimento do brincar ao longo do desenvolvimento relacional entre pais e bebés?

Elegemos como o primeiro brinquedo/brincadeira do bebé, e indicador de relação de afecto e de vínculo seguro na relação com os progenitores, a procura dos olhos dos pais e o gesto espontâneo dos pais para com o seu bebé.

Estas são algumas das hipóteses de trabalho do nosso grupo de investigadores clínicos, que tem a particularidade de investigar, trabalhando e intervindo no terreno relacional partilhado entre pais e filhos. Vamos à creche, aos jardins de infância e, através de acções de formação vivenciais (pondo os pais a brincar) e de workshops (Venha brincar com o seu bebé! Venha brincar connosco!) realizados na nossa sede ou centro de investigação clínica em Lisboa, SALA DO BRINCAR, vamos descobrindo e investigando a crescente importância do brincar como facilitador da comunicação afectiva verbal e não verbal entre pais e filhos, uma forma primária e primordial de conhecimento relacional. Um excelente indicador do desenvolvimento saudável do seu filho!

Acolhemos e desejamos descobrir novos parceiros para esta aventura, que é brincar crescendo! Propomos metodologias educativas através do brincar e estamos preocupados em ajudar os pais a descobrirem tempo e maneiras divertidas de estarem com os seus filhos, brincando. Mais prazer e menos frustração, pois esta não ajuda ninguém a crescer e muito a menos viver. Somos um grupo de investigadores clínicos interessados em promover e potenciar as relações entre pais e filhos através do brincar. Neste contexto, convidamos os pais e os seus filhos a fazerem parte deste projecto na Sala do Brincar (a nossa sede de investigação clínica), pedindo, em troca, a autorização para serem filmados durante as brincadeiras, utilizando este material para fins educativos e como amostra para a nossa investigação clínica (claro está, salvaguardando o anonimato e a confidencialidade).

Mas mais importante ainda, como diz Eduardo Sá, é descobrindo «más maneiras de sermos bons pais» – entendendo aqui as más maneiras como a nossa capacidade extraordinária de brincar – que encontramos soluções e estratégias para os problemas que as relações e a vida de relações nos colocam. Caso contrário, morreremos estúpidos e sozinhos.

Acreditamos que estas experiências possam promover a capacidade de respostas diferenciadoras do ponto de vista emocional por parte dos pais, indo mais ao encontro das necessidades relacionais de seus filhos.

Nestas intervenções co-participativas, e por isso mais espontâneas e mais vivenciais, levamos pais e bebés à descoberta do brincar como um meio privilegiado de conhecimento relacional através de vivências de prazer e bem-estar.

É neste contexto de investigação, de prevenção e de intervenção que o NIB e os seus membros têm trabalhado, tendo como coordenadora da equipa eu própria, Lourdes Lourenço, como consultor clínico o Dr. António Coimbra de Matos – personalidade incontornável da saúde mental infantil em Portugal – e como consultora científica a Prof.ª Doutora Helena Rodrigues – cujo trabalho de investigação se caracteriza pela qualidade e rigor científico de reconhecimento internacional –, que nos presenteia, no fim desta obra, com o projecto *BebéBabá*, que é um projecto artístico e inovador na forma como põe pais e bebés a brincar e a descobrir competências musicais.

Os membros da equipa do NIB, que na sua maioria participam neste livro, são quase todos psicólogos especialistas na clínica do bebé. Os artigos científicos, clínicos e de projectos de formação e de intervenção na área da parentalidade, apresentados neste livro, são uma base para virmos a desenvolver uma nova lógica de investigação/acção e de actuação psicoterapêutica na área da parentalidade.

Muitos destes artigos foram trabalhos de investigação de fim de curso, quer de licenciatura, quer de mestrado, quer de trabalhos finais do CEPSI. Em alguns deles, fui membro dos respectivos júris e foi neste contexto que conheci a potencialidade de muitos dos membros desta equipa, que também procuravam novas formas de investigar, trabalhar e intervir.

Temos em comum a necessidade de questionar a realidade e de procurar formas de ir ao encontro das necessidades relacionais de pais/bebés/ /crianças. Procuramos mais interlocutores que nos possam ajudar nesta investigação/acção das dinâmicas relacionais entre pais e filhos.

É neste contexto que o trabalho do Dr. Nuno Reis membro da nossa equipa nos enriquece e nos aponta um caminho para intervirmos mais cedo na área da parentalidade, já no momento da gravidez, facilitando assim o processo da vinculação entre os pais e o futuro bebé.

Do mesmo modo o trabalho da Dra. Dora Oliveira nos abre portas para compreendermos como as diferenças culturais podem beneficiar o desenvolvimento de determinadas competências parentais na relação com os seus bebés, favorecendo a comunicação verbal numa cultura e a não verbal noutra.

A Dra. Catarina Rodrigues, membro da nossa equipa, através do seu artigo, partilha a vivência emocional de participar no crescimento de uma família e questiona a utilidade do método de observação de bebés de Esther Bick, outrora utilizado como forma de compreender as dinâmicas relacionais entre pais e bebés. A autora critica o método e propõe um novo modelo de intervenção psicoterapêutica, servindo-se do modelo da terapia familiar.

Eu própria, em 2005, com a publicação da minha tese de mestrado (transformada no livro **O bebé no divã. Desenvolvimento emocional precoce amar e pensar com o bebe e os seus pais**), questiono a utilidade do Método de Observação de Bebés de Esther Bick como um método de estudo que pode potenciar a investigação do desenvolvimento relacional do bebé no contexto das suas relações emocionalmente significativas e privilegiadas (é evidente que o terapeuta será também uma relação significativa para a família do bebé), elegendo como pontos de referência as competências parentais e o desenvolvimento relacional do bebé. O trabalho foi inspirado nas descobertas e investigações desenvolvidas por Brazelton e colaboradores, que destacam as competências do recém-nascido na relação com os seus progenitores.

É ainda neste contexto que são desenvolvidos os trabalhos da Dra. Eva Diniz, do Dr. Miguel Areosa Feio e da Dra. Irene Sobral, existindo a preocupação de compreender a dinâmica relacional entre pais e bebés. As investigações destes autores são baseadas na observação de díades em contexto domiciliário e tentam identificar padrões relacionais, vivências transgeracionais e desejos parentais que possam beneficiar ou dificultar o desenvolvimento das competências relacionais do bebé na relação com os seus progenitores, nomeadamente a mãe.

Os contributos clínicos e teóricos e de utilidade psicoterapêutica expostos ao longo deste livro são variados, sendo a preocupação da Dra. Elisabete Correia um bom exemplo da necessidade de nos debruçarmos mais e tentarmos compreender como o pai vive o seu processo de parentalidade.

Tivemos a necessidade de partilhar convosco as nossas experiências de sucesso e de insucesso terapêutico, não podendo deixar de fazer referência ao excelente trabalho psicoterapêutico realizado pela Dra. Mariana Serras Pereira a uma mãe que perdeu uma filha e que entretanto engravidou de outro filho. Ela mostra-nos, a par e passo, a evolução da relação de afecto e de confiança relacional estabelecida entre a terapeuta e a paciente e como a nova relação foi promotora da gestação e aceitação daquele novo bebé daquela nova relação.

Temos ainda muito caminho a trilhar, questionando realidades relacionais, construindo teorias do desenvolvimento saudável, novos modelos de intervenção, tentando reflectir, juntamente com pais e filhos e através do trabalho de campo, encontrar novas formas de nos relacionarmos e, assim, ir compreendendo a natureza relacional do outro.

Contamos, também, com o apoio de diferentes interlocutores: professores, educadores, pedopsiquiatras, psicanalistas, psicólogos clínicos, sociólogos e artistas. Damos preferência a quem nos abre a porta e nos acolhe com o seu entusiasmo, a quem gosta de intervir, investigar, inovar, testar novamente, pensar sobre a realidade relacional vivida entre pais e filhos, brincando com eles, e assim descobrir o que promove o desenvolvimento relacional saudável. Propondo momentos NIB (Nascer, Inovar, Brincar).

Como diz o Dr. Coimbra de Matos: «Mais amor e menos doença». Eu acrescentaria: «Mais brincadeira, mais conhecimento relacional», para podemos ter, no fundo, crianças mais felizes e pais mais geradores de afectos.

Lisboa, 26 de Dezembro de 2008

A Coordenadora do NIB
Lourdes Lourenço Bacelar Gouveia[2]

---

[2] Psicóloga Clínica, psicoterapeuta de orientação psicanalítica.

Membro da equipa de investigadores do projecto Desenvolvimento Musical na Infância e Primeira Infância financiado pela Fundação para a Ciência e Tecnologia (FCT) e membro da equipa de investigadores do CESEM (Centro de Estudos de Sociologia e Estética Musical), da Faculdade de Ciências Sociais e Humanas da Universidade Nova de Lisboa.

Fundadora e coordenadora do NIB.

Associada fundadora da AP – Associação Portuguesa de Psicanálise e Psicoterapia Psicanalítica, que é membro filiado da IFPE – INTERNATIONAL FEDERATION for PSYCHOANALYTIC EDUCATION.

Email: lourdesbacelar@gmail.com; nucleobebe@gmail.com

CLÍNICA

ACESSO AO VENTRE: ASPECTOS CLÍNICOS DA ECOGRAFIA OBSTÉTRICA

NUNO REIS[1]

RESUMO: Neste trabalho o autor procura reflectir sobre o significado psicológico da ecografia obstétrica. Enquanto técnica de diagnóstico realizada durante a gravidez, a ecografia será o primeiro exame feito a qualquer ser humano. A generalização, ao nível da sua utilização, é indissociável do desenvolvimento da Medicina Fetal, bem como da progressiva autonomização do feto enquanto paciente. De um ponto de vista psicológico, a ecografia e a possibilidade de visualizar o bebé serão sentidos de forma diferenciada por cada casal. Ao longo do texto reflecte-se sobre o impacto que esse acontecimento poderá ter no decurso da gravidez, bem como qual o lugar que poderá ter no âmbito da intervenção clínica em Psicologia Perinatal.

PALAVRAS-CHAVE: Ecografia; Feto; Parentalidade; Psicologia Fetal

TITLE: *Acess to womb: clinical issues of obstetric ultrasound*

ABSTRACT: *In this paper/essay the author intends to reflect on the psychological importance of the obstetric ultrasound. Whilst a diagnostic technique apllied during pregnancy it's the first ever exam taken by a human being. It's increasingly wide use is linked, not only to the development of Fetal Medicine, but also to the progressive autonomization of the foetus as a patient itself. The ecography and the chance to view the baby are psychologically perceived very differently by each couple. Further in this*

---

[1] Psicólogo Clínico.
Doutorando na área de Psicanálise pelo ISPA/UNL, desenvolvendo a tese na área da gravidez e amniocentese.
Email: nunomigreis@netcabo.pt

essay we will try to analyse how valid this event can be as a clinical approach and tool in Perinatal Psychology, as well as its influence during pregnancy.

KEYWORDS: *Ultrasound; Fetus; Parenthood; Fetal Psychology*

Durante uma entrevista dada à rádio, um jornalista apresenta o Dalaï Lama referindo a sua idade. Perante o embaraço e a surpresa do entrevistador, o chefe espiritual corrige-o acrescentando um ano à idade mencionada; explica então que, ao contrário do que sucede no Ocidente, ele costuma contabilizar os nove meses de gravidez na sua idade (Missonnier, 1999).

Este comentário evidencia a importância que o período pré-natal tem na vida de cada um, importância essa nem sempre reconhecida. A curiosidade pela vida fetal não é, ainda assim, recente. Desde Hipócrates que o Homem procura perceber o que acontece durante esses nove meses, recorrendo para isso a explicações mais ou menos fantasiosas, que em muitos casos duraram até aos nossos dias. No entanto, o período pré-natal, muitas vezes o parente pobre da Psicologia Perinatal, deve ser percebido como o "primeiro capítulo" na biografia de cada um e não apenas uma espécie de preâmbulo ou pré-história (Missonnier, 1999). Deste modo, o que se salienta é, tal como Freud (1990) referiu, que «entre a vida intra-uterina e a primeira infância há uma maior continuidade do que a impressionante ruptura do acto do nascimento nos permite saber» (p. 62).

A ecografia obstétrica apresenta-se como uma das formas privilegiadas de estudar esta continuidade, não só porque se trata de um exame que é feito em função do bebé, para perceber, entre outras coisas, o seu estado, mas também porque é um espaço de convergência interdisciplinar (obstetras, pediatras, enfermeiros, psicólogos, entre outros), de encontro e discussão entre diferentes saberes. A ecografia obstétrica é, então, um espaço/lugar de encontro entre pais, bebé e técnicos.

O interesse crescente pela vida fetal que se tem verificado nos últimos anos, nomeadamente no que diz respeito ao desenvolvimento do ser humano dentro do útero materno, está intimamente ligado a diversos factores. Destes será pertinente evidenciar o modo como, de forma mais ou menos disponível, se reconheceu nas crianças, primeiro, e nos bebés, depois, características que os aproximaram cada vez mais dos adultos (Golse, 2006). Ao mesmo tempo, a curiosidade pelos primeiros anos de vida relacionar-se-á com o interesse e o fascínio que as origens suscitam.

Já foi assim em relação à origem da vida e também é assim quando se fala na origem da vida psíquica.

Porém, a ausência de metodologias suficientemente desenvolvidas não permitiu um estudo pormenorizado sobre o desenvolvimento intra-uterino e sobre a organização e estruturação de um conjunto de capacidades, que hoje, de forma mais ou menos generalizada, se reconhecem no bebé durante a gravidez.

A descoberta da ecografia proporcionou um avanço notável e teve como consequências principais: (1) a autonomização da Medicina Fetal enquanto ramo ou especialidade da medicina, autonomização essa que aconteceu de modo muito rápido (Daffos, 1997); (2) e decorrente do que foi dito, o reconhecimento do estatuto de paciente ao feto. De facto, a ecografia será sempre uma técnica, um exame que é feito ao bebé em ambiente intra-uterino; trata-se de um procedimento que é efectuado directamente ao bebé, mas que implica também os pais e o ecografista.

Piontelli (1995) refere que a ecografia constitui-se como o melhor procedimento para observar de forma não intrusiva o desenvolvimento e comportamento do feto humano. Acrescenta também que, de um ponto de vista biológico, e de acordo com o Instituto Americano de Ultra-Sonografia e Medicina, «não há efeitos biológicos confirmados sobre pacientes ou sobre os operadores da ultra-sonografia causados pela exposição da intensidade típica dos actuais aparelhos de ultra-sonografia» (AIUM, 1988, citado por Piontelli, 1995, p. 24).

A possibilidade de observar o feto e acompanhar o seu desenvolvimento no útero materno através da ecografia permitiu que, através da investigação, se consolidassem um conjunto de conhecimentos acerca das suas competências sensoriais (Granier-Deferre e Schaal, 2005; Herbinet e Busnel, 1991; Lecanuet, 1997; Lecanuet *et al.*, 1998) e relacionais (Negri, 1997; Piontelli, 1995 e 2002), cujas repercussões clínicas serão incontornáveis no âmbito da Psicologia Perinatal.

Durante a gravidez, o feto sedimenta e consolida um conjunto de capacidades motoras e sensoriais que lhe permitem integrar, progressivamente, informações acerca do meio que o rodeia, bem como responder, de modo diferenciado, a estimulações externas e internas (Reis, 2001). A organização de um repertório motor que à 12.ª semana de gestação inclui uma variedade enorme de movimentos (Mancia, 1996) e que 6 semanas mais tarde inclui intencionalidade, pressupõe alguma coordenação da actividade motora e a presença de condutas exploratórias, a base dos processos de aprendizagem.

Neste contexto, é possível identificar um conjunto de posturas e movimentos preferenciais em cada feto e visualizá-los no espaço e no tempo da ecografia. É também muito frequente ouvir pais e mães afirmarem que a posição em que o bebé se encontra já era a preferida durante a gravidez e que várias vezes o viram assim durante as ecografias. Este discurso não só testemunha o reconhecimento da individualidade própria do bebé, e nesta medida a possibilidade de olhar para o ecrã da ecografia e imaginar e descobrir o bebé, como também confere uma dimensão de continuidade entre a gravidez e o nascimento, fazendo da primeira uma parte da história de cada um.

Por outro lado, o desenvolvimento sensorial organiza-se primeiro ao nível do tacto; a sensibilidade bucal existe à 8.ª semana de gestação e estende-se à maior parte do corpo à 14.ª semana; do olfacto, com a diferenciação do epitélio olfactivo à 7.ª semana e a sua maturação morfológica e funcional à 22.ª semana; e do paladar, com a formação das papilas gustativas às 12 semanas de gravidez, altura em que estão aptas a receber informação externa. Mais tarde, às 28 semanas, o feto dá respostas diferenciadas a estímulos agradáveis ou desagradáveis que ingira, respostas essas que se podem observar no ecrã ecográfico (Reis, 2001).

Numa segunda linha de desenvolvimento sensorial, aparecem a audição e a visão. A primeira tem sido amplamente estudada (Busnel, 1997; Lecanuet, 1995; Lecanuet *et al.*, 1998) e é possível afirmar que, durante a gravidez, o feto se desenvolve com a presença constante de uma série de sons internos (do interior do corpo materno) e exteriores. Às 22 semanas de gestação reage a estímulos sonoros externos, reconhecendo mais tarde diferentes sons, aos quais responde de forma diferenciada. Com horas de vida, o bebé demonstra uma preferência pela voz humana em relação a qualquer outro estímulo sonoro e dentro desta prefere vozes femininas e mais especificamente a voz materna (Busnel, 1997). Quanto à visão, sabe-se que o feto é capaz de abrir e fechar as pálpebras por volta da 20.ª semana de gestação e que, no final da gravidez, capta alguma luz que atravessa a parede abdominal.

Estes dados serão importantes porque revelam uma espécie de cronologia do desenvolvimento fetal, a partir da qual é possível perceber que a maturação funcional não depende exclusivamente da maturação morfológica. Quer isto dizer que não é necessário que os sistemas sensoriais estejam completamente formados para que possam entrar em funcionamento. Por outro lado, é possível perceber que, no ser humano, os sistemas sensoriais que se desenvolvem mais cedo serão aqueles que, de um ponto de vista filogenético, são mais relevantes no estabelecimento da relação com os pais.

Todas estas descobertas, em parte possíveis devido aos avanços tecnológicos, conduziram à "invenção do feto" e tornaram-no uma espécie de estrela científica que aos poucos ocupou o lugar do bebé. O estudo dos processos que caracterizam a parentalidade inclui, então, o que acontece na gravidez na perspectiva dos pais e do bebé. Nestas circunstâncias, será fundamental perceber o papel da ecografia, exame actualmente incontornável durante a gravidez e que será inócuo de um ponto de vista biológico (Piontelli, 1995; Soulé e Soubieux, 2003; Soulé, 1999, 1999b).

No entanto, se os efeitos biológicos da ecografia são inexistentes, o que acontecerá de um ponto de vista psicológico? Será a ecografia uma técnica tão inócua? Que movimentos psicológicos mobilizará no contexto dos processos psicológicos que caracterizam a gravidez? Qual o seu lugar na consolidação ou inibição da parentalidade? Como é que ela permite saber mais acerca do desenvolvimento mental do feto e da continuidade que existe entre o pré e o pós-natal?

A ECOGRAFIA OBSTÉTRICA

A ecografia consiste na aplicação de um sistema de sonar que foi utilizado durante a Primeira Guerra Mundial na detecção de submarinos. A técnica da ecografia não é mais que a análise electrónica da reflexão de um ou vários feixes ultra-sonográficos que são direccionados aos tecidos do corpo humano. Esses ultra-sons reflectidos são posteriormente transformados em imagem.

Em 1964, em Glasgow, Ian Donald terá sido o primeiro a utilizar a técnica ecográfica no âmbito obstétrico, mas só em 1972 é que se obteve uma qualidade de imagem suficientemente nítida para se fazer o primeiro diagnóstico de anencefalia. Foi necessário esperar pelo final da década de 80 e pela década de 90 para que, em Portugal, se assistisse à difusão generalizada da técnica ecográfica no contexto obstétrico e noutros ramos da medicina.

Actualmente, consequência do constante desenvolvimento tecnológico, a qualidade das imagens obtidas não parou de melhorar; ao mesmo tempo surgem aparelhos que permitem uma visão do bebé e do útero a três e a quatro dimensões, cujas implicações valerá a pena estudar (Teodoro e Reis, 2007).

Do ponto de vista da sua utilização durante a gravidez, existe um certo consenso quanto ao número de ecografias a realizar, consenso esse que vai ao encontro daquilo que são as recomendações da Organização Mundial de Saúde. Podem então identificar-se três ecografias distintas:

- a primeira ecografia, a realizar por volta da 12.ª semana de amenorreia, tem como objectivos principais datar a gravidez e prever a data de nascimento, fixar o número de embriões, avaliar os seus movimentos, observar a sua actividade cardíaca e efectuar um primeiro exame morfológico que permite pôr de parte alguns tipos de malformações;
- a segunda ecografia realiza-se habitualmente por volta da 22.ª semana, ou seja, mais ou menos aos 5 meses. Denomina-se ecografia morfológica, já que permite, pela boa visibilidade do feto, um exame detalhado em relação ao funcionamento morfológico dos vários sistemas fisiológicos e, por isso mesmo, possibilita a detecção de eventuais malformações;
- a terceira e última ecografia acontece por volta da 32.ª semana e avalia o bem estar fetal. Desta ecografia fazem parte o exame à posição do bebé, ao seu crescimento, à placenta e à quantidade de líquido amniótico existente. A utilização cada vez mais habitual do Doppler permite a análise da vitalidade do sangue nos vasos do cordão umbilical e no cérebro, bem como acrescentar à ecografia dados fisiológicos muito importantes.

Com a ecografia, as consultas obstétricas sofrem uma transformação muito significativa. Para além do estatuto de paciente que o feto adquire (Daffos, 1997; Soulé, 1999 e 1999b), a dinâmica destas consultas envolve a mãe, o pai (que cada vez mais está presente), o bebé (cuja presença aparece no ecrã ecográfico) e o médico ecografista. Mais, mães e pais transportam para o espaço e tempo da ecografia as representações que têm da gravidez, do bebé, do nascimento, representações essas que se caracterizam por uma grande permeabilidade a conteúdos inconscientes.

Durante a gravidez estabelecem-se do ponto de vista psicológico os alicerces identificatórios dos processos de maternalização e paternalização (Missonnier, 1999) que se traduzirão na expressão «um bebé nasce antes de nascer» (Sá, 2001). Durante a gravidez, e nos primeiros tempos de vida, os pais sedimentam um conjunto de representações mentais, uma espécie de "ninho psicológico" que prepara o nascimento do bebé e a sua realidade e que testemunha a criação de um espaço materno e paterno de diferenciação e identificação psíquica do ser em desenvolvimento (Reis, 2006).

Para isso será fundamental que o bebé seja capaz de suscitar um conjunto de sentimentos nos pais. Cada tríade mãe-pai-bebé caracteriza-se por uma complementaridade própria e particular, onde cada parceiro faz emergir no outro uma constelação diversa de emoções. Será também muito importante a existência, nos pais, de uma forte identidade adulta, que lhes permite viver o impacto estético que o cuidado de um recém-nascido implica (Reis, 2001a).

Este processo de progressiva elaboração objectal do feto (Missonnier, 1999), ou de maturação psíquica, corresponderá à função placentar (Sá, 2001) ou funcionamento psíquico placentar (Missonnier, 1999), estendendo-se este período dos 4 meses e meio de gravidez até aos 24 meses de vida do bebé, e que consistirá numa gestação psicológica e maturação das funções de continência materna e paterna.

A função placentar (Sá, 2001) ou funcionamento psíquico materno placentar (Missonnier, 1999), por correspondência com o papel da placenta, será uma espécie de «irrigação essencial da vida mental, nutrindo e oxigenando o psiquismo» (Sá, 2001, p. 99) do bebé no período mencionado. A metáfora placentária confere uma realidade objectal e relacional ao desenvolvimento do bebé, antecipatória daquilo que acontecerá após o nascimento. A placenta é o órgão que tem um papel mais activo nas trocas entre o feto e a mãe. Neste contexto, e tendo em conta as funções que a Biologia lhe atribui, Ployé (2006) concebe-a como tendo um papel importante no desenvolvimento do bebé, na medida em que funcionará como um organizador fisiológico que estará na origem das funções mentais de comunicação e relação com o exterior.

Esta função placentar abrangerá pai e mãe, como a placenta que é constituída por células maternas e paternas. Quer de um ponto de vista biológico, quer de um ponto psicológico, a placenta funciona como um terceiro que faz a ligação entre o organismo materno e o feto e introduz, simbolicamente, a questão da triangulação. Entre outras funções, a placenta alimenta, oxigena, filtra, acolhe, modera, desintoxica, medeia e estimula, em suma, é fonte de homeostasia (Soulé, 1999a e 2000).

O seu papel e as suas funções são reconhecidamente importantes no crescimento do bebé e, enquanto terceiro, ela pode funcionar como um equivalente daquilo que habitualmente se denominam funções do pai (Soulé, 1999a e 2000). O acto do nascimento seria, assim, um momento simbólico de transmissão e passagem dos cuidados da placenta para os cuidados paternos, o que confere à presença do pai durante o parto um valor clínico incontornável, bem como à possibilidade que ele terá de cortar o cordão umbilical (Reis, 2007). Estes gestos assumem uma função de transição (Winnicott, 1993), estabelecendo uma ligação entre o dentro e o fora, o interno e o externo, o virtual e o real, entre uma identidade concepcional e a realidade pós-natal. Por outro lado, a metáfora placentária indicia algo que as últimas investigações têm vindo a mostrar, ou seja, que existe um esboço de individualidade própria no bebé desde a gravidez (Reis, 2001).

A ECOGRAFIA NA CLÍNICA

A utilização cada vez mais generalizada da ecografia durante a gravidez coloca novos desafios à prática clínica diária e exigirá, da parte dos técnicos de saúde, uma reflexão constante e actualizada. No que diz respeito aos aspectos psicológicos mais importantes que emergem da utilização generalizada da ecografia, eles podem ser agrupados em dois temas que serão fundamentais desenvolver neste contexto.

A ecografia funciona como um ritual de iniciação à parentalidade (Missonnier, 1999), ou seja, de antecipação adaptativa da realidade do bebé, e por isso será importante perceber o que esperam e sentem os pais e qual é a posição do ecografista (Gourand, 1999 e 2003). É também impossível deixar de reflectir sobre o lugar da ecografia no seguimento da gravidez (Golse, 1999), no contexto da intervenção em Psicologia Perinatal.

ASPECTOS PSICOLÓGICOS DA ECOGRAFIA: GRAVIDEZ E PARENTALIDADE

A ecografia obstétrica é um espaço de encontro de pai, mãe e bebé com o médico ecografista para onde cada um transporta uma história, mais ou menos elaborada, de vivências pessoais e profissionais. Da parte dos pais, essa narrativa está muito relacionada com a construção da parentalidade, que não será mais que a conjugação de dois processos: tornar-se pai e tornar-se mãe. Resulta deste facto que o espaço/tempo de encontro da ecografia é vivido e sentido de modo radicalmente distinto pelos pais e pelos técnicos.

Missonnier (1999) considera que existem três preocupações principais que estão presentes na mente dos pais quando realizam uma ecografia. A primeira preocupação tem que ver com o estado do bebé e pode ser formulada na pergunta: «Será que está tudo bem com ele?». Perante o exame ecográfico, os pais procuram assegurar-se de que não existe nenhum problema com o seu bebé e esperam da parte do médico uma resposta para esta inquietação. Porém, nenhum médico pode dar uma reposta definitiva a esta demanda; trata-se de uma garantia que só pode ser assegurada até certo ponto. A segunda preocupação que mais significativamente aparece no quotidiano da clínica ecográfica está relacionada com saber, ou não, qual será o sexo do bebé. Será menino ou menina? A pergunta pode ser respondida, em determinada altura, com alguma certeza, mas os erros ainda acontecem com as eventuais consequências ao nível da elaboração psíquica objectal do bebé. A última preocupação ou expectativa tem a ver com a visualização do bebé no ecrã ecográfico. Porém, a imagem que a ecografia mostra nem sempre é percebida pelos pais e esse impacto deve ser atenuado pela atitude e pelo discurso do ecografista.

Missonnier (1999) compara a imagem ecográfica a um filme mudo cujas legendas seriam o discurso do ecografista, discurso esse transformado e acessível aos pais e de acordo com a qualidade das suas representações mentais. O aparecimento recente de ecografias a três e quatro dimensões, com uma maior precisão ao nível da imagem, introduzirá certamente novos desafios (Teodoro e Reis, 2007).

Perante a ecografia, os pais experimentam um sentimento de inquietante estranheza (Soulé, 1999, 1999a e 1999b). «A imagem da ecografia tem a mesma capacidade de suscitar as projecções fantasmáticas que as pranchas do Rorschach» (Soulé, 1999, p. 42). É esta alternância entre fascínio e inquietação que o espaço da ecografia promove que o torna um momento muito importante no processo de parentalização.

Durante a ecografia, os pais encontram-se perante duas ressonâncias: por um lado, o bebé real, visível na imagem; por outro, o bebé virtual parental, que condensa uma história individual, conjugal e transgeracional (Missonnier, 2000 e 2006). A possibilidade de integrar de forma harmoniosa estas duas dimensões contribui para a consolidação representacional do bebé.

A ecografia tem um enorme poder na actualização imaginária e transgeracional do bebé tanto na mãe como no pai e apresenta-se, então, como um verdadeiro ritual de iniciação à parentalidade (Missonnier, 1999).

O PAPEL DO ECOGRAFISTA

Se a ecografia pode potenciar uma viabilização representacional nos pais é porque, para eles, o real é o seu imaginário (Gourand, 1999). Já para o ecografista, o real da ecografia é o feto. No entanto, não será apenas a um nível representacional que se encontram diferenças entre a vivência dos pais e do médico.

Gourand (1999 e 2003) estabelece uma comparação entre aquilo que a ecografia significa para uns e para outros. Neste contexto, podem mencionar-se alguns desses binómios que ganham uma relevância incontornável no âmbito clínico.

Uma ecografia é um acontecimento muito particular para os pais; trata-se de um momento único vivido com grande expectativa e alguma ansiedade. Já para o ecografista, a prática diária deste exame pode tornálo sujeito a alguma banalização. Daqui resulta que a principal preocupação do médico é ser objectivo na realização do exame, enquanto para os pais esse tempo é pontuado por uma enorme emocionalidade e subjectividade. A possibilidade de imaginar o bebé promove e organiza as ligações parentais pré-natais (Reis, 2006). Uma outra diferença reside na actividade que caracteriza o médico e a passividade em que se encontram os pais, que exige um veredicto do primeiro ao qual os últimos se submetem. Por último, pode destacar-se a necessidade que o médico tem de observar o bebé por partes ou fragmentos, de modo a perceber se está tudo bem com o seu desenvolvimento, enquanto os pais procuram conferir um sentido à imagem total do bebé, numa procura de integração.

Estas diferenças que situam por vezes médico e pais nos antípodas de um contínuo reforçam a responsabilidade dos primeiros (Gourand, 1999), nomeadamente no que à linguagem diz respeito. Gourand (2003) refere que a linguagem técnica que é utilizada nas ecografias pode conduzir a uma certa desorientação por parte dos pais. Expressões como «comprimento craneo-caudal», «perímetro abdominal», «um pouco abaixo do percentil 50», «quero ver outra vez o coração», «líquido amniótico normal» ou «a cabeça aqui em baixo», «as pernas para ali, os pés não se vêem» não são, muitas vezes, entendidas no seu contexto, donde a necessidade de um cuidado com as palavras utilizadas para descrever o que se está a passar.

O papel do ecografista será descodificar o que aparece no ecrã e devolver o seu conteúdo de forma compreensível aos pais. Ainda assim, sobre o técnico recairá uma função complexa, na medida em que ele é o descodificador do oráculo, ou seja, é ele quem, a partir do que observa, anunciará o veredicto final sobre o bebé.

O cuidado que se exige aos técnicos na realização da ecografia está directamente ligado com dois aspectos cuja importância é inegável: (1) o carácter violento e perturbador que a ecografia pode ter para alguns pais e (2) a dimensão interdisciplinar que ela (ecografia) deve assumir.

Para alguns casais, o confronto com a imagem do bebé, que pelos seus contornos nem sempre é esclarecedora, pode mesmo ser perturbadora. A emergência da imagem, que confronta o casal com a realidade do seu bebé, pode provocar uma espécie de paragem psíquica da consolidação dos movimentos dinâmicos que organizam a paternalidade e a maternalidade. É neste contexto que Soulé (1999) fala em interrupção voluntária dos fantasmas, ou seja, de uma inibição do desenvolvimento do bebé imaginário.

A ecografia pode funcionar como um ritual de morte, sempre que organiza a ligação entre o interno e o externo e não assume a sua função securizante, de elaboração da angústia. Isto acontece quando um quadro sintomático, indicador de uma grave crise, emerge. Por oposição, a ecografia funcionará como um ritual de vida quando permite, em termos representacionais, a consolidação objectal do bebé, a transformação da ansiedade e a confirmação dinâmica dos processos de parentalidade. A ecografia revela-se nestes casos como tendo um poder de indução simbólica.

Para muitos casais, a gravidez confirma-se através da visualização do bebé durante a ecografia que opera como um suporte de elaboração objectal. Esta relação de objecto, que engloba pais, embrião e feto, «corresponde a um processo dinâmico e adaptativo de humanização progressiva do feto» (Missonnier, 2006, p. 69), apelidado de relação de objecto virtual (Missonnier, 2000 e 2006). Esta forma conceptual de conceber a relação uterina inscreve-se na elaboração e consolidação da maternidade e paternidade e no nascer humano, antecipando a relação pais-bebé. A relação de objecto virtual constitui a ligação recíproca e biopsíquica pré-natal, que se organiza a partir de uma lógica de investimento narcísico para uma relação objectal (Missonnier, 2000 e 2006).

As dificuldades que alguns casais revelam na visualização das ecografias recordam que este exame envolve sempre uma dimensão de intrusão, na medida em que ele consiste na observação do bebé dentro do corpo materno. A estética da ecografia, que conduz a uma fenomenologia de transformação e organização parental (Bollas, 1992a), nem sempre é vivida de forma harmoniosa pelos pais. Existem situações clínicas em que a angústia se torna tão intensa que o próprio bebé é vivido como algo ameaçador.

Estas situações podem emergir na altura da ecografia, que opera como potenciadora desses fenómenos, ou podem eclodir mais tarde, sob a forma de desarmonias relacionais, o que reforça a necessidade de uma observação atenta, de modo a permitir a sua detecção durante a gravidez.

Quer isto dizer que o trabalho das ecografias deve ser encarado numa vertente interdisciplinar, onde técnicos do corpo e da mente trabalhem ao nível da prevenção primária e secundária. Prevenção primária sempre que, a partir de uma análise cuidada das situações, se podem pôr em prática gestos clínicos antecipatórios de eventuais dificuldades relacionais futuras; prevenção secundária quando é necessária uma intervenção para trabalhar dificuldades existentes.

Consultas terapêuticas com os pais durante e após a gravidez; encontros periódicos com os outros técnicos (obstetras, ginecologistas, pediatras, enfermeiros), onde se possam discutir alguns casos clínicos, mas também os sentimentos e as vivências que emergem nos técnicos e que resultam da sua actividade profissional; criação de grupos de preparação para o parto, onde haja espaço para os pais se poderem expressar em relação à gravidez e ao bebé, serão alguns exemplos de como essa intervenção pode ser feita.

Das várias intervenções possíveis, será importante destacar uma abordagem clínica proposta por Soulé (1999b) a partir de um trabalho pioneiro e da constatação que as ecografias, mesmo de rotina, podem mobilizar dificuldades de ordem psicológica.

Não serão raras as vezes em que os médicos ecografistas se encontram perante situações inquietantes onde nem sempre é fácil encontrar as palavras correctas e onde pode ser difícil gerir silêncios. Tendo em conta esta constatação, Soulé (1999b) propõe uma intervenção psicológica que pode acontecer após a ecografia ou, eventualmente, através de um trabalho conjunto durante a mesma.

Após três anos de observação conjunta de ecografias, Soulé (1999b) sintetiza a sua proposta em vários pontos:

1. É fundamental que a presença do técnico com formação psicológica não seja vivida de forma ameaçadora pelo ecografista. A presença do psiquiatra, no caso de Soulé, ou de um psicólogo (numa experiência com contornos semelhantes que o autor deste trabalho realizou), visa apenas aprofundar aspectos psicológicos da ecografia. Será precisamente assim que esse técnico deve ser apresentado ao casal que vai realizar a ecografia. Deste modo, pode começar a estabelecer-se um vínculo entre pai/mãe e o psicólogo.

2. A atitude a adoptar deverá ser neutra e qualquer intervenção deve ser evitada durante o exame, o que lembra os princípios de observação de bebés preconizados por Bick (1964). O interesse do psicólogo deverá ser semelhante ao dos pais, ou seja, o que se passa no ecrã.

3. Podem surgir diversas situações em que o psicólogo fica sozinho com os pais e em que os pais lhe podem fazer perguntas no domínio do psicológico (Soulé, 1999b) e onde o psicólogo tem um papel de filtro ou de amortecedor, ou seja, de contenção. Se os problemas psicológicos forem relevantes, ele também poderá sugerir uma consulta pós-ecográfica.

Estas experiências não significam que se preconize a presença de um psiquiatra/psicólogo em todas as salas de ecografia, até porque há ecografistas que não a aceitam. Na maior parte das situações clínicas, essa presença não será necessária, mas é indispensável um trabalho de equipa, de colaboração conjunta entre técnicos com diferentes formações. Neste sentido, será fundamental definir indicadores, a partir da observação do comportamento dos pais, como os pedidos insistentes de mais exames, as recusas e as faltas a ecografias marcadas, a sideração ou evitamento da imagem ou as manifestações desajustadas após a revelação do sexo do bebé ou após outra informação dada pelos médicos, indicadores estes que remetem para intervenções clínicas diferenciadas.

ECOGRAFIA, PREVENÇÃO E PSICOLOGIA FETAL

O trabalho psicológico que caracteriza a gravidez consiste numa antecipação emocional e afectiva, que possibilita o sentimento de continuidade de ser (Winnicott, 1990), que o bebé experimenta antes e após e o nascimento. Esta continuidade reforça a importância deste período no desenvolvimento de cada ser humano. Será por isso fundamental pensar as ecografias como momentos cruciais onde se pode realizar um trabalho de antecipação face a dificuldades futuras.

De facto, existem algumas situações clínicas em que, no âmbito de uma intervenção psicológica, o técnico fica com a sensação de ter chegado "tarde", querendo com isto afirmar que haverá casos onde se pode trabalhar ao nível da prevenção primária e secundária mais precocemente. Ora, sendo a ecografia um ritual de iniciação à parentalidade (Missonnier, 1999), será incontornável que, associadas a ela, se possam delinear verdadeiras estratégias de prevenção.

A clínica perinatal tem como característica marcante um trabalho de antecipação, percebida neste contexto como a possibilidade de cada um (se) pensar e (se) projectar num futuro mais próximo. Este trabalho envolve pais, o feto/bebé e os técnicos.

Da parte dos pais, a consolidação do processo de parentalidade pressupõe que ambos sejam capazes de se representar enquanto tal. Para que isso seja conseguido, os pais terão de reconhecer, progressivamente a alteridade do bebé e, ao mesmo tempo, a sua dependência. Da parte do bebé, a capacidade antecipatória dos pais alimenta uma progressiva diferenciação psicológica estudada por diversos autores no contexto de investigação (Negri, 1997; Piontelli, 1995 e 2002). As interacções no útero, com uma dimensão marcadamente relacional, preparam e organizam, ou seja, antecipam, as interacções precoces após o nascimento. Sendo as actividades perceptivas do bebé indissociáveis das experiências afectivas, que Pinol-Douriez (1984) denominou de proto-representações, pode colocar-se a hipótese de uma ligação entre essas actividades e o esboço de uma actividade mental no útero. O afecto seria então o garante da continuidade da experiência precoce (Pinol-Douriez, 1984).

As relações pais-embrião-feto ocorrem numa matriz relacional que podemos apelidar de intersubjectividade pré-natal e são marcadas por uma temporalidade ou dinâmica temporal (Stern, 2006), onde ocorrem transformações da experiência vivida ao nível da qualidade, forma e ritmo, que possibilitam a integração dos aspectos corporais e funcionais, psíquicos e afectivos, característicos do desenvolvimento. Esta matriz será um verdadeiro ponto de encontro de passado, presente e futuro, aqui percebidos na sua forma mais pessoal, enquanto garante da continuidade de ser do sujeito humano, mas também numa dimensão geracional e transgeracional.

No que diz respeito aos técnicos, o trabalho de antecipação funda-se na possibilidade de antecipar situações clínicas associadas a quadros psicopatológicos futuros. A partir de alguns comportamentos, expressões e atitudes podem prevenir-se um conjunto de desarmonias relacionais, depressões maternas e depressões fetais, ou uma série de atrasos de crescimento intra-uterino (Sá, 2001). Este trabalho preventivo apoia-se na ideia de que o período perinatal caracteriza-se por alguma vulnerabilidade, que acentua a importância dos factores pessoais na compreensão de cada caso.

Falar em prevenção perinatal será, assim, falar num trabalho conjunto entre técnicos com diferentes formações. Falar de prevenção pressupõe que cada encontro entre pais e técnicos seja encarado como uma estratégia preventiva e virtualmente um lugar de prevenção. Falar de prevenção é, como Sá (2001), encarar o conhecimento de fetos, bebé e pais como insubstituível. Falar de prevenção será, ainda, estabelecer uma série de prioridades de intervenção clínica, o que equivalerá a falar de uma verdadeira Psicologia Perinatal e de uma Psicologia e Psicopatologia Fetal.

A antecipação e a prevenção precoce perinatal serão indissociáveis da possibilidade de pensar e conhecer os bebés, desde a gravidez, na sua relação com a mãe e com o pai e tomá-los como pessoas. Isto implicará a utilização, no contexto clínico, de uma série de instrumentos fundamentais, como a possibilidade de observar através da escuta e de outras modalidades sensoriais, a disponibilidade para o outro e para imaginá-lo, a liberdade para intuir e procurar estabelecer vínculos que permitam conhecê-lo (Sá, 2003).

Neste contexto, e no âmbito daquilo que é a prática usual das ecografias, talvez se possa perguntar qual o lugar da ecografia no seguimento de uma gravidez normal (Baillie, Hewison e Mason, 1999; Golse, 1999). Esta reflexão emerge a partir da seguinte evidência: a patologia que aparece associada à gravidez é significativamente menos frequente que a normalidade. Ora, sendo a ecografia um exame que provocará e suscitará alguma ansiedade, será fundamental pensá-la como um espaço de reencontro entre pais e bebé, com o intuito de aprofundar o processo de humanização do futuro bebé (Golse, 1999).

Cada ecografia será um momento estético (Bollas, 1992), um encontro visual entre pais e bebé, caracterizado por um ambiente emocional muito intenso. Como momento estético, pode estabelecer uma comunicação entre sujeito e objecto, sendo mais uma experiência do ser, com um envolvimento total do *self*. Esta estética, cuja fenomenologia é marcadamente transformacional, possibilitará a actualização do conhecido não--pensado, de experiências conservativas de cada sujeito. Golse (1999) denomina este encontro como o encontro com o objecto e, a partir da concepção de Bion sobre os diferentes tipos de vínculos, propõe que se perceba este espaço como um lugar de promoção de conhecimento, que é sempre acompanhado de um vínculo emocional.

Nestas circunstâncias, a ecografia funcionará não apenas como um exame, mas como uma dinâmica relacional entre pais, bebé e ecografista. Cada ecografia faz parte da história de cada bebé na sua relação com os pais e será por isso que, actualmente, nos álbuns de muitos bebés a primeira fotografia seja precisamente a fotografia ecográfica. Neste sentido, a ecografia estimulará a curiosidade perante o outro e do mesmo modo que ao olhar para os pais o bebé se pergunta: «Serão tão belos por dentro como por fora?» (Meltzer e Williams, 1995), também os pais, no contexto ecográfico, se interrogarão acerca do seu bebé: «Será tão belo por dentro como por fora?». De certo modo, a ecografia transporta os pais para um mundo transacional, entre a realidade e a fantasia, entre a verdade e a ilusão, entre o conhecido e o desconhecido, constituindo um lugar onde o familiar se torna inquietantemente estranho e o estranho inquietantemente familiar.

O aparecimento e desenvolvimento da ecografia, relativamente recente no contexto obstétrico, conduziram a uma série de transformações no seguimento da gravidez. De um ponto de vista médico, ela terá contribuído para a emergência de uma medicina do feto (Daffos, 1997; Fontagnes--Darriet, 1997), que colocou em primeiro plano uma nova realidade, a do feto como paciente. De um ponto de vista psicológico, ela permitiu aprofundar o estudo dos processos de construção e consolidação da parentalidade, confrontando os pais com uma imagem real do seu bebé, imagem essa que terá um impacto diverso em cada família, na medida em que actualiza três narrativas: a da mãe, a do pai e a do bebé. A intervenção clínica no contexto perinatal será indissociável da compreensão dos aspectos psicológicos que caracterizam a ecografia obstétrica.

Aquilo que sabemos hoje sobre os fetos e as suas competências autoriza-nos a falar, durante a gravidez, de estados mentais pré-natais ou estados embrionários da mente (Mitrani, 1996a e 1996b), que já não podem ser considerados ficção científica, mas sim os primórdios da constituição das relações de objecto (Maiello, 2001). Neste sentido, o aparecimento da ecografia ajuda-nos a estudar o feto enquanto objecto, ao mesmo tempo que percebemos as relações do feto com os seus objectos, que estão na base do idioma de personalidade de cada ser humano (Bollas, 1992a).

Em síntese, a ecografia, na clínica e na investigação, enquanto momento fundamental na consolidação da parentalidade, será um reencontro entre pais e bebé, mediado pelo médico ecografista. Envolvido por uma tonalidade emocional intensa, onde a temática ver e ser visto assume contornos únicos (Soubieux, 1999), esse espaço deve ser trabalhado numa perspectiva interdisciplinar e uma visão que privilegia a ruptura corpo/ /mente afigura-se como desadequada.

Enquanto espaço de reencontro, a ecografia contribui para a antecipação da realidade objectal do bebé e ajuda os pais a representarem-se enquanto pais. A inquietante estranheza experimentada facilita a emergência de movimentos projectivos e do trabalho de elaboração psíquica característico da gravidez.

Ao mesmo tempo, a ecografia terá um lugar incontornável no trabalho de prevenção em maternidade desde o início da gravidez até ao final do segundo ano de vida do bebé. Esta intervenção clínica terá duas vertentes, que habitualmente são denominadas de prevenção primária e prevenção secundária, onde se trabalhará no sentido de garantir a continuidade do ser.

REFERÊNCIAS BIBLIOGRÁFICAS

BAILLIE, C., HEWINSON, J. e MASON, G. (1999), «Should ultrasound scanning in pregnancy be a routine?». *Journal of Reproductive and Infant Psychology*, vol. 17(2), pp. 149-157.

BICK, E. (1964), «Notes on infant observation in psycho-analytic training». *International Journal of Psycho-Analysis*, vol. 45, pp. 558-566.

BOLLAS, C. (1992), **A sombra do objecto: Psicanálise do conhecido não-pensado**. Rio de Janeiro: Imago.

BOLLAS, C. (1992a), **Forças do destino: Psicanálise e idioma humano**. Rio de Janeiro: Imago.

BUSNEL, M. C. (1997), «Audition foetale et réactivité prénatale à la voix maternelle "adressée"». *In* M. C. Busnel *et al.* (Eds.), **Que savent les foetus?** (pp. 35-49). Ramonville Saint-Agne: Érès.

DAFFOS, F. (1997), **La vie avant la vie**. Paris: Hachette Littératures.

FONTAGNES-DARRIET, M. (1997), «Aspects psychologique de l'échographie anténatale». *In* Daffos *et al.* (Eds.), **Le fœtus à l'hôpital** (pp. 39-54). Ramonville Saint-Agne: Érès.

FREUD, S. (1990), **Inhibition, symptôme et angoisse**. (9.ª ed.), Paris: P.U.F. (trabalho publicado em 1926).

GOLSE, B. (1999), «Y a-t-il une place pour l'échographie dans le suivi d'une grossesse normale?». *In* M. Soulé *et al.* (Eds.), **Ecoute voir...l'echographie de la grossesse** (pp. 215-224). Ramonville Saint-Agne: Érès.

GOLSE, B. (2006), **L'être-bébé**. Paris: P.U.F.

GOURAND, L. (1999), «Les aspects psychologiques des échographies de la grossesse vus par un obstétricien qui pratique l'échographie en maternité». *In* M. Soulé *et al.* (Eds.), **Ecoute voir... l'echographie de la grossesse** (pp. 27--61). Ramonville Saint-Agne: Érès.

GOURAND, L. (2003), «L'échographie prénatale: les mots dits». *In* S. Séguret (Ed.), **Le diagnostic prénatal** (pp.25-36). Ramonville Saint-Agne: Érès.

GRANIER-DEFERRE, C. e SCHAAL, B. (2005), «Aux sources foetales des réponses sensorielles et émotionnelles du nouveau-né». *Spirale*, vol. 33, pp. 21-40.

LECANUET, J. P. (1997), «Dans tous les sens...bref état des compétences sensorielles fœtales». *In* M. C. Busnel *et al.* (Eds.), **Que savent les foetus?** (pp. 17-34). Ramonville Saint-Agne: Érès.

LECANUET, J. P., GAUTHERON, B., LOCATELLI, A., SCHAAL, B., JACQUET, A. Y. e BUSNEL, M. C. (1998), «What sounds reach fetuses: biological modelling of the transmission of pure tones». *Developmental Psychobiology*, vol. 33(3), pp. 203-220.

MAIELLO, S. (2001), «On temporal shapes. The relation between primary rhythmical experience and the quality of mental links». *In* J. Edwards (Ed.), **Being Alive. Building on the work of Anne Alvarez** (pp. 179-194). London: Routledge.

MANCIA, M. (1996), «La mente en sus orígenes». *In* M. Mancia (Ed.), **Del Edipo al sueño. Modelo de la mente en el desarrollo y en la transferencia** (pp. 47-55). Madrid: Editorial Biblioteca Nueva.

MELTZER, D., WILLIAMS, M. H. (1995), **A apreensão do belo**. Rio de Janeiro: Imago.

MISSONIER, S. (1999), «L'échographie obstétricale: un rituel séculier d'initiation à la parentalité?». *In* M. Soulé *et al.* (Eds.), **Ecoute voir... l'echographie de la grossesse** (pp. 133-161). Ramonville Saint-Agne: Érès.

MISSONIER, S. (2000), «Le vieil homme, L'Enfant et le travail du virtuel». *Spirale*, vol. 14, pp. 53-59.

MISSONIER, S. (2001), «Le bébé, la maternité et la prevention». *In* P. Delion (Ed.), **Le bébé et ses instituitions** (pp. 52-66). Ramonville Saint-Agne: Érès.

MISSONNIER, S. (2006), «Psycho(patho)logie psychanalytique du virtuel quotidien». *In* S. Tisseron, S. Missonnier e M. Stora (Eds.), **L'enfant au risque du virtuel** (pp. 39-85). Paris: Dunod.

MITRANI, J. (1996a), «Notes on an embryonic state of mind». *In* J. Mitrani (Ed.), **A framework for the imaginary** (pp. 51-64). Northvale: Jason Aronson.

MITRANI, J. (1996b), Toward an understanding of unmentalized experience». *In* J. Mitrani (Ed.), **A framework for the imaginary** (pp. 205-247). Northvale: Jason Aronson.

NEGRI, R. (1997a), «Quelques propos sur la "personnalité" du fœtus». *In* M. C. Busnel *et al*. (Eds.), **Que savent les foetus?** (pp. 79-102). Ramonville Saint--Agne: Érès.

PINOL-DOURIEZ, M. (1984), **Bébé agi – bébé actif. L'emergence du symbole dans l'economie interactionnelle**. Paris: P.U.F.

PIONTELLI, A. (1995), **De feto a criança: um estudo observacional e psicanalítico**. Rio de Janeiro: Imago.

PIONTELLI, A (2002), **Twins: from fetus to child**. London: Routledge.

PLOYÉ, P. (2006), **The prenatal theme in psychotherapy**. London: Karnac Books.

REIS, N. (2001), «A vida fetal». *In* E. Sá (Ed.), **Psicologia do Feto e do Bebé** (pp. 67-86). Lisboa: Fim de Século.

REIS, N. (2001a), «De feto a bebé». *In* E. Sá (Ed.) (2001), **Psicologia do Feto e do Bebé**. (pp. 15-32). Lisboa: Fim de Século.

REIS, N. (2006), «Com a vista na ponta dos dedos». *Caderno do Bebé*, pp. 53-60.

REIS, N. (2007), «Despertares na relação». Comunicação apresentada na mesa redonda Acorda bebé, no colóquio Bê-à-bá do Bebé, a 17 de Março de 2007.

SÁ, E. (2001), «Psicologia do feto». *In* E. Sá (Ed.), **Psicologia do Feto e do Bebé** (pp. 87-104). Lisboa: Fim de Século.

SÁ, E. (2003), **Textos com Psicanálise**. Lisboa: Fim de Século.

SOULÉ, M. (1999), «La vie du foetus. Son étude pour comprendre la psychopathologie périnatale et les prémices de la psychosomatique». *Psychiatrie de l'Enfant*, vol. 42(1), pp. 27-69.

SOULÉ, M. (1999a), «A placenta, sua vida, sua obra, sua abenegação». *In* M. Soulé e B. Cyrulnik (Eds.), **A inteligência anterior à palavra. Novos enfoques sobre o bebé** (pp. 47-58). Porto Alegre: Artes Médicas.

SOULÉ, M. (1999b), «De la Pédiatrie à la Psychiatrie Fœtale». *In* M. Soulé *et al*. (Eds.), **Ecoute voir...l'echographie de la grossesse** (pp. 163-176). Ramonville Saint-Agne: Érès.

SOULÉ, M. (2000), «Vie, mort et tranfiguration de placenta». *In* M. Soulé (Ed.), **Neuf mois avant l'an 2000** (pp.55-72). Paris: ESF Éditeurs.

SOUBIEUX, M. J. (1999), «Œil du dedans, œil du dehors». *In* M. Soulé *et al*. (Eds.), **Ecoute voir... l'echographie de la grossesse** (pp. 113-131). Ramonville Saint-Agne: Érès.

Stern, D. (2006), **O momento presente na psicoterapia e na vida de todos os dias**. Lisboa: Climepsi.

Teodoro, V. e Reis, N. (2007), «Os pais e a ecografia obstétrica: pensar o bebé a suas e três dimensões» (no prelo).

Winnicott, D. (1990), «A teoria do relacionamento paterno-infantil». *In* D. Winnicott (Ed.), **O ambiente e os processos de maturação** (3.ª ed.) (pp. 38-54). Porto Alegre: Artes Médicas (trabalho publicado em 1960).

Winnicott, D. (1993). Objectos transicionais e fenómenos transicionais. *In* D. Winnicott (Ed.), **Textos seleccionados: da Pediatria à Psicanálise** (4.ª ed.) (pp. 389-408). Rio Janeiro: Livraria Francisco Alves Editora (trabalho publicado em 1953).

PARTICIPANDO NO CRESCIMENTO DE UMA FAMÍLIA

Catarina Rodrigues[1]

RESUMO: Com este artigo pretende-se efectuar uma reflexão sobre a importância da presença do psicólogo nos meses que antecedem a gravidez e no pós-parto. São vários os estudos que demonstram que o acompanhamento psicológico, sobretudo quando associado a uma equipa multidisciplinar (enfermeiros, médicos e assistente social), no contexto das visitas domiciliárias, durante o pré e o pós parto e até cerca dos 2 anos da criança, tem efeitos a curto e a longo prazo no equilíbrio familiar e, consequentemente, no desenvolvimento relacional, afectivo, físico e cognitivo do bebé. Neste sentido, a autora defende um método essencialmente dirigido para a intervenção na relação mais precoce, na óptica da prevenção. Um método diferente do método de observação de bebés de Esther Bick, defendendo-se que o psicólogo faz parte integrante do sistema familiar durante a intervenção, agindo sobre aquele sistema, influenciando-o e dele recebendo influência. O método desenvolvido pela autora recebeu as contribuições da teoria psicanalítica, essencialmente no que respeita à sua postura relacional, afectiva, continente e transformadora; da teoria da vinculação, com destaque para o conceito de «preocupação maternal primária» de Winnicott; da observação das interacções precoces de acordo com as seis características definidas por Brazelton (sincronia, simetria, contingência, adesão, jogos, e autonomia e flexibilidade); e ainda de alguns conceitos e instrumentos da terapia familiar, que ajudam a reflectir sobre quem é aquele bebé naquela família, em

---

[1] Psicóloga clínica e psicoterapeuta. Membro da equipa clínica do NIB (Núcleo de Investigação do Bebé).

Formadora do Departamento de Psicologia do Instituto de Exercício e Saúde (IES) na área da gravidez e pós-parto.

A concluir o Curso de Especialização em Psicoterapia (CEPSI) da Contemporânea. Frequenta o Curso de Terapia Familiar da Sociedade Portuguesa de Terapia Familiar.

Email: catarina_nr@sapo.pt; nucleobebe@gmail.com

geral, e para o casal, em particular. O objectivo da autora é demonstrar como a possibilidade de os pais beneficiarem de um acompanhamento de um psicólogo num registo regular ao domícilio, caracterizado por uma relação afectiva genuína e de livre pensamento lhes permite reconhecer melhor as suas competências para a parentalidade, fomentando a vinculação destes ao seu bebé e a ligação do bebé aos pais. E sabemos como o estabelecimento de uma vinculação segura é importante no desenvolvimento de um adulto com boas capacidades relacionais e parentais e ser criativo e resiliente face às adversidades da vida.

PALAVRAS-CHAVE: Família, Vinculação, Relação Precoce, Interacções Precoces, Acompanhamento Psicológico ao Domicílio, Terapia Familiar, Relação Psicanalítica.

TITLE: **Participating in a family growth**

ABSTRACT: *In this article we consider the importance of the presence of a psychologist in the months before and after the mother gave birth. Many studies demonstrate how psychological counseling affect the equilibrium of a family, in the short and long run, and, consequently, the relational, affective, physical and cognitive development of the baby, especially when that counseling is made by a multidisciplinary team of health technicians (nurses, physicians, social workers) in the home environment, during the period before and after the mother gave birth and until the child reaches two years old. With this in mind, the author uses a method mainly oriented towards the intervention in the earliest family-child relationship, with a preventive objective in perspective. It is a different method of the Esther Bick's infant observation method, and supports that the psychologist is an integrative part of the family system during the intervention, acting on that system, influencing it and being influenced by it. The method developed by the author has the contributions of the psychoanalytical theory, in what concerns the relational, affective, continental and changing aspects; the attachment theory especially the Winnicott's concept «primary maternal preoccupation»; the observation of the earliest interactions accordingly to the six characteristics defined by Brazelton (synchrony, symmetry, contingency, entrainment, games, autonomy and flexibility); and also the concepts and instruments used in family therapy, which allows us to think about who that baby is, its place in the family system, in general, and among the couple, in particular. The aim of the author is to demonstrate how it is possible for the parents to benefit from the counseling of a psychologist that visits them on a regular basis, with whom is established a genuine affective relationship and an environment that allows free thought, which allows them to recog-*

nize their parental skills, establishing an attachment between them and the baby and between the baby and its parents. And we all know how important it is the establishment of a secure attachment in the development of a self with good relational and parental skills and in the development of his ability to be a creative and resilient adult against all adversities of life.

KEYWORDS: *Family; Attachment; Earliest Relationship; Primary Interactions; Home-based Psychological Counseling; Family Therapy; Psychoanalytical Relationship; Parental Skills*

NASCE UMA IDEIA...

Todos aqueles que já tiveram o privilégio de experienciar, ao vivo, o nascimento e o crescimento de uma família sabem – mesmo que sem palavras (sabem-no íntima e afectivamente, que é uma das formas de conhecimento mais primárias, à semelhança daquela que existe nos bebés) – como essa é uma experiência tão tocante... e transformadora.

A mim, aconteceu-me um pouco por acaso, ou melhor, por uma conjuntura de factores que se alinharam todos numa mesma direcção. Há momentos assim na nossa vida... e que nos conduzem por caminhos que, à partida, não nos lembraríamos de precorrer.

O interesse pela observação/intervenção na relação precoce surgiu da crescente curiosidade pelo estudo deste tema de uma perspectiva da saúde mental. Surgiu das conversas informais, mas muito formativas, com a Dra. Lourdes Lourenço a propósito de um livro sobre desenvolvimento precoce de Peter Fonagy (2007), cujas ideias nos suscitaram muitas questões e muito nos fizeram pensar (agora em discussão nos recém-criados Seminários no NIB)! Em seguida, conjugou-se o facto de estas conversas terem lugar na casa da Dra. Lourdes e na companhia do seu filho mais pequeno, o Diogo, nessa altura com 4 meses de vida. Foi a observação desta relação que estimulou a reflexão e a partilha: primeiro de questões mais pessoais e das influências cruciais na formação das pessoas que somos hoje; depois, e só depois, vieram as questões mais profissionais. As conversas geradas em torno da observação do Diogo, da sua relação com a Dra. Lourdes e comigo própria foram sempre estimulantes e desafiantes... e, normalmente, promotoras de um crescimento pessoal... e de um desejo de aprender mais!

Em seguida, conjugou-se o facto de ter conhecido, numa ida ao cinema que guardo com muito carinho, a futura mamã, amiga de uma amiga minha. Falei-lhe um pouco deste meu interesse pelo estudo das relações mais precoces... começando a delinear-se, na minha mente, a ideia – peregrina – de efectuar uma observação. A empatia gerada entre ambas permitiu a coragem de lhe propor tal ideia. Sabia dos riscos que corria, pois, apesar de tudo e de toda a minha simpatia e boa-vontade, eu era uma perfeita estranha e desconhecida que, de repente, se propunha a entrar na maior intimidade daquela mulher e da família que se estava a formar. Felizmente, a futura mamã aceitou... com alegria e vendo nesta proposta uma ideia interessante também para si e de reflexão sobre esta nova fase na sua vida! Apesar da disponibilidade que as mães normalmente apresentam para falarem da sua experiência como grávidas, do parto e das características do seu bebé, é provável que esta atitude imediata tão disponível por parte desta mãe face à minha proposta se tenha devido ao facto de ser estrangeira e de no seu país natal, a Suécia, estas conversas com futuros pais serem comuns! Mais do que uma invasão da privacidade e uma situação de possíveis críticas, a futura mãe viu, nesta proposta, uma possibilidade de crescimento. Ou seja, viu-a como um desafio interessante e sanígeno (utilizando uma expressão de que tanto gosto e que aprendi com o Dr. Coimbra de Matos)! Também o pai, com quem falei mais tarde, sentiu nesta proposta algo de inovador e de ajuda para uma fase tão importante e com tantas transformações.

Penso que só tomei inteira consciência da dimensão da minha proposta quando vi, pela primeira vez, o Leonardo, no dia 1 de Junho de 2008, dia do seu nascimento (em Portugal, Dia da Criança!). Estavamos todos muito comovidos. Ele era tão pequenino e bonito, ao mesmo tempo mostrando, em todo o seu pequenino corpo, como era frágil – e precisava da mãe – e como era forte, sobrevivendo a uma experiência difícil (o nascimento) e ali estando, disponível para a vida que ia advinhando, aninhado, confortável, nos braços da mãe, tranquilo depois de mamar, cheio de apetite.

Senti aquela mistura intensa de emoções que nos assolam quando vemos um novo ser na nossa espécie. Aquele bebé era uma promessa de futuro. E eu ia ter o privilégio de assistir ao seu crescimento, ao seu desenvolvimento, de o cativar e de ser cativada por ele.

Uma amiga minha, também psicóloga, perguntou-me se eu não estava preocupada em me ligar demasiado a este bebé, o que lhe parecia inevitável com tão grande e prolongada convivência, e já me conhecendo muito bem e à minha maneira de trabalhar (inteira e afectuosa)... e como iria lidar com a separação após os dois anos. Respondi-lhe que, de facto, isso não me estava a preocupar. Primeiro, não sentia que ligar-me a esta família e a este bebé fosse algo de negativo. Aliás, era essa possibilidade que tornava o trabalho terapêutico possível. Segundo, neste momento sentia uma imensa alegria de poder partilhar esta maravilhosa aventura com aqueles dois pais e ter a hipótese de observar e participar na poderosa magia que a vinculação dos pais ao bebé e que a ligação do bebé aos pais implica no desabrochar de um novo ser e na transformação de um casal numa família. Afinal, uma separação não é uma perda. Mantêm-se as boas recordações do que se passou em conjunto. Recordações que nos alimentam e nos enchem por dentro. Haverá algo melhor do que entrar e estar de forma inteira e genuína numa relação? Desta forma, acho que qualquer separação é vivível.

SER MÃE/PAI É INTUITIVO E ESPONTÂNEO

Concordo com Eduardo Sá (2008) quando diz que não é difícil ser-se pai ou mãe. À semelhança do bebé que nasce com uma série de competências para a ligação aos pais, os pais também possuem competências para a vinculação e para fornecerem ao seu filho o ambiente afectivo e amante necessário ao seu bom desenvolvimento. Winnicott designa-o de «holding environment» (1956), um tipo de ambiente não-específico naturalmente proporcionado pelos pais que promove a base necessária ao crescimento físico e emocional do bebé, uma vez que é acolhedor e sintonizado com as necessidades do bebé. Segundo este autor, durante os primeiros meses a vida dos bebés passa por três estádios: *holding*; *handling* e *object relating*, cada um representando um crescimento especial na relação de proximidade mãe-bebé. Este ambiente proporcionado pelos pais promove o sentido nuclear de segurança, uma vez que nos primeiros meses o bebé vai reconhecendo se estes são (ou não) cuidadores capazes de responder adequadamente às suas necessidades.

Winnicott (1956) descreve ainda o conceito de preocupação maternal primária, que traduz um estado mental especial inato na mãe que lhe permite responder às necessidades físicas e psicológicas do seu bebé.

Leckman *et al.* (2007), defendendo uma perspectiva evolucionista, apresentam-nos alguns estudos bastantes interessantes sobre este conceito, analisando-o à luz das mais recentes descobertas em termos da genética e da neurobiologia.

Ressalto o estudo prospectivo longitudinal de 1999, que utilizava uma amostra de 82 pais, onde se observava um pico da manifestação maternal primária durante o parto. O grau desta preocupação difere entre pais e mães, sendo mais intensa nas mães, o que certamente está relacionado com a importância da mãe para a sobrevivência do bebé nos primeiros meses de vida. Por exemplo, duas semanas após o parto, as mães relatavam passar cerca de 14 horas exclusivamente dedicadas ao seu bebé, contra metade desse tempo nos pais.

Os conteúdos dessas preocupações incluíam pensamentos sobre a reciprocidade e unidade com o bebé e sobre a sua perfeição; sobre o grau de responsabilidade e de transformação que sentiam nas suas vidas com o nascimento do seu filho; sobre a sua adequação como pais, sobre alimentação, o choro e o bem-estar do bebé (importantes no estabelecimento da resiliência e no sentimento de auto-eficácia no bebé, uma vez que estimulam a interacção dos pais e a sua atenção aos sinais do bebé, e protectores contra a depressão na mãe, reforçando o seu sentimento de competência). O estudo mostrou como estes pensamentos estavam correlacionados com o desenvolvimento da vinculação, evidenciando-se na imagem mental que os pais tinham do seu filho, nos nomes especiais e carinhosos com que se referiam a ele e nos rituais que estabeleciam (cantando para o bebé de uma forma especial quando o deitavam à noite). Embora o autor os denomine de «pensamentos intrusivos», destaca que a presença deste tipo de pensamentos – que levava os pais a verificarem e a questionarem-se sobre o bem-estar do bebé constantemente – é um sinal de diagnóstico positivo no estabelecimento da vinculação.

Interrogando-se sobre os determinantes genéticos do comportamento maternal, Bridges, Numan, Rosheim, Mann e Lupini, (1990, cit. por Leckman *et al.*, 2007) e Numan, Rosenblatt e Kiminsaruk (1997, cit. por Leckman *et al.*, 2007) constataram que o estrogénio, a prolactina e a oxitocina actuam na área do hipotálamo responsável pela manifestação do comportamento materno (MPOA, medial preoptic area), fundamentalmente estimulada pela amamentação e pelo toque pele a pele entre mãe e bebé (Nissen, Lilja, Widstrom e Uvnas-Moberg, 1995, cit. por Leckman *et al.*, 2007). Leckman e Herman (2002, cit. por Leckman *et al.*, 2007) salientam que foram identificados pelo menos 10 genes responsáveis pela expressão de um ou mais aspectos do comportamento materno, concluindo que, pelo menos em parte, o comportamento materno é geneticamente determinado.

Nos últimos 30 anos, na esteira de Bowlby, estudos clínicos e epidemiológicos têm demonstrado que a influência da exposição do bebé a um ambiente adverso (abuso infantil, negligência, vinculação insegura) concorre para uma maior vulnerabilidade a situações de stress, expressas, mais tarde, em perturbações do humor e da ansiedade (Ambelas, 1990; Brown, Bifulco e Harris, 1987; Kendler, Kessler, Neale, Heath e Eaves, 1993, cit. por Leckman *et al.*, 2007). Por sua vez, os estudos longitudinais com crianças de alto risco sugerem que a formação de uma relação especial com um adulto carinhoso no período perinatal confere um grau de resiliência e de protecção contra a psicopatologia (Werner, 1997; Werner e Smith, 2001, cit. por Leckman *et al.*, 2007). Ideias que me parecem magistralmente demonstradas pela narrativa de Torey Hayden (1980/2007; 1995/2007) sobre o seu trabalho com uma menina de seis anos.

Estudos que vêm ao encontro dos postulados psicanalíticos que defendem a importância e a influência de novas e boas relações na saúde mental, cujas repercussões não se detêm no próprio, mas têm implicações transgeracionais. Os estudos com ratos fêmea apresentados por Leckman *et al.* (2007) são paradigmáticos desta afirmação, mostrando como as fêmeas que são mais lambidas e amamentadas demonstram esse comportamento em relação às suas crias e aquelas que são privadas desse comportamento materno não o apresentam quando elas próprias são mães. À semelhança destes estudos com roedores, um crescente número de estudos com seres humanos evidenciam que o nível de responsividade parental pode ser traçado à história das suas próprias experiências na relação mais precoce e aos seus estilos de vinculação (Miller, Kramer, Warner, Wickramaratne e Weissman, 1997, cit. por Leckman *et al.*, 2007).

Neste sentido, coloca-se a hipótese de as experiências de vinculação serem codificadas em «modelos internos de actuação (*internal working models*) do *self* e do outro, que estabelecem estilos de comunicação emocional que ora podem ajudar o indivíduo em tempos de stress ora podem contribuir para o aparecimento de padrões de regulação afectiva e de comportamento não-adaptativos» (Bretherton e Munholand, 1999, cit. por Leckman *et al.*, 2007, p. 104). Estes estudos sugerem que «o ambiente intra-uterino e a experiência e comportamento maternos nos dias a seguir ao nascimento servem para "programar" o comportamento materno subsequente da prole quando adulta, bem como estabelecer o nível de resposta adreno-hipotalâmico-pituitária face ao stress» (Leckman *et al.*, 2007, p. 101).

Estabelecendo uma comunicação afectiva síncrona com o bebé, o cuidador providencia um apoio externo para as suas capacidades bioregu-ladoras, ainda imberbes, e, assim, conferindo resiliência para lidar com as situações de stress ao longo da vida (Fonagy *et al.*, 2002, cit. por Leckman *et al.*, 2007). «Sincronizando-se com o estado do seu bebé, a mãe como que entra nos ritmos biológicos deste providenciando uma ressonância (Trevarthen, 1993) da experiência interna e externa, do *self* e do outro, do cérebro e do comportamento» (Leckman *et al.*, 2007, p. 105). Leckman (2007) acrescenta que a experiência da partilha dos estados afectivos e a estimulação durante as interacções mãe-bebé, que se pode observar a par-tir dos 2 meses de idade num registo de micro-situações, providencia a base para o desenvolvimento social do bebé e da sua capacidade empática e moral.

Podemos concluir, com Leckman *et al.* (2007), que «genes suficiente-mente bons combinados com cuidados parentais suficientemente bons (…)» (p. 108) conferem resiliência face às adversidades da vida e a capacidade de ser um pai suficientemente bom para a próxima geração.

Com efeito, existe uma interligação entre o que é inato e o que é adquirido. Os estudos têm demonstrado uma «extraordinária plasticidade no cérebro em desenvolvimento e que o córtex parece ser equipotencial, no sentido de que qualquer área do córtex pode, com a estimulação ade-quada, desenvolver sensibilidade computacional adequada ao estímulo» (Skanks, D., 2007, p. 113). Ou seja, os genes não codificam directamente comportamentos; antes, em resposta a estímulos ambientais, arquitectam a estrutura cerebral (por ex., o tipo de células a desenvolver), a sua conecti-vidade e o tempo de desenvolvimento de determinadas fases. Mesmo as grandes estruturas cerebrais não são geneticamente determinadas para evoluírem numa determina função; o que sucede é que a estrutura genética e os estímulos ambientais interagem com os estímulos que recebem do exterior e do interior para fixar uma função (Skanks, D., 2007).

O PSICÓLOGO NO PRÉ E NO PÓS PARTO

Se os «pais têm todas as competências necessárias e aprovadas pela Comissão Europeia para serem bons pais» (Eduardo Sá, 2008), porque é que se pode defender a presença do psicólogo no pré e no pós-parto?

Mesmo para pais com estas competências verdadeiramente à flor da pele, a presença de um técnico afectivo e disponível, que muitas vezes funciona como espelho das suas competências e da relação que se vai desenvolvendo, é sentida como importante e um grande apoio afectivo nesta altura de tão grandes transformações, alegrias, dúvidas e angústias.

O papel deste técnico pode ser tão simplesmente estar ao pé da família, ouvindo as suas dúvidas, partilhando as suas ansiedades e angústias, observando as conquistas do mais novo membro, dando confiança aos pais para interagirem com o seu bebé, reconhecendo e estimulando as competências naturais de um e de outros, compreendendo a influência da infância dos pais e do seu percurso de vida na relação estabelecida com o filho.

Não é só o bebé que não existe sozinho (como tão bem evidenciou Winnicott); também a família não existe sozinha. É verdade que a família do século XXI se encontra mais sozinha e solitária. A conjuntura sócio-económica e política obriga muitos pais a trabalhar muitas horas, vivendo, no entanto, a ansiedade de que o dinheiro é escasso face às exigências e gastos da vida actual. Por outro lado, a função de apoio natural anteriormente desempenhada pela família alargada e pelos vizinhos, estimulada pela proximidade física entre as pessoas, muitas vezes, nos nossos dias, é colmatada pelos técnicos. Ou seja, as características da vida actual forneceram um nicho de mercado para os técnicos na área da saúde mental.

Não digo com isto que o cuidado e a atenção das pessoas em relação às outras desapareceram. Nada disso. Estou longe desse discurso pessimista em relação ao ser humano e à sociedade e mundo actuais. Creio que seremos sempre seres fundamentalmente sociais e deslumbrados face aos outros da nossa espécie, que sempre nos inspirarão cuidado e ternura, desafio e complementariedade.

Imagino que não existirá um futuro perfeito, com pais e crianças perfeitas, seja o que for que isto signifique, já que a perfeição é um conceito que o ser humano atribui a divindades. Aquilo que sei é que sempre existiram, e existirão, pais mais capazes de se sintonizar afectivamente com os seus filhos. Pais que, quando crianças, se sentiram amados e desejados e que por isso são capazes de livremente amar os seus filhos, encontrando neles (e no seu par amoroso em primeiro lugar) a melhor companhia nesta viagem de se conhecerem e conhecer o outro.

De uma forma geral, creio até que na nossa sociedade as pessoas estão mais informadas sobre as competências e necessidades básicas do bebé. Basta ir a uma qualquer livraria ou fazer uma busca na Internet sobre bebés e parentalidade, para logo sermos inundados com uma profusão de livros, palestras, cursos, workshops. Falar sobre afectos tornou-se vulgar actualmente. O que é positivo.

Contudo, como tão bem nos diz um título de um livro de Eduardo Sá, a vida não se aprende nos livros. Embora haja livros e textos que nos tocam profundamente, apenas quando conjugados com experiências concretas com outros que nos sejam significativos, produzem transformações duradoiras.

É nesta lógica que defendo a presença do psicólogo na vida das pessoas. O tempo dedicado pela família ao psicólogo, no fundo nada mais é do que um tempo que dedica a si mesma e ao seu conhecimento/crescimento. Aquilo que pretendo salientar é que não há nada mais eficaz do que a relação afectuosa e sincera com o outro para o nosso crescimento como filhos, como pais, como pessoas.

Backermans-Kranenburg, van Ijzendoorn e Juffer (2003, cit. por Leckman *et al.*, 2007) enfatizam a eficiência de intervenções centradas na estimulação da sensibilidade parental e da ligação infantil. Os autores destacaram que as intervenções com mais sucesso são aquelas que estão centradas nas competências parentais, nos apoios sociais e no bem-estar materno, assim como as intervenções que incluíam ambos os pais.

Leckman *et al.* (2007) apresentam a este propósito três conjuntos de estudos sobre o apoio na intervenção precoce iniciado no período pré-natal e com duração de pelo menos 1 ano. No terceiro conjunto de estudos, os autores apresentam um modelo de intervenção que incluía visitas domiciliárias efectuadas por enfermeiros desde o período pré-natal até aos 30 meses da criança (Kitzman *et al.*, 2000; Olds *et al.*, 1997, 1998, 1999, 2002, cit. por Leckman *et al.*, 2007). Este modelo de intervenção mostrou ter um forte impacto ao nível da prevenção de gravidezes não planeadas, negligência e abuso infantil e comportamento criminal nas mães solteiras e com baixo rendimento (durante pelo menos 15 anos após o nascimento do bebé).

Lourdes Lourenço (2007) acrescenta a importância do acompanhamento psicoterapêutico no domicílio, «nomeadamente em situações de risco quer ao nível da sobrevivência do bebé quer ao nível das dificuldades sentidas pelos pais para se vincularem» (p. 21). Apresenta um tipo de intervenção que pretende «dar seguimento ao suporte afectivo e que teria benefícios na prevenção da saúde mental, bem como na ajuda aos pais na organização dos processos de parentalidade tão necessários e fundamentais para o desenvolvimento saudável das competências globais do bebé» (p. 21). Questionando-se sobre se a intervenção em contexto domiciliário poderia ser considerada «um modelo psicoterapêutico capaz de facilitar e de potenciar os comportamentos de vinculação nas interacções progenitor-criança» (p. 24), a autora relata um caso clínico, evidenciando o papel do terapeuta na facilitação do processo de vinculação, identificando, com a mãe, as suas capacidades criativas para se ligar emocionalmente ao seu bebé.

A autora baseia-se no trabalho pioneiro de Selma Fraiberg (1980, cit. por Lourdes Lourenço, 2007), em que a visita domiciliária era efectuada por uma equipa de um psicanalista, um psicólogo, um enfermeiro, um assistente social e um pediatra em famílias com crianças até aos 3 anos, em situação de carência social e económica.

OBSERVAR *VS* INTERVIR?

Embora a metodologia mais conhecida para este tipo de trabalho seja o Método de Observação dos Bebés de Esther Bick (método proposto pela autora em 1948 na Clínica Tavistock e que, em 1960, foi incluído como parte curricular do primeiro ano do Instituto de Psicanálise de Londres), o tipo de intervenção que proponho em pouco, ou mesmo nada, a ele se assemelha: apenas na definição do regime e duração das visitas. Aliás, posso mesmo dizer que este tipo de intervenção surge como contraponto ao método de Esther Bick (sem criticar a sua validade) – que considero mais centrado no técnico do que na família e distante das perspectivas mais actuais em psicoterapia, e mesmo em psicanálise. Do analista silencioso, alvo da projecção e da transferência, emergiu o analista criativo, que sente a relação genuína estabelecida com o seu paciente como caminho para a libertação das grilhetas da artificialidade. É a vivência de uma relação de interesse verdadeiro que retoma o desenvolvimento em suspenso e permite o desabrochar do verdadeiro "eu", mais forte, porque mais consciente e validado por uma relação de amor... terapêutico. Uma vivência relacional, onde a confiança e a intimidade criadas permitem a reflexão profunda e a maturidade... contribuindo para um crescimento mais livre e próximo da essência de cada um. Essência que é a saúde e o progresso.

Ao ler o texto da autora e de outros autores que utilizaram o seu método, na procura de referências que me orientassem na metodologia para este projecto de intervenção, deparei-me com um hiato sócio-temporal e de objectivos que não me parecia transponível. Esther Bick (1964) defendeu um método de observação que tinha como principal objectivo a formação e treino de futuros analistas e a observação da tríade. À semelhança da observação etológica, também aqui não se age sobre os sujeitos da observação. O papel do observador deverá ser neutro, centrado na recolha de factos livres de interpretação e de conclusões. «A observação funda-se no princípio da tábua rasa face ao bebé e família (...). O observador deve funcionar como um receptor, (...) sem procurar modificar a situação (...)» (Sousa, Sátia, 2003, p. 123). Após a sessão, o observador deveria anotar tudo o que se passou, para depois apresentar em seminários periódicos e, com os colegas, partilhar e discutir a sua experiência. Aqui o que era principalmente analisado era a «comunicação intersubjectiva da relação» (Marques, Catarina, 1999, p. 53), estando-se atento ao modo como o observador transmitia as suas experiências e sensações durante a observação. Ou seja, defendia-se a «interpretação da transferência» (Marques, Catarina, 1999, p. 53) em relação ao que era observado.

Nunca efectuei nenhuma observação de acordo com este método, por isso não me encontro em suficiente condição para o criticar. Alguns investigadores consideram este método muito interessante, na medida em que se aprende sobretudo a observar introduzindo uma influência mínima no sistema familiar... conduzindo a família a um interesse por também observar o seu bebé. Segundo Sátya Sousa (2003), «a observação de bebés segundo o método Bick constitui uma experiência única, de grande intensidade emocional, que suscita os mais variados movimentos mentais, as mais diversas reacções, receios, angústias e incertezas» (p. 127). Esta autora realça que este método «ensina a tolerar e a apreciar o modo como cada mãe cuida do seu bebé e encontra as suas próprias soluções (...); possibilita (...) um melhor entendimento das condutas não verbais (...)» (p. 130) do bebé.

Embora compreendendo a ideia da autora, questionei-me se os seus objectivos não seriam possíveis através de um método onde a intervenção fosse possível? E questionei-me se as famílias com problemas na relação mais precoce não beneficiariam de uma intervenção mais activa e participante? Descobri que ao invés de uma metodologia da observação, fazia-me mais sentido uma metodologia assente na intervenção.

Foi nessa altura que a Dra. Lourdes Lourenço me deu um artigo seu sobre a intervenção em contexto domiciliário. Neste efectua uma revisão da técnica e do papel do psicoterapeuta, afirmando que «a sua intervenção apenas como observador não é suficiente para favorecer a relação de proximidade afectiva na díade (...). O terapeuta é convidado a intervir num jogo interactivo e emocional na relação dos pais com o seu bebé (...)» (p. 28). A autora defende a importância deste tipo de intervenção se realizar, com frequência semanal e sem interrupções, desde o nascimento até às 16 semanas, e que pode acontecer nos diferentes momentos da relação entre os pais e seus bebés. O papel do terapeuta é ir informando e identificando com os pais as reais competências do recém-nascido, o que promove as interacções emocionais e a evolução dos estados mentais do bebé.

Esta intervenção foi delineada para responder às necessidades e ansiedades dos pais que saiam da maternidade com o seu bebé, continuando um trabalho terapêutico já iniciado. A equipa era constituída por uma psicóloga, por um fisioterapeuta, por uma assistente social e por uma voluntária da associação de ajuda ao recém-nascido. O modelo de intervenção estava de acordo com a investigação inicial das necessidades dos pais, constatando «se os problemas levantados pelos progenitores estariam ligados às suas inquietações e medos acerca da fragilidade e sobrevivência do seu bebé (...) ou a sobrevivência física do bebé e o seu gradual desenvolvimento psíquico estariam condicionados pela capacidade de os progenitores se vincularem a um bebé que poderia vir a ter problemas ao nível do seu desenvolvimento global» (p. 30). Por um lado, «o trabalho passa por criar uma relação com a família do bebé, de modo a permitir que o elemento mais disponível emocionalmente entre em contacto com o bebé, servindo de modelo relacional para o outro elemento da tríade» (p. 31) e, por outro lado, por «partilhar com a mãe as suas dificuldades em compreender o seu bebé, fazê-las passar de uma atitude funcional, para a descoberta da afinação afectiva (...)» (p. 31). Uma tal intervenção, conclui a autora, permite observar as mudanças do comportamento do bebé em resposta aos novos comportamentos relacionais da mãe, estimulando a ligação e a descoberta.

UM MÉTODO DIFERENTE

O método delineado em tudo se assemelha à técnica psicoterapêutica psicanalítica, no sentido da disponibilidade afectiva para estar com o outro e para o auxiliar a crescer, reflectindo e integrando aquilo que esse outro

faz ressoar dentro de nós. Um método que, em grande parte, tenho aprendido com os meus pacientes e com o Dr. Coimbra de Matos e que se baseia
no método de intervenção ao domicílio da Dra. Lourdes Lourenço. Um
método relacional que é voltado para a saúde e para as competências de
cada um... sempre com um olho no futuro... primeiro sonhado e acalentado
pela díade ou tríade terapêutica... e depois passível de concretizar.
Efectivamente, penso que a função terapêutica é muito próxima da função
parental. Para o crescimento e desenvolvimento das pessoas que nos con-
sultam, a nossa atenção, o nosso interesse e o nosso carinho genuínos são
como água com adubo em plantas secas de afecto e de esperança. E tais
sentimentos surgem, naturalmente, qual «preocupação maternal primária»
em relação aos pacientes de quem gostamos verdadeiramente.

Outro importante contributo foram as ideias desenvolvidas por
Brazelton e colaboradores (2001), tão magistral e emotivamente demonstradas no Congresso Mais Criança[2]. Defendendo uma perspectiva preventiva, Brazelton sublinha a importância de dotar os pais do (re)conheci-
mento das suas competências parentais e ajudá-los a melhor identificar as
competências do recém-nascido. Ambas – competências parentais e do
bebé – fundamentais para a construção da vinculação. Neste sentido,
define seis características das interacções precoces: sincronia, simetria,
contingência, adesão, jogos e autonomia e flexibilidade. Características
que se desenrolam no seio de uma relação de amor pais-bebé, cuja constância, reciprocidade e contingência afectivas concorrem para um desenvolvimento, em espiral, saudável da tríade. O autor defende a validade das
características das interacções precoces na avaliação do estilo de vinculação, podendo a sua observação funcionar como elemento de diagnóstico.
E apresentou todo um programa de prevenção dirigido aos pais centrado
no reconhecimento destas seis características durante as suas interacções
com os seus filhos, que, em Portugal, funciona no Hospital de Santa Maria
com uma equipa coordenada pelo Dr. Gomes Pedro.

Inclui, ainda, neste método, algumas ideias e conceitos da Terapia
Familiar. A experiência que tenho tido com os meus pacientes, o que tenho
aprendido no Curso de Terapia Familiar e, mais importante, a reflexão que
tenho feito sobre a minha história, demonstrara-me como não somos indi-

---

[2] Encontro Internacional «Mais Criança. As necessidades irredutíveis», organizado
pela Clínica Universitária de Pediatria da Faculdade de Medicina de Lisboa/Hospital de
Santa Maria. Coliseu dos Recreios – 2 a 5 de Outubro de 2002.

ferentes ao modo como fomos tratados na infância... e de como isso se reflecte para toda a vida. Aprendemos uma matriz relacional que repetimos, naturalmente, na relação com os outros. A intimidade, ou a ausência dela, sentida e experienciada nas relações mais precoces é desnudada nas posteriores relações íntimas que vamos tendo ao longo da vida... com amigos/as, namorados/as, maridos/mulheres, filhos/as. Amamos de forma transgeracional.

Porém, e como tão bem acho retratado no livro de Torey Hayden (1980/2007), não existe condenação para um mau amor. Maria José Vidigal (2003) destaca as transformações ao nível da imagiologia cerebral em crianças que passaram a receber um cuidado e atenção continuados e complementares.

Ao longo da intervenção, o terapeuta deve assumir uma postura essencialmente acolhedora, onde a disponibilidade para se sintonizar com as necessidades e características dos pais e bebé e lhes dar respostas contingentes é essencial. Adequando-se a cada momento do crescimento daquela família – qual mãe/pai na relação inicial com o seu bebé –, o terapeuta deve, num primeiro momento, procurar conhecer pais e bebé e dar-se a conhecer. É neste ponto que o método defendido e desenvolvido pela autora difere radicalmente do método de Esther Bick. Defende-se que é *a intervenção activa e genuinamente interessada* do terapeuta que permite à família pensar-se e transformar-se... o que, por sua vez, permite ao terapeuta ser influenciado por aquela família e transformar-se também. O terapeuta *faz* parte do sistema familiar, instituindo-se como um novo elemento de interacção e de reflexão. É o interesse e a curiosidade genuínos do terapeuta, afectivamente ligado àquela família, que lhe vai permitir desempenhar uma função parental em relação aos pais, «ajudando os pais a serem pais e a criança a ser criança» e a «acompanharem e compreenderem os seus filhos nesta tarefa entusiasmante e às vezes difícil que é crescer e vê-los crescer» (Lourdes Lourenço, em comunicação pessoal).

Nas primeiras sessões, é esperado que seja sobretudo a terapeuta a liderar, mas, à medida que a confiança se for estabelecendo entre todos os intervenientes, é desejável que progressivamente sejam os pais a colocar questões e a conduzir a relação no caminho da sua maior auto-descoberta. Utilizando uma imagem de Coimbra de Matos (comunicação pessoal), à semelhança da gravidez, o caminho da análise é como um parto. O analista está lá a acompanhar e a ajudar nesse parto, não a fazê-lo. Do mesmo modo, espera-se que, nesta intervenção, cada vez mais os pais sintam que

este é um projecto dirigido a eles e às suas necessidades... podendo con-
duzi-lo. A mim, caberá o privilégio de os acompanhar na sua descoberta
de serem pais e na aquisição de maior sentimento de competência e de
confiança na relação com o seu bebé e de acompanhar o seu bebé na maravilhosa descoberta que é crescer sendo amado.

Ou seja, progressivamente o terapeuta deve mostrar uma atitude
menos activa no que respeita ao liderar a visita, mas mais activa na relação com os pais. De acordo com os seus objectivos e de acordo com o que
sentir mais eficiente para a família em questão, o terapeuta poderá agir de
forma mais activa, por exemplo, fotografando e filmando as interacções;
comentando-as; fazendo sugestões de actuação com o bebé; participando
nas actividades parentais de higiene e adormecimento do bebé... desde que
isso seja vivido com prazer e tranquilidade pelos pais. Ou seja, a postura
do terapeuta deve ser definida pelo grau de conforto nesta partilha da intimidade evidenciado pelos pais, adequando-se o terapeuta às suas necessidades e características. No caso destes pais em particular, são eles mesmos
que convidam a terapeuta a pegar no bebé e a participar em algumas tarefas de higiene.

INICIÁMOS UMA VIAGEM AO CENTRO DOS AFECTOS

O contacto com os pais foi efectuado dois meses antes do nascimento
e definiu-se o início das visitas na segunda semana de vida do bebé.

Definiu-se com os pais um dia da semana e uma hora para a visita
(aquela que se mostrou mais favorável para a observação da interacção),
que terá a duração média de 1h30. O objectivo é que a vinda da terapeuta
seja integrada no ritmo familiar e que seja expectável. Pretende-se criar o
mesmo registo de intimidade e de expectativa que existe numa relação
terapêutica. Esta definição não é rígida, sabendo-se que mais importante
que a previsibilidade do dia e da hora é a previsibilidade da alegria e do
prazer naquela visita. Contudo, sublinhe-se que tal rigidez pode ser importante em casais mais destruturados, criando um espaço mental para aquela
visita e para a reflexão.

No final de cada sessão, o terapeuta realizará, com os pais, um
momento de reflexão sobre o que se passou e se observou, estabelecendo
uma ligação entre os vários momentos vividos ao longo daquela sessão.

Penso que é importante a realização de um registo, sempre que possível diário, de cada visita, transmitindo as ideias fundamentais reflectidas em conjunto, suscitadas pela observação das interacções ocorridas nesse dia.

A supervisão deve acompanhar este percurso e ir ajudando o terapeuta nas suas dúvidas.

REGISTANDO EMOÇÕES

Não utilizo, nesta minha intervenção, questionários ou inquéritos, instrumentos tantas vezes 'simbioticamente' confundidos com Ciência e cientificidade. Acredito mais – desculpem-me os aficionados – no estabelecimento de uma relação de confiança e de partilha entre observadora e pais, sendo a experiência da entrevista clínica norteadora na obtenção de informações relevantes e transformadoras.

As fotografias e as filmagens têm-se mostrado especialmente cativantes para os pais, que têm a hipótese de ver nessas fotos afectos e elos que apenas eram sentidos. A fotografia e a filmagem permitem 'fixar' um momento, uma interacção, uma emoção, uma continuidade de afectos... No fundo, permitem captar a comunicação relacional e afectiva estabelecida entre pais e bebé, que pode ser assimilada e interiorizada pelos pais de cada vez que olham para aquele registo... e, em cada vez, descobrindo novas características e capacidades do seu bebé, e também competências e afectos deles próprios, surpreendendo-se com a visão da relação. Ouço muitas vezes: «Ah! Que lindo!». Outras imperam silêncios que transmitem uma pura emoção que enche o coração.

Do ponto de vista da práctica terapêutica, a captação de imagens e as filmagens permitem que a terapeuta destaque e dê significado a um momento ou a uma interacção. Estou a lembrar-me de uma fotografia que tirei na 5.ª sessão que tive com esta família. É uma fotografia linda de pai e bebé a olharem um para o outro a não mais do que 10cm de distância. A intensidade do seu olhar, que anula tudo à sua volta, evidencia melhor que mil palavras a ligação afectuosa e deslumbrada de um pelo outro. Visualização que pode ter tido importância num momento em que a intensidade da relação mãe-bebé imperava e em que o pai podia sentir que o filho reconhecia e reagia mais à mãe do que a ele.

As técnicas da Terapia Familiar, como, por um lado, a entrevista sistémica, com a sua formulação da hipótese, em que todos os membros são convidados a dar o seu olhar sobre as questões familiares, a metacomunicar e a contribuirem com as suas opiniões/perspectivas/soluções, evidenciam a parte saudável e transformadora que cada família contém, homeostaticamente, dentro de si. A importância da circularidade da informação, em que todas as opiniões são ouvidas e estimuladas revela-se um meio extremamente importante para a «neutralidade da aliança» do terapeuta. Aliança à família e não a um dos membros da família. Por outro lado, a realização do genograma pode constituir-se como um momento de intensa partilha em relação a cada um dos membros do casal, debruçando-se sobre a sua rede familiar, sobre os laços afectivos que ligam todos os membros, sobre a caracterização das relações, e sobre uma reflexão sobre os traços transgeracionais que se vão advinhando aqui e ali... Muitas vezes, é a descoberta e a compreensão desta transgeracionalidade que impulsiona e sustenta a mudança.

Apesar da sua aparente simplicidade, considero que o genograma apenas deve ser utilizado quando está bem estabelecida a relação de confiança entre pais e terapeuta, uma vez que pode colocar em evidência emoções, relações ou situações difíceis, que apenas podem ser contidas pela relação de afecto genuína. É importante que o terapeuta se sinta confortável com esta técnica, de modo a conseguir conduzir a sessão no sentido da integração dos elementos suscitados. Realizei o genograma com esta família na 5.ª e 6.ª visita que fiz, indo ao encontro da ideia dos pais em realizar um álbum de bebé. O genograma familiar parecia-me um bom ponto de partida para esse bonito projecto. Na visita anterior levara folhas de cartolina grandes e canetas de cores para o fazermos.

Advogo na utilização do genograma a possibilidade de este ser construído com signos criados pelos próprios, e não apenas pelos sinais convencionados pela terapia familiar. Ou seja, o terapeuta pode optar por deixar ao critério e à imaginação dos pais a criação dos sinais que vão caracterizar as relações representadas no genograma. Utilizei este critério com esta família e surpreendi-me com a sua intensidade afectiva e metafórica deste casal. Pai e mãe optaram, principalmente, pela utilização de sinais criados por eles próprios, de acordo com as características das pessoas representadas no genograma. Ou seja, aquilo que me surgiu com esta família foi a ideia de que os pais pudessem expressar as ideias e as emoções suscitadas pela criação do genograma com base nas suas próprias referências.

Por exemplo, o pai utilizou a cor amarela no traço que o uniu à sua mãe, escolhendo a cor preferida de sua mãe; utilizou corações na ligação que fez à sua mulher; e envolveu-a ela e ao filho de ambos num abraço protector e envolvente, representado com um círculo à volta da família nuclear. Quanto à mãe, esta utilizou sobretudo o número de traços para significar a intensidade das relações.

Considero que os momentos de realização do genograma foram momentos de grande intensidade emocional, em que os pais partilharam vivências precoces, emoções guardadas e algumas pouco pensadas (dado o sofrimento que envolviam), qualidade das suas relações precoces e actuais, ideias da sua importância, lugar e papel na família, relações entre familiares significativos, cruzamento entre o modo como sentiram a função parental de seus pais e o modo como querem ser pais para o Leonardo... partilha que nos aproximou como sistema e que teve um forte impacto no casal, uma vez que permitiu a consciência do quanto cada um estava atento aos sentimentos e aos conflitos do outro e permitiu a partilha de sentimentos que até agora não tinham sido verbalizados ao outro. A compreensão demonstrada por cada um ao ouvir o outro certamente terá fortalecido os laços de confiança e de intimidade.

PASSANDO DE UMA FAMÍLIA PARA A COMUNIDADE

Apresenta-se um trabalho com apenas uma família, cuja observação/ /intervenção é proposta pela própria terapeuta, mas que serviu de trampolim para a criação de uma nova área de actuação na Clínica da Parentalidade: visitas ao domicílio antes e após a gravidez em registo de clínica privada. Neste sentido, a autora abriu, nos consultórios onde trabalha, a consulta de Acompanhamento no Pré e no Pós Parto, que pode ser efectuada ao domicílio. Por outro lado, no âmbito do NIB, desenvolveu uma formação para pais sobre a temática da Vinculação e das Interacções Precoces, onde o principal objectivo é estimular a vinculação nos pais e a ligação do bebé e centrar o divertimento e o prazer na interacção pais-bebés. Com efeito, no NIB acreditamos que é a brincar que crescemos saudáveis!

RELATOS DE ALGUMAS SESSÕES

Até Setembro de 2008 foram efectuadas 11 visitas a esta família. Iniciaram-se as visitas a 11 de Junho. Houve uma interrupção por alturas das férias, que abarcou duas semanas em Agosto da terapeuta e duas semanas em Setembro dos pais.

Descrevo agora algumas das sessões que senti como significativas e transformadoras e que penso ilustrarem bem, por um lado, a metodologia e, por outro, o clima afectivo em que decorrem estas sessões.

1.ª Visita

Leonardo[3] tem 1 semana e meia de vida (nasceu no domingo, dia 1 de Junho, dia da Criança).

Levei uma prenda para a família: um cd de histórias para bebé.

Cheguei à casa do casal, acompanhada pelo pai, por volta das 15h. O pai está a beneficiar da licença de paternidade. A mãe estava sentada no sofá a amamentar o Leonardo. Era um lindo cenário. Com Lisboa e o Tejo ao fundo. O ambiente em casa era de tranquilidade e bem-estar.

Sentei-me no sofá ao pé da mãe e, durante um bocado, estivemos a contemplar o Leonardo a mamar. Entretanto, o pai foi fazer o almoço. Explicaram-me que, por causa dos horários do Leonardo, eles próprios estavam com horários bastante diferentes. Como o filho dormia até cerca das 11 da manhã, eles também só se tinham levantado àquela hora e, por isso, tomado o pequeno-almoço tarde.

A mãe pediu-me para lhe explicar novamente o projecto da observação. Expliquei-lho mais aprofundadamente e depois ao pai, que entretanto chegara com o almoço. Pareceram-me satisfeitos com a ideia base apresentada. Foi sentida como um momento da semana dedicado à reflexão sobre o seu bebé e sobre si mesmo como pais e como casal.

Interessando-se pela minha pessoa, a mãe questionou sobre o meu percurso profissional e as questões da psicoterapia, em particular. Sublinhei o modo relacional como vejo e pratico a psicoterapia, enfatizando-o como promotor de intimidade e de crescimento. Do mesmo modo, era assim que via aquela intervenção. Acrescentei, ainda, o contributo que obtive do Curso de Terapia Familiar (tendo terminado, entretanto, o Ano Zero) no delineamento desta observação. A referência ao Curso de Terapia Familiar suscitou grande interesse por parte do pai, o que abriu caminho para um

---

[3] Os pais deram autorização à autora para a utilização do nome real do seu filho.

momento de conversa sobre o percurso pessoal e profissional de cada um dos pais.

O Leonardo surge de um projecto do casal, mas também de um projecto pessoal de cada um dos elementos do casal, que sentiam que estava na altura de passar a uma nova, e desejada, fase da sua vida: queriam ser pais. O nome de Leonardo foi sugerido pelo pai, recordando-se de um amigo seu que considera uma das melhores pessoas que já conheceu. Para a mãe, para além de achar o nome muito bonito e original, concorreu também o facto de ser um nome existente em sueco: Leo.

Em relação à observação da relação pais-bebé...

Primeiro, deixem-me partilhar convosco a sensação maravilhosa que é ver um recém-nascido e tomá-lo nos nossos braços. Leonardo é um bebé comprido, muito macio. Ajeita-se bem ao colo de cada um, moldando-se aos nossos braços.

Segundo os pais, já se observavam grandes diferenças entre os primeiros dias de vida do Leonardo e hoje. Mais alerta e com menos horas de sono e mais exigente no desejo de atenção. A única dificuldade relatada pela mãe diz respeito à amamentação, referindo como ainda a magoa quando Leo começa a mamar. Depois passa, mas enquanto passa e não passa custa-lhe muito. Com grande sinceridade, a mãe partilha que, quando se aproxima a hora de amamentar, fica nervosa e com alguma resistência, uma vez que sabe que lhe vai doer... mas também já sabe que entretanto passa. Vai falar sobre isto com o pediatra. Não intervenho, uma vez que, aquando da hora da amamentação, mãe e Leonardo vão encontrando modos de ultrapassar o desconforto da adaptação e este é um período de felicidade e de tranquilidade. Leonardo mama com grande apetite e, uma vez saciado, deixa descair a cabeça para o lado, ficando ainda com a boquinha encostada ao mamilo, e dorme sossegado. Durante a amamentação, a mãe olha com grande ternura para o filho e vai falando com ele sobre várias coisas, sobretudo sobre o seu apetite: «Estavas com muita fome, Leonardo!». A mãe fala muitas vezes em sueco, desejando que o filho aprenda a sua língua natal. Língua em que consegue transmitir melhor o afecto e o amor que sente por este pequenino «perninhas de frango», como os pais lhe chamam, por ter umas perninhas tão compridas e esguias!

Leonardo é, segundo os pais, um bebé extremamente tranquilo e simpático. De facto, parece sê-lo. Dorme bem durante a noite, acordando apenas para mamar. Não chora muito. Faz um barulho com a boca que acorda imediatamente a mãe do seu sono vigilante e esta pega-lhe para mamar. Às vezes, parece mamar e dormir ao mesmo tempo, o que significa que a amamentação demora algum tempo, mas isso não inquieta a mãe, que relata que um dia também ela adormeceu na cama com o filho ao peito!

A mãe mostra-se uma mulher altamente sintonizada e atenta ao seu filho, muito preocupada em conhecê-lo e percebê-lo. Procura estimulá-lo a ficar mais alerta falando-lhe ternamente. A maior parte das vezes, o seu olhar deslumbrado parece estudá-lo, absorvendo tudo até ao último pormenor. Para perceber melhor se o choro do Leonardo tinha a ver com fome, descobriu que se pusesse o seu dedo indicador dobrado nos lábios deste, se ele chupasse então era fome. E mostrou-me como o fazia.

Durante todo o tempo da visita, Leonardo está ao colo ora da mãe ora do pai. Também o pai se sente bastante à vontade com o filho. Pega-lhe com um à vontade de quem já ganhou confiança naquela precoce relação. Aliás, ambos referem que, na maioria das vezes, o Leonardo se acalma mais facilmente no colo do pai. Com efeito, é a mãe que salienta esta capacidade do pai em acalmar o filho quando ela já não sabe o que é que há-de fazer; e o pai comenta a extrema confiança que tem na capacidade da mulher para cuidar do Leonardo.

Comentários do final da sessão

No final da sessão, comento sobre esta sensação de competência que a família tinha ganho, apesar de alguns contratempos, como a dôr na amamentação e algumas situações em que o Leonardo se mostra mais difícil de acalmar. Sentia que todos ajudavam a manter este equilíbrio e que havia da parte de todos um grande interesse em conhecerem-se melhor e em ajudarem-se a ultrapassar os momentos mais difíceis. Existe uma grande complementaridade entre estes dois pais, ambos se sentindo confiantes e competentes em relação ao filho em diferentes funções.

Em termos de características da interacção precoce, realça-se a sintonia: bem visível na sintonização da vida diária dos pais ao ritmo do bebé, por um lado, e no facto de o irem ajudando a ficar progressivamente mais vigil, adequando-se ao ritmo de vida no exterior da barriga, mas sempre num profundo respeito pelo ritmo do bebé.

2.ª Visita

Em primeiro lugar, deixei espaço para as questões que os pais podiam ter pensado depois do nosso primeiro contacto e procurar que falassem dos sentimentos e emoções que ficaram daquele primeiro dia. Partilhei também com os pais algumas ideias em que tinha ficado a pensar depois da visita, sobretudo o facto de ter sentido que viam este trabalho como uma co-construção. De facto, apesar de eu ter indicado as linhas orientadoras, existia todo um espaço, essencial, para o imprevisto, para a espontaneidade, para aquilo que eles fossem sentindo que lhes faz mais sentido e para as novas questões que, necessariamente, vão surgir do nosso maior conhecimento e do crescimento da relação com o Leonardo.

Neste segundo dia, pensei ser importante não ter um papel tão activo como tive na primeira sessão, deixando mais espaço para a família se desvelar e retomar o seu ritmo. Assim, passei mais tempo a fotografar as interacções, tendo previamente obtido o consentimento dos pais, e a auxiliar os pais no que me iam sugerindo. Estes mostravam-se sempre curiosos para ver o que eu tinha fotografado. Com os olhos brilhando para a fotografia, os pais comentavam: «Que lindo!».

Em relação à observação da relação pais-bebé...

Progressivamente mais alerta e mais disponível para a interacção, uma semana de intervalo fez grande diferença em termos das conquistas de Leonardo. Segundo os pais, Leonardo começava a interessar-se pelo mundo exterior, ficando cerca de uma hora pelo meio da manhã olhando, deitado no berço, para os estímulos em seu redor. Ficava com os olhos muito abertos, com uma atenção concentrada nos bonecos que ladeiam a estrutura da cama e para a estante de livros que está na sala. Os pais sabiam que por volta das 11 horas Leonardo estava completamente disponível para o conhecimento do mundo e podia ser deixado sozinho no berço. Já à tarde, isso era impossível, Leonardo mostrava, através do choro, que queria estar com os pais e que necessitava da sua atenção e estimulação. Sensíveis a isso, os pais organizavam a sua vida de modo a poder corresponder a estas necessidades do filho. E iam treinando várias estratégias para prolongar a sua permanência no berço, falando com ele enquanto iam fazendo outras tarefas. Nem sempre era possível, e hoje a mãe tinha estado a limpar o chão com o filho ao colo!

A minha visita era à tarde e Leonardo estava bem disposto e com vontade de interagir com os pais. Os seus olhinhos centram-se bem na face da mãe, estudando o seu sorriso. Todo ele é expectativa e atenção, com o corpo relaxado ante as mãos da mãe que o seguram pelas axilas e o levantam até estar diante da sua face. Passado uns segundos, esboça o que parece um sorriso, nunca desviando olhar atento em relação à mãe. Nessa altura, toda a face da mãe se intensifica num sorriso mais alargado. Os olhos brilham muito e o mundo exterior parece estar anulado. Estão completamente centrados um no outro, conhecendo-se e imitando-se. Há um momento (que consigo registar em fotografia) em que Leonardo, depois de observar atentamente a mãe, imita o seu sorriso. Este momento parece ser o clímax deste período de interacção entre os dois. Tem uma duração breve no tempo, mas duradoira na mente, deixando a certeza que Leonardo está a desenvolver-se bem e que os pais já podem começar a estimulá-lo mais.

Depois, Leonardo fica a olhar para o lado, observando outras coisas. Este desviar da atenção em relação ao olhar da mãe dá sinal à mãe que precisa descansar, para não ficar sobrecarregado de estimulação. A mãe respeita-o. Continua a falar com ele e comigo, mas não procura chamar-lhe a atenção.

Passado um momento, parece estar outra vez pronto para a interacção, olhando directamente para a mãe. Esta deita-o nas suas pernas, dobradas. Leonardo olha a mãe fixamente e esta volta a sorrir-lhe e a falar-lhe, estimulando-o. Desta vez, ele não reage reciprocamente. Chora primeiro devagarinho, depois em plenos pulmões. A mãe comenta que talvez ele esteja com fome, e coloca o seu dedo indicador dobrado nos lábios do filho. Este acalma-se de imediato e parece querer mamar. «Estás com fominha, filho». Retira o dedo. Leonardo chora. Entretanto a mãe ajeita-o para o seu colo, de modo a poder dar-lhe de mamar. Leonardo volta a acalmar-se. A mãe fica um pouco nervosa, pois ainda sente dores no mamilo quando Leonardo mama. Digo-lhe que isso é natural e que tem a ver com a adaptação de um ao outro. A mãe ajeita o mamilo para a boca do filho, dizendo que a pediatra lhe disse que ela tinha de ajudar o filho a "abocanhar" o mamilo todo, para que não lhe doesse. Resultava. Leonardo mama com apetite, tranquilo e satisfeito. A mãe fala-lhe em sueco e observa-o ternamente. Os olhos de Leonardo estão semicerrados. A cor do seu corpo torna-se mais rosadinha. Entretanto, adormece, com o mamilo na face. O pai vem passado um bocado e pega no filho ao colo. Este continua a dormir. Tem um bracinho esticado para cima. O pai embala-o e olha-o ternamente. A mãe comenta que esta característica de ter o braço para cima quando dorme é algo que pai e filho têm em comum. O pai risse, dizendo que realmente isso é verdade (na sessão seguinte mostrar-me-ão fotos dos dois a dormir, com a postura exactamente igual).

Comentários no final da sessão

Abordei as diferenças que se começam a observar em Leonardo em termos da sua disponibilidade para a interacção e para conhecer o mundo em seu redor. Realço a capacidade que Leonardo tem de mostrar bem aos pais a sua vontade, neste momento sobretudo em termos de conforto e de desconforto (não tanto em termos de intencionalidade)... o que era possível porque, desde o nascimento, se tem sentido bem entendido e com as suas necessidades correctamente satisfeitas. Ou seja, podemos dizer que existe uma confiança intíma em Leonardo de que os pais o entendem e o satisfazem, conferindo-lhe segurança no seu sentimento de eficácia e de causalidade sobre o exterior. O sorriso, cada vez mais presente nas interacções, funciona como um poderoso reforçador da interacção, entrando a díade numa espiral interactiva mais intensa. Neste sentido, a mãe vai introduzindo jogos na sua relação com o filho, introduzindo novidade e maior excitação na interacção. Leonardo mostra boa capacidade quer de manter a interacção quer de a parar quando necessita de descansar.

A díade mãe-bebé mostra boa capacidade de lidar com o desconforto ainda presente na amamentação. A mãe ajuda Leonardo a "abocanhar" melhor o mamilo e observam-se mudanças na capacidade deste em fazê--lo sozinho. É neste sentido que Eduardo Sá (2004) diz que «não é apenas a mãe que cria o seu bebé, mas também o bebé que cria a sua mãe» (p. 118). O facto de a mãe sentir que Leonardo a ajuda nesta aprendizagem, fá-la sentir que o seu bebé também está interessado no seu bem-estar, facilitando a relação. Aliás, segundo a mãe, Leonardo tem-se mostrado um bebé fácil desde o nascimento, fazendo-a sentir-se competente na relação com o filho.

Em termos de características da interacção precoce, realça-se a simetria. Esta, como destaca Brazelton (2001) não significa que a interacção dos pais seja simétrica à do bebé. Na verdade, «o adulto tem sempre mais tendência a iniciar a comunicação e a escolher o modo como essa comunicação se irá processar» (p. 138). Contudo, os pais procuram que a sua comunicação seja simétrica às capacidades de atenção, ao estilo e às preferências do seu bebé, procurando apresentar estímulos que já saibam que despoletam reacção positiva no bebé.

No final da sessão acordamos um outro horário para as visitas. Dava mais jeito à família que fosse ao final da tarde.

4.ª Visita

Quando cheguei os pais iam mudar a fralda. Depois de lhe retirar a fralda e de o limpar, a mãe aproveitou aqueles momentos para lhe fazer uma massagem, pois Leonardo andava com algumas cólicas e dificuldade em evacuar. As massagens estavam a mostrar-se uma terapêutica complementar ao babygel, e a mãe estava muito contente. Enquanto a mãe lhe massajava a barriga, Leonardo fica muito quieto, de bracinhos para cima, olhando para o lado. Parece estar completamente concentrado nas sensações que aquela massagem lhe provoca. Comento isso com a mãe, que corrobora. Leonardo gostava muito daquelas massagens e ficava muito relaxado. Eu e a mãe observamos a barriga de Leonardo. Quase parecia que víamos os gases deslocando-se nos intestinos. Passado um momento, Leonardo consegue libertar esses gases e sorri! Nós também! Espontaneamente, a mãe pega-lhe nos pezinhos e começa a brincar com o filho. Tratava-se de uma música sueca que era acompanhada por movimentos. Era mais ou menos assim: «Quando o Leonardo está contente bate os pés (e segurava-lhe nos pés e manipulava-as como se Leonardo estivesse a bater com as palmas dos pés); quando o Leonardo está contente bate as mãos (e segurava-lhe nas mãos como se o Leonardo estivesse a bater palmas)». A música tinha momentos mais calmos e momentos de maior excitação. Leonardo observa a mãe com atenção e esboçando sorrisos, que mantêm a brincadeira da mãe. Posteriormente, Leonardo desvia o olhar da mãe, procurando diminuir a excitação e a mãe, em sintonia, envolve-o num abraço terno e começa a colocar-lhe a fralda limpa.

Em seguida, traz o Leonardo para a sala e deixa-o com o pai, enquanto vai preparar algo para o jantar.

O pai embala-o e fala-lhe baixinho. Entretanto, Leonardo fica mais alerta e dá sinais de estar disponível para a interacção. Olha fixamente para o pai e mexe o corpo e balanceia a cabeça. O pai começa a brincar com ele. Pega-lhe pelas axilas, dá-lhe beijinhos e levanta-o para o tecto. Leonardo fixa muito o pai e olha em seu redor. Parece estar a gostar. Faz uns sons com a boca e o pai vai falando com ele: «Então, filhinho, estás a gostar?».

Passado um tempo, Leonardo começa a ficar inquieto e chora. É um choro já conhecido pelos pais: está com fome!

Depois da amamentação e de Leonardo adormecer, a mãe coloca-o na sua caminha. Está na hora de ir dormir.

Comentários sobre a sessão...

No final da sessão, falamos sobre a crescente capacidade de Leonardo em mostrar a sua intencionalidade. Ela é bem visível no sorriso e nos movimentos corporais, sobretudo da cabeça, de Leonardo que mantêm e estimulam a interacção dos pais. Creio que o melhor exemplo é mesmo quando Leonardo está ao colo do pai e, depois de um momento em que recupera a sua homeostase interna (depois da estimulação da mãe), dá claramente a entender que está pronto para mais "brincadeira"!

Alguns autores, como Gyorgy Gergely (2007), afirmam que a percepção interna de emoções e intenções só surge a partir do 5 ou 6 mês (altura em que, segundo o autor, o *self*, inicialmente constitucional e invisível, se torna visível pela boa leitura e contingência dos comportamentos da mãe em relação aos do bebé. É esta sua leitura que vai conferindo consciência no bebé dos seus estados internos). Sem dúvida, nessa altura a capacidade do bebé em mostrar a sua intenção e ser parte activa no desencadear de reacções interactivas no adulto é bem visível. No entanto, parece-me que estes comportamentos físicos do bebé de 6 semanas (quase dois meses) são indicadores de uma intencionalidade primária, se assim o puder dizer. De facto, através do choro, do sorriso, do comportamento corporal, o bebé consegue exprimir bem as suas necessidades e intenções, sem que estas estejam exclusivamente ligadas à sobrevivência, como seja a alimentação. Neste bebé é bem visível o seu incentivo à interacção dos pais.

Em termos das características da interacção, a simetria e a contingência são dominantes, na medida em que os pais reagem concomitantemente aos sinais do seu bebé. Simetria que observamos quando a mãe introduz uma nova brincadeira quando muda a fralda a Leonardo; contingência que destaco quando Leonardo está ao colo do pai, em que este, conseguindo ler correctamente os sinais do seu bebé (ruídos e balancear do corpo e cabeça), o levanta no ar e brinca com ele. Estes não são, claro está, exemplos únicos destas características. Vemos vários ao longo da sessão de hoje. Pretendi escolher dois exemplos bem exemplificativos e que fossem presentes em cada um dos pais.

11.ª Visita

Relato-vos agora a última sessão por altura da realização deste artigo.
Leonardo tem agora 3 meses de idade. Continua a crescer bem e saudável. Já fica sentado numa cadeirinha e observa, atento e bem-disposto, os movimentos da mãe de um lado para o outro na cozinha. A cadeirinha está em cima de uma bancada, pelo que a mãe está bem no ângulo de visão do Leonardo. Ela vai-lhe falando alegremente, anunciando-lhe a minha chegada: «É a Catarina, Leonardo. É a Catarina. Ela veio visitar-nos». Fala-lhe sobretudo em sueco. Ele agita-se na cadeirinha, ficando mais excitado. Eu aproximo-me bem dele e falo-lhe. Leonardo sorri, o que potencia a minha interacção. Ficamos assim um bom bocado, falando e sorrindo um para o outro. Eu vou-lhe fazendo coceguinhas, ao que Leonardo reage com excitação e grandes sorrisos. A mãe diz que ele às vezes já se ri. Dá umas gargalhadas bem sonoras! Tenta fazê-lo rir para que eu assista, mas Leonardo não está com vontade. A mãe desiste e continua a fazer o lanche. Eu continuo perto de Leonardo, interagindo com ele. O pai está na sala a concluir um trabalho, mas volta e meia aparece, impulsionado pelas nossas risadas. Fala com o filho, ri para ele e volta para o seu trabalho. Eu pego no Leonardo e sento-o ao meu colo virado para mim. Por acaso, pego-lhe nas mãozinhas e ele faz força... quer levantar-se. Ajudo-o e Leonardo fica com os pézinhos bem vincados nas minhas pernas, todo bem esticadinho! A mãe ri e diz: «Pois é, Catarina, o Leonardo já consegue ficar de pé!». Diz-me para eu experimentar na bancada da cozinha e frisa que nem é preciso fazer força, o Leonardo só precisa de um apoio, faz o resto sozinho. E era bem verdade. O meu sor-

riso é de satisfação e de orgulho. A mãe fica muito contente e fala e dá beijinhos a Leonardo.

Passado um momento, vamos todos para a sala. Os pais e o Leonardo sentam-se no sofá. A mãe trouxe um livrinho que a sua família lhe tinha dado quando cá estivera nas férias visitando, pela primeira vez, Portugal. Era um livrinho vermelho fofinho que se fechava e parecia uma malinha. Era sobre animais. A mãe dizia que Leonardo gostava sobretudo da vaca. Quando a mãe mostra o livro, Leonardo fica bastante agitado. Está visivelmente feliz. Sabe o que se vai passar. Antecipa-o e espera, estimulando, através dos seus movimentos, a brincadeira. A mãe aproxima-se dele com o livrinho e, abrindo-o à altura dos seus olhos e virando-o para ele, começa a falar em sueco. Cada página tem um animal: «Leonardo, olha quem está aqui: é o gato. Como é que faz o gato? Miauu!». Leonardo sorri, mexe todo o corpinho, muito feliz. Levanta-se no colo do pai e fica em pé a olhar, com os olhos muito brilhantes e a salivar, para o livro. Quando chega à vaca, Leonardo ri. A mãe e o pai fazem várias vezes o som da vaca: «Muuu».

Eu vou, entretanto, buscar o livrinho de jogos para bebés que eu tinha trazido na sessão anterior para a família. Neste livrinho havia um coelhinho de pôr no dedo. A mãe diz que Leonardo ainda não reage muito ao coelhinho, mas que gosta muito das imagens e da história. Aliás, acrescenta a mãe, ele já conhece a história toda e já está à espera de determinadas partes. O seu orgulho no crescimento e no desenvolvimento do seu filho são evidentes. Sugere que eu vá folheando o livro para ver as reacções do Leonardo.

Estas sugestões da mãe para que eu interaja com o Leonardo e verifique por mim mesma as suas novas conquistas são extremamente positivas e interessantes. A mãe incentiva-me a brincar com o seu filho tal como um terapeuta pode fazer com uma mãe que esteja mais insegura na relação com o seu filho. Nesses casos, o terapeuta está a fomentar a vinculação e a confiança da mãe na relação com o seu filho; nestes a mãe está a observar de fora as conquistas do filho e a fomentar a sua autonomia e desenvolvimento. Sem dúvida, para ela é um extraordinário orgulho ver como o filho mostra as suas capacidades na relação com uma outra pessoa. A mãe está a fomentar as capacidades sociais do seu filho. Por outro lado, o meu espanto e a minha alegria servem-lhe de reforço positivo e narcísico de que está a fazer um bom trabalho! A minha alegria traduz em espelho o que ela também sente ao fazer estas brincadeiras com o filho.

Comentários do final da sessão...

Hoje foi um dia rico em termos da observação do desenvolvimento de Leonardo! Cada vez mais disponível e interveniente na interacção, Leonardo demonstra por todos os poros como se sente amado pelos seus pais. Começam a surgir os primeiros jogos nas interacções pais-bebé e a observar-se mais claramente a adesão, de acordo com os conceitos definido por Brazelton (2001). São um bom exemplo, a interacção pais-bebé em volta do livro vermelho sobre os animais. A expectativa brilha nos olhos de Leonardo quando vê o livro e agita-se à espera da brincadeira que sabe vir associada! Com os seus gritinhos vai estimulando os pais, demonstrando-lhes que quer aquela brincadeira! Fazemos uma experiência: mostramos-lhe o livrinho vermelho e depois o do coelhinho. Leonardo mostra claramente qual o seu preferido: o vermelho. Não há dúvida que adquiriu a capacidade de mostrar bem a sua intenção e desejo, a par da clareza com que mostra o que gosta e o que não gosta. Comportamentos essenciais para toda a vida e que emergem numa relação de boa compreensão e resposta por parte dos pais às necessidades do bebé.

COMENTÁRIOS DOS PAIS

«Esta experiência tem-se revelado proveitosa na medida em que nos tem possibilitado ter um espaço em que nos focamos exclusivamente no Leonardo e na nossa nova família. Muitas vezes, com a azáfama do dia-a-dia, nem sempre é possível ter tempo para sentar e "pensar" o nosso filho e no seu desenvolvimento.

A grande vantagem de ter uma pessoa especializada e, de certa forma, "outsider" a acompanhar-nos nesta jornada é que nos dá mais confiança como família, ajuda a estreitar os nossos laços e é um espelho dinâmico onde podemos ver o crescimento do nosso filhote. Ter alguém que por não estar sempre presente mas conhece bem o nosso filho e a relação que temos com ele, a monitorizar as mudanças no Leonardo e na forma como nos relacionamos com ele, ajuda a apercebermo-nos melhor das mudanças que vão acontecendo bem nos dá a sensação que estamos no caminho certo.

Tem sido uma ajuda preciosa, agora que os papéis que desempenhávamos na nossa relação se alteraram, ter alguém que nos possa ajudar nessa adaptação, tornando algumas coisas mais claras para nós e ajudando-nos a pensar sobre outras. Acaba por ser benéfico não só em relação ao Leonardo mas também, e de forma igualmente importante, para nós como família e casal.

Sempre que acaba uma "sessão" e ficamos sozinhos sentimo-nos sempre mais unidos e com uma boa sensação.

Deixamos uma sugestão: achamos que desde o início poderia haver um registo videográfico para se tornar ainda mais evidente as pequenas coisas que vamos descobrindo juntos. Ou ainda, para os futuros clientes possa ser uma boa ideia ir entregando a cada trimestre uma compilação de vídeos/fotos para os pais poderem ter e guardar acções/comportamentos significativos do desenvolvimento dos seus bebés.»

COMENTÁRIO DA TERAPEUTA

Há famílias que nos surpreendem pela sua intuição e espontaneidade. Penso que é com essas que devemos aprender. Com efeito, não creio que a aprendizagem se deva centrar apenas na descrição de casos de famílias problemáticas. É verdade que aprendemos muito com os nossos erros e com os casos que correm menos bem, mas também é verdade que são famílias como esta que vos relato aqui que nos inspiram e nos ajudam a compreender melhor o que é saudável na relação pais-filhos. Famílias que nos trazem ensinamentos extraordinários para a nossa vida e reflexões frutuosas para os pacientes que recebemos e que sofreram difíceis relações precoces. São essas reflexões que gostaria de fazer convosco em jeito de conclusão.

Pode ser observado, a partir do relato destas sessões, a evolução clara na relação mais precoce. Pais e filho mostram confiança na relação uns com os outros e boa capacidade para irem transformando as dificuldades que, naturalmente, vão surgindo. Transmitem a sensação de que todos são competentes e conseguem ajudar a manter a homeostase familiar. O que é possível, porque, nestes primeiros meses, se evidencia uma relação de sintonia, de simetria, de contingência e de adesão entre pais-bebé, indicando o estabelecimento de uma vinculação segura e a inexistência de depressão pós-parto na mãe. Grande parte da energia psíquica materna está concentrada na descoberta daquele pequenino ser e garantir o seu bem-estar e sobrevivência. A atenção, o deslumbre, a preocupação da mãe pelo seu bebé constitui o ambiente acolhedor no qual este pode se desenvolver, porque observado, entendido, respondido... no fundo, porque se sente amado. Claro que esta sintonia não é imediata, nem mágica. Há momentos muito difíceis e que desesperam pais e bebés. Contudo, eles fazem parte da adaptação mútua que os pais estão a fazer ao bebé e à transformação do casal numa família.

Constatamos essa evolução positiva, primeiro de um modo mais intuitivo, sentindo o bem-estar entre os vários elementos, depois de um modo mais sistemático, através das crescentes manifestações de autonomia, curiosidade e de intencionalidade do bebé. Intencionalidade do bebé que se reflecte sobretudo no desejo de atenção e de estimulação por parte dos pais. No fundo, no desejo de brincar. A este propósito, parece-me que o brincar é uma necessidade inata e irredutível do bebé. Afinal, é o prazer e o divertimento que temos nas relações uns com os outros que solidificam os laços e estreitam cumplicidades. Podemos observar como a brincadeira surge de forma espontânea nos pais na relação com o seu filho, seja através da manipulação, seja através do cantar, ou de um discurso dirigido mais aos afectos do que à compreensão. Brincar que ilustra também o ambiente que o próprio terapeuta pode trazer para as visitas domiciliárias. A sua postura acolhedora, bem-disposta, não crítica e criativa atenua o stress e a ansiedade, normalmente impeditivas de encontrar boas respostas. É nestas ocasiões que os pais se enchem de livros sobre como cuidar do seu bebé (ou da sua criança ou do seu adolescente) e não param para ouvirem o seu coração. Brincando com os pais, o terapeuta está a ajudá-los a fazer emergir a sua parte mais criativa, mais espontânea. Com efeito, não há receitas nem manuais de como cuidar e educar o seu filho. Há sobretudo um saber de sensibilidade feito, assente num profundo conhecimento, fruto de horas de contemplação e de experimentação aquando da relação mais precoce... em que tudo está para descobrir.

A evolução do bebé é sustentada num profundo respeito que estes pais demonstram pelo seu filho, interpretando o seu choro, o seu desconforto, a sua alegria, o seu desvio do olhar como elementos de um tipo de comunicação que está de acordo com as competências do bebé. Um tipo de comunicação primário, essencialmente caracterizado pela expressão imediata de emoções de conforto e de desconforto. O bebé ainda não aprendeu a explicar-se melhor, a definir melhor os seus sentimentos e as suas necessidades. Vai aprendê-lo com o modo como os seus pais o lêem e lhe respondem. Pais mais frágeis psiquicamente podem sentir o choro e o desconforto do bebé como exigências que estão acima das suas disponibilidades afectivas. São pais que vão interpretar o bebé como muito exigente e "mau". Para eles, seria mais fácil se o bebé reagisse de forma formatada, permitindo-lhes a resposta funcional. No entanto, um bebé para crescer saudável exige mais do que respostas funcionais. Exige/necessita que se consigam colocar no lugar dele, compreendendo como é alguém que depende inteiramente dos pais para a satisfação das suas necessidades mais básicas. Um bebé não existe sozinho, e isso vê-se bem na reacção do bebé quando é deixado sozinho. Fica a sentir-se triste e desamparado... O seu choro é sinal de que gosta dos pais e que os quer ao pé de si, que acredita que eles são as melhores pessoas para o compreender e satisfazer. Isso não é mimo a mais. Aliás, na minha opinião, não existe tal coisa como mimo a mais. Deve-se dar todo o mimo do mundo àqueles que amamos genuinamente. É o mimo que nos faz sentir bem, cuidados, parte de alguém. E, como diz Eduardo Sá (2008), sem mimos caímos em depressão.

Apesar das competências naturais destes pais para exercerem a sua função parental, é reconhecido o lugar do psicoterapeuta nesta viagem e o benefício que traz à harmonia e sensação de que se está a fazer um bom trabalho. Com efeito, o terapeuta funciona como um espelho narcisante e estimulante das competências parentais, traduzindo, verbal e não-verbalmente, aquilo que é sentido pelos pais, auxiliando na reflexão e integração de emoções. Faz todo o sentido que o terapeuta seja um participante activo, descobrindo com os pais respostas criativas na relação com o seu filho. No fundo, a presença do psicoterapeuta é securizante e tranquilizadora neste momento de tão grandes transformações, em que a intensidade das vivências nem sempre deixa espaço à sua reflexão e integração.

No contexto da clínica privada, pode não ser fácil funcionar com uma equipa multidisciplinar, o que seria o desejável (e, em muitas situações, o necessário). Contudo, o psicólogo não deve manter-se isolado. A equipa pode ser formada pelos vários técnicos que conhecem e trabalham para aquela família. Mesmo que não trabalhem numa mesma instituição, os técnicos podem trabalhar em conjunto e em complementaridade. Da minha experiência, na maioria dos casos, os pediatras, os educadores ou professores das famílias que acompanho encontram utilidade em reuniões comigo sempre que necessário. Penso que a mesma metodologia pode ser adoptada em situações de visita domiciliária.

A importância que a relação mais precoce tem no desenvolvimento de um adulto amante e confiante, faz-me pensar na relevância que este tipo de acompanhamento pode ter durante a gravidez. Sátya Sousa (2004) refere que a «ecografia parece-nos assumir um papel comunicativo extremamente importante e talvez nos permita pensar no modo como a construção da relação pais-bebé é influenciada pelas percepções, emoções e fantasias maternas e paternas que ocorrem na vida intra-uterina» (como nos refere também neste livro, o artigo de Nuno Reis). Fica aqui essa reflexão e incentivo no trabalho com grávidas: fará sentido a intervenção ao domicílio?

REFERÊNCIAS BIBLIOGRÁFICAS

BICK, Esther (1964), «Notes on infant observation in psycho-analytic training. *International Journal of Psycho-Analysis*, vol. XLV.

BRAZELTON, T. Berry e CRAMER, Bertrand G. (1989), **A relação mais precoce. Os pais, os bebés e a interacção mais precoce.** Edição portuguesa de 2001. Terramar.

COIMBRA DE MATOS, António (2002), **Psicanálise e psicoterapia psicanalítica.** Climepsi Editores.

GERGELY, Gyorgy (2007), «The social construction of the subjective self: the role of affect-mirroring, markedness, and ostensive communication in the self-development». *In* Peter Fonagy, Linda Mayes e Mary Target (Eds.), **Developmental science and psychoanalysis. Integration and innovation.** Karnac.

HAYDEN, Torey (1980/2007), **A criança que não queria falar.** Editorial Presença.

HAYDEN, Torey (1995/2007), **A menina que nunca chorava.** Editorial Presença.

LECKMAN, J.; FELDMAN, R.; SWAIN, J. e MAYES, L. (2007), «Revisitando a preocupação maternal primária». *In* Peter Fonagy e colabores (Eds.), **Developmental Science and Psychoanalysis. Integration and innovation.** Karnac.

LOURENÇO, Lourdes (2007), «Nascimento de uma díade! Eu agora já posso ir para casa! Intervenção psicoterapêutica na díade em contexto domiciliário». *Revista Portuguesa de Pedopsiquiatria*, n.° 23, pp. 21-35.

MAYES, Linda; FONAGY, Peter e TARGET, Mary (2007), **Developmental Science and Psychoanalysis. Integration and innovation.** Karnac.

MARQUES, Catarina (1999), «Unidade Originária: alguns pensamentos». Tese de Licenciatura. Ispa.

SÁ, Eduardo (2004), **A maternidade e o bebé.** Fim de Século.

SÁ, Eduardo (2008), «À conversa com Eduardo Sá sobre Más Maneiras de Sermos Bons Pais». Acção de formação realizada no dia 11 de Outubro de

2008, fomentada pela Associação de Pais do Colégio do Vale a propósito da reedição do livro **Más maneiras de sermos bons pais.**

SHANKS, D. (2007), «Primary parental preoccupation: revisited. Commentary». *In* Peter Fonagy e colabores (Eds.), **Developmental Science and Psychoanalysis. Integration and innovation.** Karnac.

SOUSA, Sátya (2003), «A observação de bebés... segundo Esther Bick». *In* Eduardo Sá (Ed.), **Psicologia do Feto e do Bebé.** Fim de Século.

SOUSA, Sátya (2004), **Estilos de comunicação Pais-Bebé.** Climepsi Editores.

VIDIGAL, Maria José e GUAPO, Teresa (2003), **Eu sinto um tormento com a ideia do fim definitivo. Uma viagem ao mundo do autismo e das psicoses precoces.** Trilhos Editora.

ENTÃO E O PAI?
O PAPEL DA PSICOTERAPIA NA DESCOBERTA DO TRILHO
DA PATERNIDADE E PARENTALIDADE...

ELISABETE CORREIA[1]

RESUMO: As questões da maternidade e do vínculo mãe-filho há muito têm vindo a ser abordadas, mas só há algumas décadas se veio a dar uma maior pertinência ao papel do pai e de todos os processos psicológicos subjacentes à paternidade e parentalidade. Com esta nova era, chegou também o momento de nos questionarmos acerca da pertinência de intervenções psicoterapêuticas que permitam aos novos pais encontrarem um suporte que os ajude a ultrapassar as várias dificuldades com que se possam deparar durante o percurso de ajustamento a este novo desafio da sua vida, ficando toda a dinâmica familiar a beneficiar com este processo de apoio.

Tal como acontece com as mães, o percurso de ajustamento psicológico dos pais expectantes verifica-se ao longo dos nove meses de gravidez das companheiras, onde se deparam essencialmente com quatro grandes questões: o desenvolvimento do vínculo ao feto, o ajuste da díade para se tornar uma tríade, a conceptualização do *self* como pai e o tipo de pai que este vai ser. As alterações culminam com o nascimento dos filhos(as), em que às adaptações psicológicas acresce todo um conjunto de mudanças no modo de vida do casal e da família em geral.

PALAVRAS-CHAVE: Paternidade; Parentalidade; Psicoterapia

TITLE: *What about father? The paper of psychotherapy in the discovery of the rail of parenting and fatherhood*

ABSTRACT: *Motherhood issues and mother son bond are being approached and studied, for a very long time, but, only a few decades ago*

---

[1] Psicóloga Clínica.

the father's role and all the psychological processes underlying fatherhood and parenting, as been given more pertinence. With this new era, the moment to question ourselves about the pertinence of psycotherapeutical interventions has come, witch allows the new parents to find a support that may help them overcome several difficulties, which they might face during the process of adjustment to this new challenge in their life, benefiting all the family dynamics.

Likewise the mothers, the pathway of psychological adjustment of the expectant fathers verifies itself during the nine months of pregnancy of their companions, where they face essentially four big issues: the development of the bond with the fetus, the adjustment of the dyad to become a triad, the conceptualization of the self as a father and the kind of father that it will be. The changes stopped after the birth of their sons, when the psychological adaptations increase all set of changes in the couples and families way of life.

KEYWORDS: *Paternity; Parenting; Psychotherapy*

Embora a maternidade e a relação mãe-bebé tenham sido extensivamente estudadas ao longo de várias décadas, só recentemente começou a ser produzida mais matéria sobre o pai e a paternidade, registando assim uma progressiva importância que a figura do progenitor adquiriu não só dentro das dinâmicas familiares como no desenvolvimento psicológico da criança.

Existem questões pertinentes a colocar acerca não só da mãe, mas também do pai expectante, questões relativas ao ajustamento que este vive durante os meses de gravidez da sua companheira, o período pós-natal e ainda o desenvolvimento da relação pai-bebé; questões que despertam dúvidas e angústias internas ao pai, as quais podem, se não forem devidamente cuidadas, condicionar todo o percurso familiar.

A gestação e o nascimento constituem para a mulher e para o homem fases de mudanças, com transformações e incertezas que acompanham a aquisição de novos papéis e responsabilidades antes inexistentes, incluindo as relacionadas com os(as) filhos(as), com a casa e com os demais membros da família. Assim, a paternidade e a maternidade são permeadas por conflitos determinados pela situação nova que o casal vivencia.

No período pós-natal, 10% dos novos pais terão uma parceira sofrendo de depressão pós-parto e a resposta do companheiro a esta situação pode influenciar a recuperação de uma forma positiva ou negativa.

A relação do pai com o bebé é também influenciada pela relação com a parceira, assim como pelo bem-estar psicológico do pai, sendo por isso pertinente identificar e acompanhar os futuros pais que se encontram em sofrimento aquando de um percurso de adaptação a um novo estado e uma nova identidade, a de pai.

O PAI EXPECTANTE

A experiência do novo pai nos primeiros meses de vida do bebé está altamente dependente das vivências nos nove meses precedentes ao parto, os quais são concebidos como o melhor tempo de preparação para a paternidade.

Muitas vezes, devido a todas as questões que se lhe colocam, os novos pais não conseguem enfrentar sozinhos o novo e desconhecido mundo da paternidade, necessitando por isso de um apoio psicoterapêutico, onde, através de uma compreensão de cada experiência vivenciada, analisada de uma forma terapêutica com enfoque nos seus problemas e dificuldades se preparam para um novo futuro a três.

Desenvolvimento de um Vínculo com o Feto

Ser pai implica, também, envolvimento emocional com quem ainda não nasceu. Antes das 16-20 semanas de gestação, ambos os pais sentem, com frequência, uma sensação de irrealidade acerca da existência do feto, o qual é frequentemente referido como "ele". Contudo, por volta das 16--20 semanas de gestação ocorre um aumento significativo da vinculação ao mesmo; estando este movimento vinculativo relacionado com as primeiras experiências de movimento fetal (que pelo pai pode ser acompanhado pelo apalpar da barriga), esta fase coincide também com a primeira ecografia.

Existem casos, em que o apoio terapêutico ao pai se torna pertinente a ajudar nas dificuldades em elaboração mental, afectiva da gravidez e da paternidade. Esta elaboração vai-se substanciando quando o contacto com a mesma começa a aumentar e consoante este se vai apercebendo da vida do filho(a) pelos movimentos fetais, concretizando-se assim o bebé imaginário, e pouco a pouco ganha vida o papel de pai.

Existirão casos em que a mãe tem um papel pertinente na criação do vínculo do pai ao feto, pois é esta que, antes do nascimento pode fomentar a proximidade do pai com a sua gravidez, encorajando-o a envolver-se na mesma, sendo assim um espaço co-construído pela mãe e pelo próprio feto. Se a relação entre ambos tiver problemas, for disfuncional, mais difícil se torna a proximidade do pai com o feto, pois o pai é aquele que a mãe designa como tal, de forma explícita e implícita.

Para um homem, o conceber de um filho não chega para se sentir como pai. A parentalidade implica uma gravidez psíquica, que se define como um processo progressivo, exigindo um grande trabalho mental, muitas vezes inconsciente, o qual corresponde à construção ou reconstrução das representações mentais dos diferentes tipos de bebés, o imaginário, o fantasmático, o narcísico e o mítico ou cultural.

Ajuste da Díade para se Tornar uma Tríade

Em todas as gravidezes, a importância do feto como participante directo na dinâmica familiar para ambos os pais e outras crianças na família não pode ser subvalorizada. O período de vida fetal representa o primeiro capítulo da construção da vida psíquica do futuro bebé e de funcionamento da tríade.

Para o futuro pai, o vínculo pré-natal é importantíssimo, pois representa a sua primeira experiência com a sua parceira centrada numa nova "relação emocional", que permite o estabelecimento de um vínculo precoce pai-filho(a), o qual influenciará qualitativamente o desenvolvimento emocional paterno saudável, minimizando possíveis rivalidades, somatizações e regressões.

Nem todos os homens acham esta partilha fácil e alguns podem sentir o feto como um "rival", especialmente se (como é o caso da maioria dos casais) existir um declínio da vida sexual durante a gravidez. Um simples apoio psicoterapêutico ao casal pode ajudar o homem a aceitar mais facilmente a partilha e a desenvolver uma relação mais positiva com ambos, o feto e a parceira. Assim, quanto mais fortes forem os laços afectivos fixados entre pai e filho(a) na gravidez, melhor será o desenvolvimento da paternidade e do vínculo pai-filho(a) na vida fora do útero; sendo o estabelecimento desses primeiros laços, nos primeiros estágios de vida, a chave para reviver a paternidade. A participação do homem na gravidez faz com que ele se sinta parte do processo e por isso mais compreensivo com a companheira.

Conceptualizando o *Self* como um Pai

A transição para a paternidade envolve inevitavelmente renúncias e perdas. O pai não pode funcionar como se ele próprio tivesse necessidades emocionais infantis. Em último caso, ele irá inconscientemente olhar para a criança para gratificar as suas próprias necessidades e estará, provavelmente, a experienciar um sentimento de engano, desilusão ou zanga se a criança não é como ele espera. Isto é uma dinâmica comum nas crianças vítimas de abuso ou violência doméstica, situações que normalmente aumenta durante o tempo de gravidez.

Durante a gravidez, o homem que vai ser pai pela primeira vez necessita de desenvolver um sentimento de aceitação e pensar antecipadamente as mudanças no estilo de vida, fazendo uma apreciação das realidades da paternidade em termos de questões negativas e positivas.

Também a este nível, o psicoterapeuta pode ter um papel fundamental, ajudando a criar uma dinâmica familiar facilitadora da identificação do papel e lugar de cada um, do ajuste de cada membro da família a este novo papel, facilitador da comunicação e partilha dos diferentes membros, pois todos vivem novas experiências, por vezes angustiantes, podendo nem sempre encontrar-se em sintonia afectiva.

Que Tipo de Pai?

O processamento do ser pai é lentamente construído a partir da vivência da relação pai-filho que o futuro pai teve com o seu próprio progenitor, influenciando o modo como o homem compreende e assume a sua masculinidade e buscando para sua realização paternal as referências no seu próprio pai.

Infelizmente, comparado com as mulheres e as suas próprias mães, nos homens é muito menos provável que eles queiram rivalizar, ou repensar com/sobre os seus pais no que diz respeito ao relacionamento com o seu futuro filho. Muitos homens carecem de um papel modelo de "um bom pai" ou uma base sobre a qual possam construir um estilo de paternidade aceitável, ficando assim o seu conhecimento cingido a um modelo mais tradicional e menos afectivo.

A parentalidade, ou sentimento de parentalidade, remete também para os significados sociais da paternidade ainda muito imiscuídos no passado, entre eles o cumprimento de um dever, começando pela fecundação da mulher e seu dever como macho viril, sendo fundamental para o reconhecimento da sua masculinidade. Além disso, quando um pai se identifica a um filho, a sua "omnipotência" vem ao de cima, fazendo com que a fragilidade como ser humano se esbata, tocando de alguma forma a sua imortalidade, pelo prolongar da sua vida na herança do seu sangue, que é o seu filho. Como refere Eduardo Sá (2003), secretamente cada pai (quando gosta de si) espera, num primeiro filho, um bebé do seu sexo e, de preferência, com o nariz ou os olhos iguais aos seus.

Há hoje uma crescente perspectiva de mudança de modelos de paternidade, passando-se de um modelo tradicional caracterizado pela função de provedor, para um modelo moderno, em que as principais atribuições são promover o desenvolvimento moral, escolar e emocional dos filhos e, mais recentemente, assistimos a um modelo emergente no qual o pai tem uma função activa na criação dos seus filhos em todos os domínios. É neste modelo que assistimos a alterações significativas ao nível da paternalidade e suas mudanças inter e intra-psíquicas.

No modelo emergente, sentir-se pai pode ser concebido como um direito e um dever. Direito do homem para expressar seus sentimentos e participar dos cuidados sem o estigma da afirmação sexual. Dever pela necessidade do filho ter um pai participativo dos cuidados e da afectividade e pela necessidade de divisão de tarefas entre homens e mulheres.

A psicoterapia permitirá aos futuros pais pensar e discutir a paternidade que eles mesmos receberam, baseando-se na consciencialização dos efeitos que esta teve em si mesmos, para reflectir sobre os pais que vão querer ser.

Este tipo de conversas psicoterapêuticos, quando ocorrem durante o período gravidez, pode ser altamente benéficas para o homem que carece de um modelo paternal aceitável.

O período da gravidez é um período muito stressante para a maioria dos homens, sendo um período onde o psicoterapeuta pode ter a oportunidade de, através de uma intervenção breve, ajudar os futuros pais que lutam com algumas questões internas a encontrar-se e reencontrar-se na preparação para o seu novo papel, com benefícios a longo termo para o homem, para a sua parceira e para a criança.

O PAI NO PÓS-PARTO

Alguns estudos indicam que a maioria das mudanças importantes a ocorrer na vida dos que são pais pela primeira vez, como o estilo de vida, o relacionamento e níveis de stress, já ocorreram no terceiro trimestre de gravidez, mas o processo de parentalidade, assim como o de paternidade, continuam para além do nascimento. Este processo vai permitir que o pai se veja emocional e fisicamente (e não só intelectualmente) como o pai daquela criança, que sinta que aquela criança é verdadeiramente o seu filho (sentimento de pertença) e que, gradualmente, sinta estar pronto para assumir o lugar, os papéis e as funções de pai para com ela.

A função do pai é descrita de forma diferente consoante o ponto de vista em que nos colocarmos: o da criança, o da mãe e o do próprio pai, e a conjunção simultânea destas três vertentes é extremamente difícil de realizar (Golse, 2007).

Segundo Winnicott (1980, cit. por Bayle, 2006), o pai é necessário em casa para ajudar a mãe a instalar-se na maternidade, a sentir-se bem no seu corpo e feliz espiritualmente, dando-lhe apoio moral, reforçando a sua autoridade por ser encarnação da lei e da ordem, valores que a mãe introduz na vida da criança. Ou seja, apoia-a na sua função de mãe. O pai é necessário pelas suas qualidades positivas e pelos elementos que o diferenciam dos outros homens, mas ser pai é também reconhecer a criança como sua e a mulher como mãe.

A tríade não espera que a criança tenha uma representação do pai na sua completude, mas para o bebé e para a criança o pai não representa, não pode representar, nem nunca representará, um terceiro como os outros, isto em virtude do que o próprio pai é, do que a própria mãe é (nomeadamente ao nível da sua relação com o masculino e com a paternalidade), mas também em virtude dos vínculos funcionais que existem entre o pai e a mãe quanto ao casal que formam, quanto às funções materna e paterna que atribuem um ao outro e quanto às especificidades do filho e da infância. A tríade implica um estado dinâmico oscilante no qual a mãe, o pai e o bebé se encontram ligados dentro da mente (representação de unidade familiar e respectivos papéis) de cada um, permitindo a existência de movimentos de integração e desintegração.

O pai exerce também uma função de continente, aplicando uma expressão de Bion, aquando da referência à relação mãe-bebé, mas, neste caso, o pai seria aquele que conteria a mãe e a alimentava afectivamente, para que esta possa, por sua vez, conter o bebé e alimentá-lo também. Por outro lado, o pai poderá exercer uma função mais distanciadora do objecto materno total, através de uma ajuda à sua clivagem em objectos parciais, sendo, tal como refere Golse (2007), em simultâneo reparador e separador. O pai é, assim, objecto de identificação alternativo, protegendo a criança da exclusividade simbiótica com a mãe, relativizando a influência só feminina com a introdução do masculino e autorizando-o a inscrever-se na genealogia e filiação através de uma identidade sexual e social. Por fim, o pai pode funcionar como um descodificador das mensagens maternas paradoxais, traduzindo e devolvendo de outra forma à criança aquilo que ela apenas com a sua mãe não consegue estruturar, essencialmente nos casos em que a mãe desenvolve uma depressão pós-parto, ficando muitas vezes a sincronia relacional com o bebé afectada.

Se o pai desenvolve uma depressão no período pós-parto, esta pode ter implicações negativas graves para o desenvolvimento da criança.

Portanto, um simples acompanhamento ao futuro pai vale a pena, visto que aproximadamente 1 em cada 10-15 pais pela primeira vez têm uma parceira que sofre de depressão pós-parto. Vários estudos demonstraram que os parceiros de uma mãe a sofrer de depressão pós-parto têm um maior risco de sofrer elevados níveis de depressão e ansiedade, comparados com os pais do grupo de controlo.

A resposta do homem à sua parceira com depressão pode influenciar potencialmente para o bem e para o mal; os homens no início podem encontrar-se desconcertados, mas são um suporte para as suas companheiras. Contudo, com a continuidade dos sintomas depressivos, o suporte pode desaparecer e ser substituído por comportamentos e posturas mais críticas ou até mesmo punitivas.

Os pais gostam naturalmente dos seus filhos e se não fazem mais pelos mesmos é porque não podem, porque possivelmente se encontram submersos em angústias internas e se sentem sós nesse combate desgastante com o seu próprio "eu", pai, filho, marido, homem. É neste espaço que o psicoterapeuta pode ter um papel pertinente de suporte e ajuda de modo a que a pessoa se encontre nos seus diferentes papéis e se reencontre nos mesmos. Tal como dizia Vinicius de Morais: «A vida é a arte do encontro... embora haja muitos desencontros na vida». Reencontrar-se é permitir sentir e pensar acerca da sua existência, para que possa ser o próprio a escolher o trilho da sua vida futura, percorrendo o caminho da vida familiar sem amarras inconscientes que lhe esmaguem a criatividade, espontaneidade e afecto.

REFERÊNCIAS BIBLIOGRÁFICAS

BAYLE, F. (2006), **À volta do nascimento**. Lisboa: Climepsi.

DACHMAN, R.; ALESSI, G.; VRAZO, G.; FUQUA, R.; KERR, R. (1986), «Developement and evaluation of the infant care training program with first-time fathers». *Journal of applied behavior analysis,* vol. 19(3), pp. 221-230.

FREITAS, W., COELHO, E. e SILVA, A. (2007), «Sentir-se pai: a vivência masculina a partir do género». *Cad. Saúde pública, Rio de Janeiro*, vol. 23(1), pp. 137-145.

GREENBERG, J. e MITCHELL, S. (2003), **Relações de objecto na teoria psicanalítica**. Lisboa: Climepsi.

GOLSE, B. (2007), **O ser bebé.** Lisboa: Climepsi.

SÁ, E. (2003), **Psicologia dos pais e do brincar.** Lisboa: Fim de Século.

NASCIMENTO DE UMA DÍADE!
EU AGORA JÁ POSSO IR PARA CASA!
INTERVENÇÃO PSICOTERAPÊUTICA NA DÍADE
EM CONTEXTO DOMICILIÁRIO[1]

Lourdes Lourenço[2]

RESUMO: Através da sua experiência formativa nos seminários clínicos de observação de bebés, a autora confrontou-se com a necessidade de investigar ao nível clínico/teórico qual o tipo de intervenção psicoterapêutica que poderia facilitar o desenvolvimento das competências parentais que promovem o gradual desenvolvimento das capacidades relacionais do bebé, de acordo com recentes trabalhos e propostas de Berry Brazelton e colaboradores. Estas reflexões da autora coincidiram com o trabalho psicoterapêutico desenvolvido com os progenitores e seus bebés em contexto de internamento hospitalar, nomeadamente em situações de risco, quer ao nível da sobrevivência do bebé, quer ao nível das dificuldades sentidas pelos pais para se ligarem a um bebé cujo futuro incerto poderia levar a sequelas graves ao nível do desenvolvimento global. A autora questionou-se acerca da necessidade de dar continuidade ao acompanhamento psicoterapêutico destas famílias em contexto domiciliário, com objectivos claros de dar seguimento a um suporte afectivo que teria benefícios na prevenção da saúde mental, bem como na ajuda aos pais na organização dos processos de paren-

---

[1] Comunicação apresentada no I Encontro da Associação " Ser Bebé – APSMPI", Outubro de 2006, Lisboa. Artigo originalmente publicado na Revista Portuguesa de Pedopsiquiatria, 2007, vol n.° 23.

[2] Psicóloga Clínica, psicoterapeuta de orientação psicanalítica. Fundadora do NIB. Membro do CESEM

Fundadora associada da APP – Associação Portuguesa de Psicanálise e de Psicoterapia de Orientação Psicanalítica.

Email: lourdesbacelar@gmail.com; nucleobebe@gmail.com

talidade tão necessários e fundamentais para o desenvolvimento saudável das competências globais do bebé.

É neste contexto que a autora convida à discussão e à reflexão, para que o nosso trabalho como técnicos de saúde mental nas suas componentes de observação, intervenção e contínua investigação nos possa formar como seres humanos, capazes de ajudar os pais a serem pais e o bebé a ser bebé.

PALAVRAS-CHAVES: Pais; Bebé; Observação; Intervenção Psicoterapêutica; Investigação; Desenvolvimento de Competências Relacionais; Saúde Mental

TITLE: ***Birth of a diad! I can go home now!***
Diad psychotherapeutic intervention in domiciliary context

ABSTRACT: *Trough her formative experience in clinical seminaries on baby observation, the author confronted herself with the need of clinical theoretical investigation on the type of psychotherapeutic intervention that can facilitate the development of parental competencies in order to promote the gradual development of the newborn relational capacities. For that the author use of the latest works and proposals by Berry Brazelton and collaborators. These reflections are coincident with the psychotherapeutic work done with babies and their progenitors in hospital context, namely in risk situations, such as the survival of the baby or the difficulties felt by their parents on bonding to a child whose uncertain future could lead to serious sequelae in his global development. The author questioned herself about the importance of giving continuity to the psychotherapeutic support to their families in domiciliary context. The objective is to continue to give an emotional support that has benefits in the domain of mental health prevention, as well as helping parents organized their parental processes, witch are so important and fundamental to the healthy development of the global competencies of the baby.*

It is in this context that the author invites for reflection and discussion, so that our work as mental health professionals – in its components of observation, intervention and continue investigation – can improve our formation as human beings, capable of helping parents to be parents and the baby to be a baby.

KEYWORDS: *Parents; Baby; Observation; Psychotherapeutic Intervention; Investigation; Development of Competencies; Mental Health*

Ricardo[3] nasceu em 29/10/2002, de cesariana, com idade gestacional de 33 semanas e com um peso de 1390gr. Esteve internado na Unidade de Cuidados Intermédios cerca de dois meses, sendo os seus critérios de internamento associados a: Prematuridade, Sépsis Tardia e Hemorragia Intra-Ventricular.

Conheci o Ricardo e a sua família no Verão de 2003, altura em que realizei a minha primeira visita domiciliária com a equipa. O pedido de intervenção a este nível surgiu pelo facto de o Ricardo iniciar comportamentos convulsivos. Aliás, em termos médicos, nesta altura foi-lhe diagnosticado um quadro de Epilepsia. Na primeira visita, apercebemo-nos do quadro depressivo instalado na figura materna e eram também notórias as dificuldades que esta mãe apresentava em reconhecer as competências do seu bebé, que, nesta altura, com nove meses de idade corrigida, apresentava comportamentos adequados face ao seu desenvolvimento global. A equipa não ficou preocupada com a situação, visto o bebé ter outras relações emocionalmente significativas com o pai e o irmão de 11 anos de idade e uma tia materna. Por outro lado, a mãe estaria a tratar da ida do Ricardo para um infantário.

No entanto, a partir de Agosto 2003, fomos informados pela mãe de que o Ricardo se encontrava internado num Serviço de Pediatria, devido ao quadro convulsivo constante. Realizámos três visitas ao Hospital para apoiar a situação. Face ao quadro depressivo da mãe, foi possível fazer o encaminhamento para a consulta de Psiquiatria, onde foi acompanhada depois em termos psicoterapêuticos. O trabalho com o Ricardo era fundamentalmente observá-lo na relação com sua mãe deprimida. Referimos que, após a alta, iniciaríamos um trabalho com o Ricardo e a sua família. Entre idas e vindas do Hospital, a família do Ricardo chegou a ir a Paris para consultar especialistas em Neurologia, tendo obtido como diagnóstico do quadro convulsivo do Ricardo o Síndrome de Dravet.

Neste contexto, ilustramos a seguir a primeira intervenção psicoterapêutica com o Ricardo e sua mãe, ocorrida no dia 3 de Março de 2004.

No dia da visita domiciliária, a mãe recebe-nos com ar pesado e muito aflita: «Está com convulsões umas atrás das outras, o coração bate muito depressa, acho que temos de ir outra vez para o hospital, andamos a evitar» (sic).

---

[3] Os nomes que aparecem neste artigo são fictícios, de modo a preservar o anonimato dos intervenientes.

O Ricardo está deitado na cama do casal, em decúbito dorsal e com a cabeça tombada para o lado direito. Respira de forma ofegante e o seu corpo treme. A psicóloga deita-se ao seu lado, olha-o nos olhos e faz-lhe festas no rosto. O Ricardo parece acalmar. Pelo olhar, a psicóloga repara que está atento e diz: «Ele está atento e já percebeu que está aqui mais alguém». A mãe olha-o, deita-se atrás do Ricardo, fisicamente afastada e diz: «Daqui a nada vem aí outra, a mãozinha está fechada».

Enquanto a psicóloga acarinha o Ricardo e lhe diz «Vai ficar tudo bem, bebé», a mãe observa atentamente, aproxima-se, olha a bochecha do Ricardo e de seguida a mão e diz «Vem aí mais uma» e afasta-se. Começa a convulsão: os olhos do Ricardo mexem-se de um lado para o outro sem pestanejar, o braço esquerdo está hirto, no ar, e mão direita fecha-se e treme.

A psicóloga mantém o seu registo e a mãe diz: «Tem sido os dias e as noites nisto, estamos sempre a pensar se é desta...». A psicóloga pega na mão direita do Rodrigo e faz-lhe festas e, quando pára, a mão abre-se como que à procura do estímulo. Continuo a tocar-lhe na mão e a mãe está atenta.

Entre as várias convulsões, a mãe aproxima-se apenas para observar a bochecha e a mão, dizendo sempre «Vem aí mais uma». A psicóloga comenta que a mãe sabe reconhecer o início de uma convulsão no Ricardo, ao que a mãe responde «São tantas que já sabemos». A psicóloga pergunta se é muito difícil para a mãe, durante a convulsão do filho, não se centrar apenas nestes sinais e procurar outros. A psicóloga sugere que a mãe se aproxime do Ricardo, que fale com ele e lhe faça festas. A mãe, num primeiro momento, diz que não é capaz, que fica muito nervosa. A psicóloga diz-lhe que compreende que fique muito assustada e angustiada, mas pede-lhe para imaginar e se colocar no lugar do Ricardo – o que ele sentirá durante uma convulsão. E diz: «Se eu fosse o Ricardo me sentiria perdido, me sentiria desamparado, me sentiria com medo...».

A mãe aproxima-se do Ricardo e começa baixinho a conversar com ele, faz-lhe carícias, mas com uma tonalidade afectiva bastante sofrida...

O Ricardo começa a acalmar-se. Refiro como a mãe tem esta capacidade de tranquilizar o seu filho. Pergunto se o Ricardo gosta de música, a mãe diz que sim e levanta-se para ir ligar o rádio, mas é incentivada a cantar ela própria. Diz imediatamente «Ai, eu não sei, só faço barulhos, não consigo» e ri-se abertamente. Canta-se baixinho para o Ricardo e ele parece ficar atento e calmo, adormecendo alguns minutos depois. A mãe fica atenta. A psicóloga diz que o Ricardo precisa de sentir que a mãe está perto, que tem de senti-la calma para ele poder acalmar-se, como se o Ricardo se tratasse de um feto que sente tudo o que se passa com a mãe. A mãe responde: «Às vezes penso nisso, queria pô-lo cá dentro outra vez». A psicóloga deita-se atrás do Ricardo, em posição fetal, aconchega-o e faz-lhe festas, dizendo a mãe: «Quando se sentir aflita, experimente deitar-se assim, faça de conta que ele está dentro de si, faça-lhe festas como fazia na sua barriga quando estava grávida. É como se tivesse de começar tudo de novo, é como se o Ricardo fosse ainda um feto dentro de si».

O Ricardo passa um maior período sem convulsões. Sugere-se a hipótese das convulsões serem a forma de o Ricardo comunicar o seu mal-estar, uma vez que não consegue chorar. Temos que perceber como o Ricardo se acalma e o que lhe causa mal-estar[4].

Neste contexto de observação, intervenção e contínua investigação como técnicos de saúde mental, poderemos interrogar-nos como ajudar os pais a serem pais e o bebé a ser bebé?

Será a intervenção psicoterapêutica, em contexto domiciliário, um modelo psicoterapêutico capaz de facilitar e de potencializar os comportamentos de vinculação nas interacções progenitor-criança? Poderemos pensar num modelo clínico baseado na experiência da descoberta da criatividade? E que metodologia clínica se pode adoptar para este tipo de intervenção em habitat natural? Qual a sua utilidade, qual o tempo de intervenção, em que situações é aconselhável? Qual o lugar do terapeuta para ajudar os pais a desenvolverem relações com o seu bebé que sejam promotoras da saúde mental e da criatividade humana?

A este propósito, a experiência de Selma Fraiberg (1980) foi pioneira na intervenção psicoterapêutica em contexto domiciliário, num trabalho realizado com uma equipa de psicanalista, psicólogo, enfermeiro, assistente social e pediatra, com famílias de crianças até aos 3 anos, carenciadas ao nível relacional e económico. Esta experiência permitiu abrir as portas para a importância de a intervenção psicoterapêutica se tornar mais activa, acompanhando as famílias em habitat natural, assim se encontrando respostas para a compreensão das perturbações associadas na rela-

---

[4] O acompanhamento do Ricardo foi numa fase inicial realizado pela equipa do serviço domiciliário da Maternidade Dr. Alfredo da Costa e posteriormente passou a ser realizado pela autora e pela Dr.ª Alexandra Barros, que muito gentilmente realizou a transcrição desta sessão.

ção da díade, bem como se podendo produzir efeitos mais rápidos com este tipo de intervenção, de forma a prevenir a longo prazo a saúde mental na relação com a díade.

Neste contexto, podemos pensar na utilidade deste tipo de intervenção como um modelo terapêutico que tem como principal objectivo promover a ligação de amor, de proximidade e o conhecimento mútuo na relação da díade, permitindo que o terapeuta também possa investigar as relações que caracterizam o ambiente materno, que, segundo Winnicott, se transformará no mundo interior do bebé, recheado de pensamentos, de imagens e de afectos.

Do ponto de vista clínico, esta intervenção se caracteriza pela capacidade de o terapeuta intervir na relação da díade e identificar as competências de cada um, mas também de encarar as dificuldades do conhecimento mútuo entre os progenitores e seu bebé como um tempo necessário à organização psíquica da parentalidade e investigar os seus efeitos na construção da organização psíquica dos estados de consciência do bebé. A organização psíquica destes estados irá permitir que o bebé aprenda a auto-regular-se, mas também o ajudará a estar mais disponível para a aprendizagem relacional e, consequentemente, para desenvolver os processos criativos da mente.

Segundo Brazelton e Greenspan (2002, cit. por Lourenço, 2005), de facto, será um bom prognóstico se, entre as três primeiras semanas de vida do bebé, a mãe ou o pai aprenderem como ajudar o bebé a manter um estado de alerta, estado propício para a interacção. Esta relação e a organização psíquica espácio-temporal permitirão que o bebé vá definindo os seus ciclos de sono e de vigília, tão necessários à organização psíquica da mente e ao seu contínuo desenvolvimento. Num segundo estádio, e com a consolidação da relação parental, entre as três e as oito semanas, o bebé produzirá sorrisos e vocalizações, em resposta ao investimento afectivo parental. Posteriormente, entre as oito e as dezasseis semanas, estes sinais são reproduzidos em jogos (Stern), em vocalizações ou sorrisos, que serão imitados pelos pais. O ritmo e a reciprocidade emocional são aprendidos nestes jogos, que, no nosso entender, são o motor para lançar o bebé para o brincar e para os processos criativos da mente. Por volta dos quatro meses, o bebé já terá aprendido a controlar ou a modular o seu comportamento e os seus sentimentos, promovendo na mãe ou no pai respostas criativas. Aos cinco meses, o bebé dará início aos seus processos de intencionalidade afectiva com uma capacidade criativa surpreendente para

distinguir relações, escolher objectos e de se ligar ou desligar dos acontecimentos à sua volta, consoante o entusiasmo que estes lhe despertam
perante o desconhecido.

Compete ao terapeuta facilitar este processo, identificando juntamente com os pais as suas capacidades criativas para se ligarem emocionalmente, descobrirem-se e se surpreenderem com o seu bebé, apesar de
muitas das vezes ocorrerem situações que podem pôr em risco a natureza
e a qualidade afectiva desta relação. Convém identificar, segundo Stern, a
diferença entre um padrão relacional ou um período de adaptação relacional que podem estar associados a dificuldades sentidas pelos pais durante
o período de gravidez, o pós-parto ou situações após o nascimento do bebé
e que podem comprometer o seu desenvolvimento neuro-psíquico. Como,
por exemplo, a existência de danos cerebrais, convulsões e doenças diversas, com as quais o psicoterapeuta, sem formação médica, não está fami-
liarizado e que terão efeitos na organização psíquica do bebé na sua interacção com os progenitores.

No caso de Ricardo, foi esta a nossa maior dificuldade durante os
quase dois anos de acompanhamento. A indefinição do seu diagnóstico e
prognóstico levou a que o trabalho psicoterapêutico desenvolvido ficasse
aquém daquilo que realisticamente poderiam ser as suas verdadeiras competências e possíveis aprendizagens do ponto de vista motor, cognitivo e
relacional. O constante quadro convulsivo e as suas reais dificuldades ao
nível do sistema neuro-psíquico e todo o quadro traumatizante associado
aos seus mais variados internamentos fazia com que o nosso trabalho se
associasse a uma tentativa de realizar uma transfusão sanguínea sem
sucesso terapêutico. Foi neste contexto que este caso se, por um lado, foi
assumido como um caso de insucesso terapêutico, por outro lado, nos pos-
sibilitou uma profunda aprendizagem relacional, que nos abriu a porta
para a investigação e necessidade de trabalhar com outros técnicos, em
interligação com outros saberes.

Esta mudança do ponto de vista da abertura de novas investigações
na compreensão deste vínculo permitiu dar ao bebé um estatuto de investigação neuropsicológica e uma identidade relacional associada às suas
competências precoces em se vincular aos seus objectos de amor. Do
ponto de vista psicanalítico, passamos da análise psicopatológica deste
vínculo primário – que caracteriza as primeiras teorias de Freud, nomeadamente a teoria da sedução e a teoria do trauma, que estariam na base
desta experiência primária com o objecto de amor – para a análise do para-

digma do amor parental e para a investigação das competências do bebé do ponto de vista relacional, mas também neuropsicológico.

Esta mudança do ponto de vista dos modelos clássicos da psicanálise e do ponto de vista da metodologia clínica promoveu a necessidade de se investigar os factores psíquicos intra-subjectivos e inter-subjectivos que estão na base do desenvolvimento de uma relação de intimidade que se estabelece entre a mãe e o seu bebé. Esta relação, que se torna íntima porque só existe no interior mental do outro: lugar da mãe com amor primário de Balint; lugar da mãe suficientemente boa de Winnicott; lugar da mãe com capacidade de *rêverie* de Bion; lugar da mãe com constelação maternal de Stern; lugar da procura de contacto emocional de Fairbain.

Esta construção psíquica espácio-temporal, objecto de vínculo e de procura de afecto, é o interior mental da mãe. Este útero mental irá ser ocupado durante o segundo trimestre de gravidez pelo bebé imaginário (Lebovici), onde a formação de um psiquismo materno e de um psiquismo do futuro bebé se encontram para mais tarde dar lugar ao bebé real, com competências inatas que promovem a vinculação aos progenitores. De facto, o período de gravidez é, por excelência, o período onde se vai jogar, no psiquismo dos pais, a construção psíquica de um novo ser que irá ocupá-los de diferentes maneiras, obrigando a uma revisão da sua vida relacional, para que este bebé possa ocupar um lugar privilegiado no pensamento dos pais e em suas vidas.

A este propósito, Gomes Pedro (1985) refere a necessidade de investigarmos a génese da interacção estabelecida entre a mãe e o seu bebé. Esta génese irá sofrer fortes influências, que vão desde o período da gravidez até ao impacto emocional vivido pela mãe logo após ao nascimento do filho. A sua origem estaria ligada à forma como a mãe terá integrado, durante o período de gravidez, os seus medos, esperanças e desejos, de como viria a ser o seu filho e a forma como se relacionaria com ele quando confrontada, logo após ao nascimento do seu bebé, com o seu temperamento, comportamento e aspecto físico. Diz o autor que «as fases de descoberta do filho pela mãe são fundamentais na génese da interacção» (p. 110).

Podemos, então, reflectir como a capacidade materna para fantasiar, sonhar e adaptar-se às necessidades e desejos do seu bebé é fundamental para o desenvolvimento de uma interacção empática e saudável, que possibilitará que a mãe aprenda a conhecer o seu bebé, identificando-se com ele não só ao nível das suas necessidades físicas como no acesso ao seu mundo relacional.

A este propósito, Stern precisou o fenómeno da «afinação afectiva». «A observação dos pares mãe-lactente sugere, de facto, que as mães não só manifestam com frequência as mesmas expressões afectivas que os seus bebés, mas também o fazem por vezes de uma maneira transmodal: por exemplo, numa altura em que o bebé manifesta a sua alegria pelas suas mímicas e por vivos movimentos dos braços, a mãe poderá responder em espelho, exprimindo o mesmo afecto, mas sob a forma de uma vocalização alegre. A afinação afectiva e o seu carácter transmodal – isto é, a utilização pela mãe de um outro canal de comunicação do lactente, por exemplo o da voz em resposta à mímica – constituem uma das maneiras como os estados afectivos podem ser comunicados e partilhados no seio da díade» (Mazet, P. e Stoleru, S., 1983/2003, p. 116).

Esta relação de intimidade e de constância relacional existente entre a díade – esta subjectividade relacional nas palavras de Stern (1985//1992) – irá permitir que, entre o segundo e o sexto mês de vida, o bebé crie o seu eu experiencial, o qual abrirá as portas para o mundo da inter-subjectividade, tão necessário à compreensão da nossa relação com os outros, mas também da nossa capacidade de estarmos sós, porque estamos ou estivemos no interior mental do outro. É esta consciência da continuidade da vida, este espelho materno, que começa pelo olhar da mãe para o seu bebé, que põe em marcha o repertório comportamental que o bebé possui logo após o nascimento, tornando-o um ser diferente de todos os outros.

No contexto das novas investigações acerca das competências inatas do recém-nascido, nomeadamente a sua precoce capacidade de se vincular aos progenitores, podemos pensar na importância do conceito de vinculação e de como ele se complexificou. As hipóteses de Fonagy, de Trevarthen, de Stern e de Brazelton e colaboradores parecem mostrar o papel da manutenção activa da proximidade no desenvolvimento da mentalização e da inter-subjectividade do bebé, no contexto das interacções progenitor-criança (Mazet, P. e Stoleru, S., 1983/2003).

Estes novos contributos e aplicações obrigaram a uma revisão da psicopatologia da primeira infância e a uma revisão acerca dos processos de parentalidade e suas influências no desenvolvimento humano, mas acima de tudo, no nosso entender, a origem e a constituição dos processos criativos na vida relacional do bebé. Os modelos clássicos da psicanálise parecem não dar resposta tanto a um bebé que não fala, mas que procura alternativas de resposta relacional, como a pais que, assumindo a sua culpabilidade face às dificuldades sentidas na sua relação com seu bebé, não podem ficar presos às suas vivências infantis deficitárias.

Por outro lado, do ponto de vista da técnica psicoterapêutica, temos que repensar o papel do terapeuta nestes tipos de intervenções: a sua intervenção apenas como observador não é suficiente para favorecer a relação de proximidade afectiva na díade. É necessária uma intervenção terapêutica que possa ajudar os pais a estabelecer com o seu bebé um vínculo que seja acolhedor e que facilite o conhecimento mútuo baseado na confiança afectiva e empática dos pais. O terapeuta é convidado a intervir num jogo interactivo e emocional na relação dos pais com o seu bebé, de forma a que o sentido de coerência e de previsibilidade na confiança no amor parental possam levar o bebé, através das sucessivas experiências relacionais, a construir um sentimento de si e um amor próprio, tão necessários ao desenvolvimento das suas capacidades criativas e identidade humana.

Através da nossa investigação, constatamos que, logo após o nascimento de um recém-nascido, é notório o esforço que ambos os progenitores geralmente fazem para ultrapassar o período de turbulência vivido após o parto. Observamos o despontar do início dos estados de consciência do bebé (Brazelton e col., 1989/2001) e como os pais tentam atribuir um significado emocional ao início das suas interacções com o bebé. Os pais parecem interessados em perceber o que promove o estado de alerta no bebé: se estes são capazes de ouvir e de ver; que competências terá aquele pequeno ser.

Neste contexto, segundo Brazelton e colaboradores (1989/2001), informar os pais das reais competências apresentadas pelo recém-nascido, desde a altura do nascimento, favorece as interacções emocionais contínuas, bem como um evoluir dos estados mentais do bebé: «A interacção de gestos emocionais ajuda os bebés a aprender a tomar consciência e a reagir a estímulos emocionais, e a formar a noção de "eu"» (p. 88, 2001, cit. por Lourenço, 2005).

Foi a partir desta reflexão clínica-teórica que nos interrogámos acerca da utilidade e da eficácia da intervenção psicoterapêutica em contexto domiciliário. De acordo com a nossa experiência, ela permite uma investigação e intervenção em habitat natural que favorece a compreensão de uma vivência real da aprendizagem que ambos os progenitores fazem para se ligarem emocionalmente e responderem às necessidades físicas e psicológicas do bebé. Tornando-se num laboratório relacional vivo, em que o terapeuta, num trabalho de equipa, aprende a investigar e a identificar as competências do bebé que favorecem o desenvolvimento da ligação parental. Mas a sua intervenção só será mais útil se decorrer durante as fases do desenvolvimento emocional precoce do bebé, período sensível ao desenvolvimento das suas competências relacionais e período também sensível para a organização psíquica dos processos de parentalidade.

A sua frequência será inicialmente semanal, em hora previamente combinada com a família do bebé, sendo aconselhável que durante as primeiras 16 semanas de vida do bebé o acompanhamento seja semanal e não seja interrompido, podendo depois ser adaptado às necessidades do bebé e de sua família, de acordo com as dificuldades que os pais apresentarem em acompanhar o desenvolvimento emocional, relacional e sensório-motor do bebé.

Esta intervenção, no nosso entender, poderá acontecer nos diferentes momentos de relação dos pais com o seu bebé, nas mais variadas situações: momentos de alimentação, de higiene, de brincadeira e de descanso. O objectivo é promover e dar respostas às necessidades dos progenitores nas dúvidas que apresentam em compreender determinados comportamentos no seu bebé ou na sua relação com o mesmo.

Este tipo de intervenção surgiu da necessidade de dar continuidade a um trabalho terapêutico desenvolvido inicialmente em contexto de internamento hospitalar de bebés em risco e que se alargou para a intervenção domiciliária, devido às dificuldades e aos receios de alguns pais em levar para casa um bebé que necessitava de cuidados especiais, ou mesmo que apresentava sequelas e cujo futuro incerto, do ponto de vista do seu desenvolvimento global, poderia estar comprometido. Por razões circunstanciais e devido às diferentes situações ligadas às necessidades físicas e psíquicas daqueles bebés e suas famílias, a equipa do serviço domiciliário era constituída por psicóloga, fisioterapeuta[5], assistente social e voluntária da associação de ajuda ao recém-nascido.

Neste contexto, foi importante investigar que se, por um lado, muitos dos problemas levantados pelos progenitores estariam ligados às suas inquietações e medos acerca da fragilidade e sobrevivência do seu bebé; por outro lado, a sobrevivência física do bebé e o seu gradual desenvolvimento psíquico estariam condicionados pela capacidade dos progenitores de se ligarem a um bebé que poderia vir a ter problemas ao nível do seu

---

[5] Não posso deixar de referir o excelente trabalho desenvolvido pelo fisioterapeuta Joel Pais, que nos ensinou a ler o corpo do bebé com os olhos da alma.

desenvolvimento global. Para a nossa equipa, do ponto de vista psicoló-gico, estes pais teriam um acréscimo de dificuldades nas suas capacidades em reconhecer as competências de seu bebé e em desenvolver as suas competências parentais.

Das 25 famílias[6] que acompanhámos nas mais variadas situações relacionais e económicas, os receios apresentados pelos pais acerca do desenvolvimento futuro do seu bebé foi quase sempre uma constante. Medos e ansiedades que estariam ligadas a quadros de prematuridade, bebés que apresentavam sequelas graves ao nível sensório-motor, ou alte-rações neurológicas. Outros problemas apresentados pelos pais estavam ligados a culpabilidades sentidas relativamente ao período gestacional por não terem mudado os seus hábitos de trabalho quando estavam grávidas, ou em outras situações serem pais com problemática de toxicodependên-cia e/ou portadores de HIV. Finalmente, em algumas situações, os proge-nitores projectavam a sua agressividade na equipa médica e de enferma-gem, pelo facto de não compreenderem o diagnóstico do seu bebé e lhes terem sido dados prognósticos incertos. Foram estas as situações que nos levaram a formular a necessidade de outro tipo de intervenção fora do ambiente hospitalar.

O objectivo da intervenção psicoterapêutica em contexto domiciliá-rio, e de acordo com a nossa experiência, é acompanhar o desenvolvi-mento global do bebé na sua relação com os progenitores, investigando as suas competências relacionais com base no Método de Observação de Bebés de Esther Bick (1964, cit. por Lourenço, 2005) e utilizando os pon-tos de referência tal como foram descritos por Brazelton e colaboradores (2001, cit. por Lourenço, 2005), assim dando a conhecer o bebé a seus pais e promover em ambos as suas competências criativas.

Neste tipo de intervenção, o psicoterapeuta deverá privilegiar e faci-litar o impacto estético e emocional associado à descoberta que os pais fazem na sua relação com o bebé. Esta vivência emocional e transmodal (Stern), partilhada com o terapeuta, serão o lugar chave para a organização psíquica relacional do bebé e para a expressão comportamental da paren-talidade, abrindo as portas para o brincar e para os processos criativos da mente.

---

[6] Ao longo de quase ano e meio, estas famílias foram acompanhadas pela equipa do serviço domiciliário da Maternidade Dr. Alfredo da Costa.

O nosso trabalho, do ponto de vista da intervenção psicoterapêutica, começa por ser o desenvolvimento de uma relação que possa ser continente destas angústias vividas pela mãe e também pelos dois progenitores. Este estado psicológico das mães parece influenciar toda a sua relação com o bebé, dificultando o processo de ligação ao bebé e, consequentemente, de vínculação do bebé aos progenitores. Nas situações em que as mães se encontram culpabilizadas e deprimidas e que parecem não se sentir capazes de exercer as suas capacidades maternas, o acompanhamento psicoterapêutico em contexto domiciliário é fundamental. A intervenção psicoterapêutica com estas mães passa por permitir a elaboração do sofrimento psíquico pós-parto, associado a longos períodos de internamento, quer seu quer do seu bebé. Neste contexto, a ligação com o bebé surge inicialmente através da figura paterna ou outra figura emocionalmente significativa para mãe e para o bebé, como forma de servir de outro modelo relacional para a mãe.

O nosso trabalho passa por criar uma relação com a família do bebé, de forma a permitir que o elemento mais disponível emocionalmente entre em contacto com o bebé, servindo de modelo relacional para o outro elemento da tríade. Os pais, na descrição real das competências do bebé, ajudam a mãe a compreender o seu bebé e a iniciar o processo de atribuição de competências. Progressivamente, ambos os pais se questionam no sentido de querer conhecer o seu bebé, interpretando os seus estados de consciência, isto acontecendo predominantemente durante os dois primeiros meses.

No entanto, quando as mães apresentam dificuldades de se ligar e quando os bebés apresentam dificuldades em se vincularem, associadas ao facto de o bebé permanecer durante muito tempo na incubadora, ou ainda quando se trata de um bebé prematuro com sequelas ao nível do desenvolvimento, o trabalho psicoterapêutico, nestes casos, tenta coincidir com o momento de amamentação, quer ao peito quer ao biberão. Este é o momento eleito para diferenciarmos as dificuldades sentidas na díade. Nestes momentos, podemos partilhar com a mãe as suas dificuldades em compreender o seu bebé, fazê-las passar de uma atitude funcional para a descoberta da afinação afectiva, como nos fala Stern. O impacto emocional e estético destas descobertas permite que a mãe observe as mudanças de comportamento do seu bebé face às suas atitudes relacionais, promovendo na mãe o desejo de ligação e de novas descobertas na sua relação com o bebé.

Ao longo do nosso trabalho, foi possível observar que os pais, a pouco e pouco, se vão apercebendo dos estados de consciência dos bebés. Os bebés começam a introduzir o seu ritmo de sono e de vigília e os pais começam a aprender os sinais dados pelo bebé para os momentos de interacção. Nos dois primeiros meses, esta atenção e descoberta dos pais são indicadores dos níveis de sincronia e de contingência na relação com o seu bebé.

Mas é sem dúvida o choro, tal como foi referido por Brazelton e seus colaboradores, que mobiliza os pais para irem ao encontro do seu bebé. Observamos que a interacção desadequada dos pais em interpretar os estados de consciência do bebé promove no bebé um estado de desconforto e os bebés começam a chorar. Um dos pais geralmente tenta interpretar o mal-estar do bebé. No entanto, observamos que os pais ficam frustrados por não conseguirem alterar o estado do bebé e vão levantando várias hipóteses: será fome, será por ter a fralda suja?

Os bebés comunicam, no nosso entender, várias coisas em relação ao seu estado psíquico. Quando os pais têm uma atitude de paciência, de compreensão e de expectativa face aos ritmos interactivos dos bebés, eles colaboram e acalmam-se e parecem estar prontos para novas interacções. São estas vivências e aprendizagens que os pais fazem com o seu bebé que possibilitam o começo de experiências emocionais, identificando-se com ele e aprendendo a colocarem-se no lugar do bebé. A nossa intervenção tem o objectivo de facilitar e de promover estas experiências.

Constatamos, de uma maneira geral, que na altura em que os bebés já passam dos cinco meses os seus comportamentos se tornam mais autónomos, interactivos e intencionais. Os pais geralmente parecem ter dificuldades em lidar com este estádio de desenvolvimento do bebé, pois esta fase implica que reconheçam no bebé o início dos processos de autonomização. Os pais confundem a excitação do bebé com mau comportamento, e não com o seu desejo de querer liderar a interacção, e progressivamente possibilitarem que o bebé faça a descoberta de novas emoções e sentimentos, tornando-se assim mais autónomo. Os pais, muitas vezes, parecem confundir autonomia com agressividade.

Frequentemente, os bebés, perante a indisponibilidade dos pais, propõem à equipa do serviço domiciliário jogos (do esconde-esconde, por exemplo) e é surpreendente como o tentam fazer repetidamente. Constatamos o seu auto-controlo afectivo, e o seu desejo de interacção intencional com outras pessoas, numa clara demonstração de afecto e de criatividade. Observamos que os pais nesta fase têm ainda necessidade de ter com o bebé comportamentos mais ligados aos estados de dependência absoluta do bebé e não tanto aos comportamentos que geram uma maior autonomia e criatividade. Nos vários casos em que interviemos, observámos claramente como se estabeleceu um padrão emocional por parte do bebé na relação com os diferentes objectos cuidadores.

Na nossa intervenção, fazemos a notação aos pais de como os comportamentos dos bebés são uma demonstração clara das suas competências: sua maior mobilidade motora, sua capacidade de se ligar e de se desligar dos acontecimentos. O modelo relacional que oferecemos nas nossas intervenções favorece que as mães possam ter uma atitude de mais adesão e de mais respostas aos comportamentos do bebé. O bebé vai aumentando o seu ritmo de interacções, vocaliza com maior intensidade e em vários surtos.

Ao longo dos acompanhamentos, é notória a capacidade que os bebés vão adquirindo, na sua plasticidade mental, autonomia e intencionalidade emocional, de fazer o convite para a brincadeira.

É através do seu brincar que o bebé olha por dentro a mãe e o pai, olhos nos olhos, quer saber do seu interior, quer claramente conhecer o outro. Através do seu brincar, mexer, atirar, pôr e dispor das suas capacidades sensório-motoras, afectivas e relacionais, ele investiga os acontecimentos e explora os objectos, as pessoas ao seu lado e à sua volta, olha, observa, desvia o olhar, liga-se a outros acontecimentos e desliga-se e volta a procurar novas alternativas de respostas, novas situações a descobrir e a reinventar.

O objectivo da intervenção é promover a interacção emocional da mãe com o seu bebé, proporcionando ao bebé o início das interacções. Isto vai permitindo ao bebé uma maior exploração dos objectos, e uma maior capacidade de ir ao encontro do seu desejo. E o bebé cada vez mais vai explorando as novas experiências do brincar e convida a mãe para a brincadeira.

Estas experiências irão progressivamente permitir ao bebé a diferenciação dos seus estados emocionais e a integração da sua personalidade, de acordo com os padrões emocionais estabelecidos nas relações emocionalmente significativas.

Os pais tentam adaptar-se ao gradual desenvolvimento sensório-motor do bebé. A autonomia e a flexibilidade mental do bebé permitem uma maior exigência face aos acontecimentos e a expressão das suas emoções mobiliza os pais para irem ao encontro do seu desejo de interacção.

A facilidade que os bebés demonstram em alterar o seu estado de choro, de irritação e depois de alegria e bem-estar, quando entram numa sequência de jogos interactivos com os pais, favorece um maior conhecimento entre os parceiros da comunicação. Isto vai permitindo que o bebé tenha uma maior aprendizagem de si próprio e de seus pais, tal como foi referido por Brazelton e colaboradores.

Constatamos em alguns casos que foram acompanhados por nós que as características emocionais do bebé são cada vez mais respeitadas pelos pais, pois ele já tem desejos e preferências próprias. Os pais são capazes de compreender estes comportamentos e identificar no bebé as suas preferências: ele já fica zangado, não gosta de determinadas coisas, fica todo feliz, gosta é de brincadeira, etc.

Esta diversidade de experiências emocionais permite aos bebés modularem os seus comportamentos afectivos, possibilitando-lhes cada vez mais transformar as suas experiências emocionais em conhecimentos adquiridos.

Muitas vezes os elementos da equipa são referidos como pessoas que têm acompanhado o bebé neste processo de crescimento e de aprendizagem.

É este fluir na relação com os pais, com os outros e o ambiente à sua volta que nos permite observar o bebé como um ser criativo, em contínuo crescimento e sempre à procura de novas descobertas relacionais. Os alicerces para o seu desenvolvimento emocional foram criados nas suas relações emocionalmente significativas. Por volta dos 7/8 meses de idade, os bebés nos surpreendem com as suas capacidades relacionais, tornando-se especialistas na compreensão do afecto no rosto humano.

Este tipo de intervenção, no nosso entender, possibilita, do ponto de vista clínico e do ponto de vista científico, uma aprendizagem viva e criativa, quer ao nível das competências do recém-nascido quer ao nível do desenvolvimento dos processos de parentalidade. Como técnicos de saúde mental, temos que facilitar e potenciar este processo, mas acima de tudo nos permitir a partilhar com os pais e o seu bebé esta aventura na vida que é crescer.

REFERÊNCIAS BIBLIOGRÁFICAS

Bowlby, J. (1975), Attachment theory, separation anxiety and mourning. *In* S. Arieti, D. A. Hamburg, H. Keith, H. Brodie (Eds.), **American handbook of psychiatry**, volume six, New Psyychiatric frontiers (pp. 293-309). New York: Basic Books, Inc., Publishers.

Bowlby, J. (1969/ 1984), **Apego**. Volume I da triologia Apego e Perda. São Paulo: Martins Fontes Edições.

Brazelton, T. B. (1995/2004), **O grande livro da criança**. Lisboa: Editorial Presença.

Golse, B. (2002), **Do corpo ao pensamento**. Lisboa: Climepsi Editores.

Gomes-Pedro, J. C. (1985), **A relação mãe-filho: influência do contacto precoce na primeira infância**. Lisboa: Imprensa Nacional Casa da Moeda.

Gonçalves, M. J. (2003a), «Observação de bebés e escuta psicanalítica». *Revista Portuguesa de Psicanálise*, vol. 24, pp. 75-84.

Gonçalves, M. J. (2003b), «Uma nova perspectiva em saúde mental do bebé. A experiência da unidade de primeira infância». *Análise psicológica*, vol. XXI(1), pp. 5-12.

Guedeney, A. e Lebovici, S. (1999), **Intervenções psicoterápicas pais/bebé**. Porto Alegre: Artes Médicas.

Guedeney, N. e Guedeney, A. (2004), **Vinculação conceitos e aplicações**. Lisboa: Climepsi Editores.

Lourenço, L. (2005), **O bebé no divã – desenvolvimento emocional precoce: amar e pensar com o bebé e os seus pais**. Coimbra: Almedina.

Mazet, P. e Stoleru, S. (1983/2003), **Psicopatologia do lactente e da criança pequena**. Lisboa: Climepsi Editores.

Stern, D. (1985/1992), **O mundo interpessoal do bebé: uma visão a partir da psicanálise e da psicologia do desenvolvimento**. Porto Alegre: Artes Médicas.

Stern, D. e Bruschwwweiller-Stern, N. (1998/2001), **O nascimento de uma mãe, como a experiência da maternidade transforma uma mulher**. Porto: Âmbar.

Winnicott, D. W. (1987/1999), **Os bebés e suas mães**. São Paulo: Martins Fontes Edições.

ORGANIZAÇÃO PSÍQUICA DA MATERNIDADE DURANTE UM PROCESSO DE LUTO UMA EXPERIÊNCIA PSICOTERAPÊUTICA

Mariana Serras Pereira[1]

RESUMO: Numa gravidez subsequente à morte de um filho, verifica-se que os pais têm necessidades conflituantes e paradoxais, uma vez que o luto e a gravidez geram sentimentos ambivalentes – por um lado, durante uma gravidez, é desejável que existam sentimentos e atitudes de investimento numa nova vida que se gera; por sua vez, no luto, existem sentimentos e características mais depressivas.

Este trabalho, partindo de uma reflexão sobre um caso clínico, procurou compreender o desenvolvimento da organização psíquica da maternidade durante o processo de luto de um filho.

Palavras-chave: Luto; Gravidez; Maternidade

TITLE: *Pregnancy after the mourning of a child*

ABSTRACT: *It has been verified that in a pregnancy following the death (loss) of a child, parents have conflictive and paradoxal needs, since mourning and pregnancy are mutually exclusive movements generating ambivalent feelings – on one hand, during a pregnancy it is desirable that feelings and attitudes, towards the investment in the new spawning life, exist; on the other, more depressive feelings and characteristics exist in mourning.*

This work, based on a clinical case, sought to understand the development of mental motherhood organization during the mourning of a child.

KEYWORDS: *Mourning; Pregnancy; Parenting*

---

[1] Psicóloga Clínica. Membro do NIB.

Mestrado em Psicologia Clínica. Tese intitulada «Sonho na pré-adolescencia: estudo de caso», orientada pelo Prof. Dr. Eduardo Sá.

Ao falarmos em organização psíquica da maternidade inúmeras questões podem ser levantadas. Será que a organização psíquica da maternidade nasce com o desejo de ser mãe? Ou dá-se durante a gravidez? Ou após o nascimento do bebé? Ou nos primeiros meses de vida do bebé? Será que se pode começar a formar na infância, na fantasia e no desejo de brincar às mães a aos pais? Ou na adolescência com a descoberta do outro e do amor? Quando nos referimos à organização psíquica da maternidade não estaremos mais uma vez, tal como nas teorias clássicas, a reduzir esta experiência ao feminino? E o pai? Essa figura que tem sido tão posta de lado ao longo dos anos, tem ganho cada vez mais, um estatuto importantíssimo. Não será então mais correcto falar em organização psíquica da parentalidade? Afinal, um bebé só se gera a partir de dois seres, um homem e uma mulher. Estas, entre tantas outras questões, parecem-nos pertinentes para serem abordadas em futuros trabalhos de investigação.

A organização psíquica da maternidade parece assumir uma dimensão bastante subjectiva, à qual estão ligados inúmeros factores – biológicos, físicos, psíquicos, relacionais, emocionais e afectivos – que influenciam e determinam a maneira como é elaborado. O objecto da nossa reflexão é tentar perceber como é que este processo se desenrola durante o luto de um filho. Na nossa perspectiva, fazer um luto de um filho e investir na sua maternidade é, simultaneamente, uma tarefa ambivalente – como é que se pode investir num bebé que cresce na sua barriga, quando a dor da perda de um filho é tão avassaladora, real e presente? Como é que os pais apostam na vida quando a morte faz parte dessa mesma realidade?

Antes de mais, parece-nos importante ter em conta que maternidade é um processo único a longo prazo, onde a mãe se implica com a sua personalidade, com a sua história de vida, com o seu passado, na relação do casal e com os acontecimentos da vida. Por sua vez, a gravidez é uma experiência corporal, de investimento na sua imagem, que se passa no interior da mulher, tendo uma duração limitada no tempo. A maternidade não passa forçosamente por uma gravidez, como desejar um filho não implica ter desejos de maternidade (Bayle, 2005).

Ao pensarmos, especificamente, numa gravidez subsequente à morte de um filho, constatamos que esta coloca os pais em necessidades conflituantes e paradoxais. O luto e a gravidez são dois movimentos mutuamente exclusivos, uma vez que existe alguma incompatibilidade na coexistência de sentimentos ambivalentes – se, por um lado, é desejável que existam sentimentos e atitudes de investimento numa nova vida que se gera (bebé), existem sentimentos e características de um estado de luto, como o desinteresse e a incapacidade de investir em novos objectos de amor – uma mulher grávida enlutada tem necessidades paradoxais e con-flituantes de pensar e de sentir intensamente, tanto em relação à nova vida quanto acerca do seu bebé morto» (Lopes, 2004, p. 72).

Como sabemos, o luto de um filho é um acontecimento contra-natura, pois os pais esperam que os seus filhos vivam para além deles. Nesta situa-ção, o luto torna-se prospectivo, uma vez que com o filho morrem também os desejos, as esperanças e as fantasias para o futuro da criança. Os pais enlutados têm de conviver com várias perdas ao mesmo tempo: a perda do filho real e amado, a perda da auto-estima inerente ao facto de sentirem que falharam no seu papel de protecção parental, a perda da dimensão existencial de continuidade associada aos filhos e a perda do futuro fanta-siado, imaginado e antecipado com aquele filho (Cabral, 2005).

Perante a perda de um filho, os pais sentem-se confrontados com a necessidade de se defender dessa realidade inaceitável, na medida em que remete para uma dor insustentável. A mãe vê-se, então, forçada a arranjar maneira de minimizar ou apagar essa dor que ameaça invadi-la. É neste contexto que poderá surgir uma gravidez de carácter substitutivo que tende a anular magicamente a morte ocorrida (Lopes, 2004).

Neste sentido, a gravidez assume uma tónica narcísica e como Grinberg afirma (1988, cit. por Lopes, 2004, p. 73), esta traduz-se numa «tentativa de recuperação do objecto (...), a tentativa de recuperar os objectos perdidos do Eu (envolvidos na perda do objecto de amor), atra-vés de um Eu capaz de criar e, especialmente, de criar-se a si próprio». Na mesma linha de pensamento, Bur (1991, cit. por Lopes, 2004) crê que a concepção de um bebé após a morte de um filho é feita com o objectivo de evitar um desmoronamento narcísico da mãe, tal é o vazio e a dor sen-tida por esta.

O desejo de um outro filho pode ser considerado uma denegação da perda por parte dos pais, numa tentativa de recuperar o seu filho ou o seu prolongamento para poder sentir-se de novo mãe desse bebé. Na fantasia da mãe, através da gravidez, o filho amado perdido será substituído por um objecto ideal – a idealização do bebé que vai nascer permite à mãe fugir à dor inerente ao conflito entre a elaboração da perda e a possibilidade de imaginar o novo filho (Lewis, 1979, cit. por Lopes, 2004). «Após a perda de um filho, a mãe defende-se da ameaça de uma derrocada narcísica dene-gando a perda definitiva do objecto de amor, e tentando preencher o imenso vazio que sente através da [...] ilusão de reencontrar a sua relação de amor concebendo uma outra criança» (Hébert, 1991, cit. por Lopes, 2004, p. 70).

A gravidez numa situação de luto assume, então, algumas particularidades e especificidades. Antes de mais, pode ser uma tentativa de denegação da perda, mas pode também constituir-se como uma oportunidade única para a elaboração do luto, na medida em que os processos de separação e diferenciação do bebé actual, relativamente à imagem idealizada do filho falecido, não permitem que esta idealização se perspective. O momento da concepção, da gravidez e do nascimento podem afirmar-se como circunstâncias favoráveis à elaboração do luto. Por um lado, prende-se com a possibilidade de reactivação das memórias da criança perdida, através da gravidez e nascimento de um novo bebé, permitindo os pais conferir realidade à sua morte e prosseguir com o processo de luto. Num outro sentido, uma gravidez nestas circunstâncias poderá ser considerada uma experiência emocional correctiva que ajuda os pais a alcançar algum tipo de resolução do luto, na medida em que não representando uma tentativa de substituição do filho falecido, poderá ser uma reafirmação das competências maternas, assumindo assim um efeito reparador (Theut *et. al.*, 1989, cit. por Lopes, 2004).

Hébert (1991, cit. por, Lopes, 2004) define três momentos cruciais na evolução do luto durante a gravidez e puerpério. Num primeiro instante, a gravidez tem a função de preenchimento do vazio deixado pelo filho que morreu. O momento do parto, considerado como um momento crucial na elaboração do luto confronta a mãe com um duplo luto a fazer – o luto pelo bebé imaginário, mas igualmente o luto pela criança idealizada e reencarnada pela criança imaginária. O puerpério é caracterizado por uma dualidade, em que a mãe se encontra triste por não ter reencontrado o filho perdido, mas feliz por descobrir com o seu novo bebé uma outra relação de amor.

Em seguida, iremos apresentar um caso que ilustra, paradigmaticamente, o modo como a gravidez é vivida e sentida numa situação de luto.

CASO CLÍNICO[2]

Ana e o marido perderam a sua filha Maria de 12 anos há um ano e meio, fruto de uma complicação por doença crónica. Logo a seguir ao nas-

---

[2] Todos os nomes aqui apresentados são fictícios, de modo a perservar o anonimato dos intervenientes.

cimento da Maria, Ana percebeu que se passava alguma coisa de errado com o seu bebé. Após vários exames foi diagnosticado um síndroma de Andy Walter. Maria teve sempre um acompanhamento médico rigoroso, frequentando várias consultas de especialidade (neurologia, dermatologia, oftalmologia, consulta de desenvolvimento, entre outras). O seu desenvolvimento foi normal, sendo que a única queixa mais evidente era o facto de ter enxaquecas com muita frequência, limitando, às vezes, a sua vida. Aparentemente, em termos médicos a sua situação estava estável. A Maria morreu repentinamente, depois de ter entrado no hospital com um surto de enxaquecas e convulsões, que a fizeram entrar em coma.

Quando recebo a Ana pela primeira vez estava de 19 semanas de gestação, engravidou 10 meses depois da morte da sua filha. A barriga não se via e as próprias roupas pareciam ser uma tentativa de a esconder, de não a ver. Tem 37 anos, vive com o marido de 42 anos e trabalha como empregada doméstica.

Nas primeiras sessões com a Ana percebe-se que está bastante deprimida, tem um olhar e uma postura muito triste e vazia, sente-se que falta uma parte sua. Inicialmente, o seu discurso focava-se na sua filha e no desejo de que ela voltasse, como por magia. Passou várias sessões a falar nela, referindo que lhe era muito difícil andar com a sua vida para a frente, pois via-a e senti-a em todo o lado, tinha uma necessidade física de a ter perto de si. Simultaneamente, há um bebé que cresce e se desenvolve diariamente na sua barriga, mas que é como se não pudesse existir – nem fisicamente porque a barriga não cresce, nem no plano mental e afectivo, pois no pensamento de Ana não há espaço para ele. De facto, não é possível que este bebé exista dentro de si, não há vontade de estabelecer uma relação una e íntima com o bebé que cresce no seu corpo. Permanece apenas o desejo de ter a sua filha de volta, esse sim, impera e é mais forte que tudo.

No entanto, segundo a Ana a gravidez foi pensada, deixou de tomar a pílula para esse fim. Refere que a notícia da gravidez a fez sentir feliz e triste ao mesmo tempo – por um lado, porque desejava ter um filho, mas ao desejar e realizar isso era necessário que investisse na vida e largasse o fantasma da morte. Há um desejo muito grande de amar novamente, mas uma angústia terrível de poder voltar a perder esse amor – ao gerar vida a única certeza que se tem é que a morte faz parte desse ciclo e isso extremamente angustiante e doloroso para Ana.

Durante os primeiros tempos houve sempre um discurso muito fusional, um medo e uma angústia muito grande de confundir este bebé com a sua filha. Muitas vezes, nas suas palavras é como se a Maria e este bebé fossem um, é como se por momentos Ana pudesse recuperar a sua filha através deste bebé: «É como se fosse amar dois em um, a minha filha e este bebé».

O tempo foi passando e a barriga continuava a não crescer, o bebé não era sentido como seu, não havia espaço para que ele existisse no seu corpo, na sua mente, nos seus afectos e emoções. A Maria continuava muito presente na sua ausência, fortemente idealizada como a filha perfeita, sem dúvida insubstituível, mas Ana nem permitia que este bebé fosse sentido, também, como seu filho. Gostar deste bebé era vivido e sentido como se abandonasse a sua filha, como se esquecesse dela, como se não se pudesse amar este bebé sem se sentir tremendamente culpada. Existia, também, um medo muito grande que o bebé quando crescesse pudesse achar que só nasceu porque a irmã morreu. A angústia e a culpa foram estando cada vez mais presentes.

O momento em que soube o sexo do bebé parece ter sido um dos momentos chave do processo. Este bebé ganhou uma identidade própria, um nome e um sexo diferente da sua irmã. A notícia de um rapaz saudável foi vivida intensamente e Ana envergonhada confessou que no dia em que soube ficou triste, pois desejava uma menina. Na realidade Ana queria a sua filha de volta: «No fundo queria que fosse uma menina para ser igual à Maria». Neste momento, Ana consegue ter claramente a noção de que esta gravidez foi uma tentativa de recuperar a sua filha, foi uma pretensão mágica de tentar mudar o destino.

O desejo de criar e cuidar de outro filho começa a aparecer com o desenrolar das sessões, mas, simultaneamente, o medo de amar e de voltar a perder esse amor persiste. É este medo legítimo que a impede de se ligar ao seu bebé. É um medo que esconde, também, a culpabilidade sentida por, no fundo, gostar do bebé que traz na sua barriga, por desejar amar e ligar-se a ele. Com o decorrer do tempo, os movimentos ambivalentes e ambíguos típicos de uma situação de luto durante um processo gravídico vão-se delineando, tornando mais concretos e conscientes.

Certo dia quando fui buscar a Ana à sala de espera nem queria acreditar no que via. Ana estava assumidamente grávida com um ar sorridente, bonito e tranquilo, exibindo orgulhosamente a sua barriga (note-se que a gravidez já estava nas 30 semanas). A partir deste momento, Ana começa a permitir-se, ainda que com alguns recuos, a gostar e a investir no seu bebé, sendo isto reflectido no aparecimento da sua barriga de grávida e no seu rápido crescimento a partir daqui. O seu discurso começa a mudar, a assumir outra tónica e a focar-se, essencialmente, no seu bebé. Ao fantasiar e imaginar o seu filho, Ana revive a sua experiência enquanto filha, referindo que sabia que a sua mãe gostava dela, mas nunca se sentiu verdadeiramente amada e bem cuidada, e que por isso sempre tentou que a sua filha Maria soubesse que era muito amada para crescer como uma menina segura e saudável, e que fará o mesmo com o este bebé: «O melhor que posso dar aos meus filhos é o meu amor, embora sempre tenha feito os possíveis e os impossíveis pela Maria, e agora, pelo Pedro, também lhe digo que me falta a mim para não lhe faltar a ele. Estou desejosa de o ver! Agora olho para as roupinhas, para o seu quartinho e imagino como é que ele vai ser, como será a sua carinha, eu quero que ele seja cheinho, estou desejosa de o ver assim mais crescidinho (...). Sabe, às vezes dou por mim a ter momentos de felicidade outra vez, quando penso nele, quando o imagino!».

De facto, este bebé ganhou espaço para existir, Ana começa a sentir todos os seus movimentos, associa e liga os seus estados de humor à irrequietude do seu bebé. Imagina e fantasia como será a sua cara, o seu corpo, a sua personalidade: «A avaliar pelos últimos tempos, vou ter um reguila, passa a vida aos pontapés, e quando estou quase a dormir, ele quer é conversa, é sempre à noite que ele está desperto, vai ser cá um reguila!».

À medida que a data do parto se aproximava, Ana começou a ficar muito ansiosa. De repente, voltou a estar muito triste, a desorganizar-se e a ter muito medo – medo do parto, medo de morrer e de deixar o seu bebé sem mãe, medo que corra qualquer coisa mal durante o parto, medo que o seu bebé não seja saudável, medo de deixar partir a sua filha Maria definitivamente e amar a este bebé.

Na última sessão antes do nascimento acompanhei-a durante um CTG. Assim que a enfermeira ligou os fios à sua barriga, Ana começou a chorar muito e a ficar muito ansiosa. Ana associou a máquina do CTG à máquina a que a sua filha Maria esteve ligada antes de morrer. Ao longo de todo o exame, Ana reviveu a morte da sua filha, foi como se estivesse a despedir-se da sua filha para poder receber este novo bebé. Emocionou-se muito, mas, no entanto, esteve sempre preocupada com o seu bebé, pegou na minha mão e pô-la na sua barriga para eu sentir como o bebé estava muito ansioso e irrequieto por ela estar assim. Sobre este momento, Ana diz: «Ai, o bebé está muito irrequieto, está aqui a dar muitos pontapés, ele está a dizer: Ó mãe pára de chorar, isso põe-me nervoso».

Simultaneamente, sentiu-se gratificada e feliz por conseguir gerar uma vida saudável, por ter a possibilidade de voltar a ser mãe e a amar um novo bebé: «Às vezes, penso como é que é possível estar aqui um bebé... De facto, a natureza é maravilhosa! Como é que é possível gerarmos um ser tão pequenino e tão perfeitinho, com todos os pormenorzinhos? É muito bonito e é uma sensação maravilhosa. Sabe, já sinto um grande amor por este bebé. Às vezes ainda me sinto culpada por andar com a minha vida para a frente, mas agora já estou desejosa de o ver».

Por decisão médica, devido ao estado de ansiedade em que Maria se encontrava, decidiram provocar o parto por cesariana às 37 semanas de gestação.

O Pedro nasceu com 2,400kg, era um bebé muito calminho e pequenino. Estava sempre em posição fetal e muito enroladinho. Ana descreve o momento em que ele nasceu como muito bonito, disse que foi uma sensação muito boa e que correu tudo bem no hospital.

Na primeira sessão com a mãe e o bebé, Ana verbalizou que confundia o seu bebé com a sua filha e que às vezes o chamava de Maria. Nos primeiros dias a seguir ao nascimento, parece ter havido uma confrontação entre o bebé imaginário e o bebé real, e este na verdade não era a sua filha Maria, como Ana desejou e fantasiou. Sentia-se em Ana uma enorme culpabilidade, angústia e alguma desorganização relativamente a este bebé. Era como se Ana não soubesse quem era este bebé, sabia apenas que era diferente da sua filha Maria e que já lhe tem imenso amor.

Nas primeiras vezes que amamentou o seu bebé na minha presença, Ana ficava um pouco aflita e ansiosa quando o bebé não pegava bem na mama, sentia-se um desejo muito grande em mostrar que cuidava muito bem do seu bebé. Na verdade, isso era visível, porque mesmo com todos os medos, angústias e dúvidas sobre a sua maternidade, Ana foi sempre extremamente cuidadora e afectiva com o seu bebé.

No início, o choro do bebé era bastante angustiante para Ana, pois associava-o a sofrimento, mesmo sabendo que este era a maneira privilegiada do seu filho comunicar. Ana tinha consciência da sua tendência para a superproteção, dos seus medos e da sua culpabilidade por saber que este bebé foi gerado numa fantasia, mais ou menos consciente, de substituição: «Tinha muito medo que este bebé fosse só um tapa buraco, houve momentos em que achei que nos precipitámos, agora acho que foi o melhor que fizemos!».

Com o desenrolar das sessões, Ana ficou mais segura das suas competências maternais, começou a ficar mais tranquila em relação aos choros do seu bebé: «Agora já sei o que é manha e mimo e o que não é, o que é fome, o que é sono. Já não fico aflita!». Conseguiu arranjar estratégias de acalmar o seu bebé. Desde muito cedo percebeu que o toque na pele do bebé, o contacto de pele (mãe) com pele (bebé), a sua voz num tom suave tinha um efeito calmante e relaxante no Pedro. Notou-se sempre uma grande sincronização do olhar entre mãe e filho: o bebé olha para a mãe quando ela conversa, a mãe responde, sistematicamente, às tentativas de interacção do seu bebé (bebé sorri, tenta palrar e dar gargalhadas). Houve momentos em que se conseguiu observar uma grande intimidade e inter-subjectividade na relação mãe-bebé. Ana é extremamente respeitadora dos ritmos do seu bebé, tanto dos biológicos como dos relacionais, é bastante afectiva tanto na fala, no tom da voz como no toque do seu bebé. Momentos em que na verdade, mãe e bebé não tem olhos para mais ninguém, estão encantados e apaixonados um pelo outro, como se o mundo nesses momentos íntimos se resumisse a eles.

Neste momento, o Pedro é um bebé com quase 4 meses, apresenta um desenvolvimento muito bom e Ana continua em casa com ele. Ana tem-se revelado uma mãe extremamente atenta e perspicaz em relação ao seu bebé e às suas necessidades. Tem conseguido intuir e conter os estados desorganizados do seu bebé, conferindo-lhes significado: «Ele gosta das coisas todas à sua maneira, só assim é que fica descansado. A fralda tem de ficar encostada à carinha e a tapar a orelhinha para ele adormecer». É este movimento de atribuir significado aos diferentes estados de humor do bebé e de os conter que permite a mãe reconhecer a identidade e individualidade própria do seu bebé. Simultaneamente, ajuda o bebé a definir os seus próprios limites, vontades e, em última instância, a sua identidade.

Por outro lado, tem-se sentido reconhecida no seu papel da mãe, principalmente através do seu bebé e da relação que estabelece com ele. Inicialmente, sentir que o bebé reconhecia a sua voz foi extremamente importante. O aparecimento do sorriso intencional foi outro momento chave: «Da primeira vez que ele sorriu para mim até chorei de emoção, é lindo! É uma sensação muito boa!». Com este exemplo, percebe-se como o bebé a gratifica com o seu saudável crescimento e desenvolvimento das respectivas competências. Ana sente-se bem no seu papel de mãe, pois tem conseguido perceber que tem «alimento interno suficiente» para o seu filho. Além, do seu leite que tem todos os nutrientes importantes para o seu crescimento, dá-lhe afecto e amor tão importantes e organizadores como o seu próprio leite.

A verdade, é que um filho é insubstituível e Ana continua, de uma maneira menos maciça e projectiva, a verbalizar essa dor, mas talvez a sua maior descoberta foi que, apesar disso, continua a haver vida dentro de si, afectos, amor e que é possível amar outro filho. Nas suas palavras, Ana diz: «Sinto-me viva outra vez! Há muito tempo que não sentia nada assim, foi o melhor que fiz! A Maria tem o seu lugar no meu coração para sempre, o Pedro está aqui comigo e tenho de pensar nele, é tão bom!».

Em nosso entender, parece-nos que esta mãe tem vindo a elaborar o seu luto ao longo de todo este processo. Com o nascimento do seu bebé, podemos constatar que tem-se mostrado disponível para o seu bebé, tem uma boa capacidade de intuir e responder, no momento certo, ao seu bebé. Nas palavras de Winnicott (1990) acreditamos que a Ana tem-se revelado «uma mãe suficientemente boa».

CONCLUSÃO

A perda de um filho não será, provavelmente, alguma vez aceite. Somente a dor decorrente dessa perda poderá ser, progressivamente, aceite e integrada através da sua elaboração depressiva. Na realidade, não se trata apenas da diminuição da intensidade com que é sentida, mas, essencialmente, de uma alteração qualitativa. O processo de luto permite a transformação do seu significado e a forma como é vivida (Lopes, 2004). A dor da perda de um filho só poderá ser elaborada através de uma relação reparadora. Neste sentido, parece-nos que uma gravidez, nestas circunstâncias, poderá assumir, ou não, esta mesma função de reparação e potenciar a elaboração do luto.

A verdade é que a gravidez e a relação terapêutica, neste caso, constituíram-se como momentos potencializadores da elaboração do luto, permitindo, simultaneamente, que a mãe fosse «engravidando mentalmente», garantindo, assim, espaço interno para a existência do seu bebé. A progressiva elaboração do luto permitiu à grávida disponibilidade, quer física quer afectiva, para organizar psiquicamente toda a sua maternidade. Foi um processo que se começou a definir e a constituir ao longo de toda a gravidez, estando actualmente a transformar-se, a reinventar-se e a tornar-se mais coeso através do crescimento do bebé, do desenvolvimento da intimidade e intersubjectividade relacional mãe-bebé, potenciando assim todo o processo de vinculação.

Embora não tenha sido possível acompanhar desde início a gravidez do caso acima descrito, pode-se identificar 5 momentos ao longo de todo o processo, que têm potenciado o desenvolvimento da organização psíquica da maternidade. Numa primeira fase, os pensamentos da mãe são dirigidos exclusivamente para o passado, a mãe revive e centra-se, nostalgicamente, nos tempos vividos com o objecto de amor perdido. Nesta fase, parece haver uma indiferenciação, parece não existir espaço, físico ou mental, para o bebé que cresce na sua barriga. A verdade é que o bebé não é sentido como uma parte de si, nem reconhecido como seu filho. Num segundo momento, a idealização do filho perdido torna-se substancialmente presente no discurso da mãe. Este discurso caracteriza-se, também, pela presença de conteúdos muito fusionais e condensados, como se o bebé que carrega na barriga e o filho perdido fosse o mesmo. O terceiro momento caracteriza-se por uma evidente diferenciação e crescimento fetal que obrigam a mulher grávida a ir-se confrontando com a sua real gravidez. O seu discurso foca-se, essencialmente, no medo da repetição da experiência traumática. Há uma grande oscilação, mais ou menos consciente, entre o desejo de amar e cuidar de novo de um bebé e o medo de se ligar e voltar a perder o objecto de amor. A mulher grávida sente-se dividida entre o desejo de dar à luz um filho vivo e vivificante e o desejo compulsivo de se unir ao filho falecido, "ressuscitado" através da gravidez (Lopes, 2004). Progressivamente, num quarto momento, o medo, ainda que presente ao longo de todo o processo, começa a diminuir, permitindo que a futura mãe comece a fantasiar e a imaginar o seu bebé. O bebé começa a ter uma identidade própria, a mãe começa a conferir significado aos seus movimentos, fantasia sobre as suas vontades e traços de personalidade. Por fim, parece existir uma quinta fase que se inicia no parto e se estende além do puerpério. Caracteriza-se pelo confronto entre o bebé imaginário e o bebé real – o processo pelo qual a mãe vai confrontar e integrar o bebé com que sonha com o bebé real, que se impõe com uma existência própria, é crucial para a viabilização do processo de vinculação. Nesta situação, especificamente, é preciso ter em conta que o bebé imaginário condensa em si próprio a clivagem existente no interior da mãe. Se, por um lado, é um bebé desejado enquanto tal e assim imaginado, por outro lado, é um bebé perdido, e deste modo reavido (Lopes, 2004).

Assim sendo, tal como alguma da literatura de referência evidencia, constata-se que a gravidez e o bebé constituíram-se como organizadores do processo de luto, no sentido em que obrigaram a mãe a confrontar-se com um bebé distinto daquele que foi idealizado nas fantasias de substituição. O facto de a gravidez e o parto terem corrido bem, e principalmente o nascimento de um bebé saudável ao qual a mãe se conseguiu ligar, foram momentos reparadores da capacidade maternal.

É importante considerar que o processo de vinculação da mãe a um bebé a seguir à morte de um filho é vivido e sentido com uma extrema ambivalência. A noção de que a vinculação numa situação destas pode não se estabelecer numa base segura e contentora deve estar sempre presente, no sentido de se poder promover toda uma dinâmica na relação mãe-bebé que favoreça e reforce os processos vinculativos. Segundo Lopes (2004), numa situação de luto não elaborado, ao desejo de vinculação opõe-se um ataque a este mesmo desejo. Este ataque aos processos vinculativos, expresso através da repressão dos afectos maternais, alude directamente para a culpa pela morte do filho e para a culpa de ter continuado viva apesar da morte (vividas de forma persecutória), para a dor não metabolizada e não transformada (vivida de forma confusional), para o temor de repetição da morte, assim como para a falência dos processos reparatórios subjacentes. Estes são os factores que se opõem à vinculação, não permitindo que a mãe conceda um espaço interno e individualizado ao seu bebé. Nestas circunstâncias, ela não se poderá oferecer como continente relacional privilegiado ao seu bebé, comprometendo, desta maneira, o seu desenvolvimento emocional e psíquico.

Para terminar, depois de uma breve reflexão sobre este tema, surgiram muitas outras questões, que, na nossa perspectiva, seria interessante perceber – nomeadamente, como é que se desenrola o processo vinculativo dos pais a um filho subsequente à morte de outro filho. Por outro lado, questionamo-nos de como é que estas crianças, vindas de uma gravidez durante um luto, criam uma identidade própria, sem o fantasma de terem vindo para "substituir" o irmão. Neste sentido, seria interessante perceber o espaço, ou não, que os pais promovem nestes filhos para a criação de uma individualidade própria e distinta do irmão.

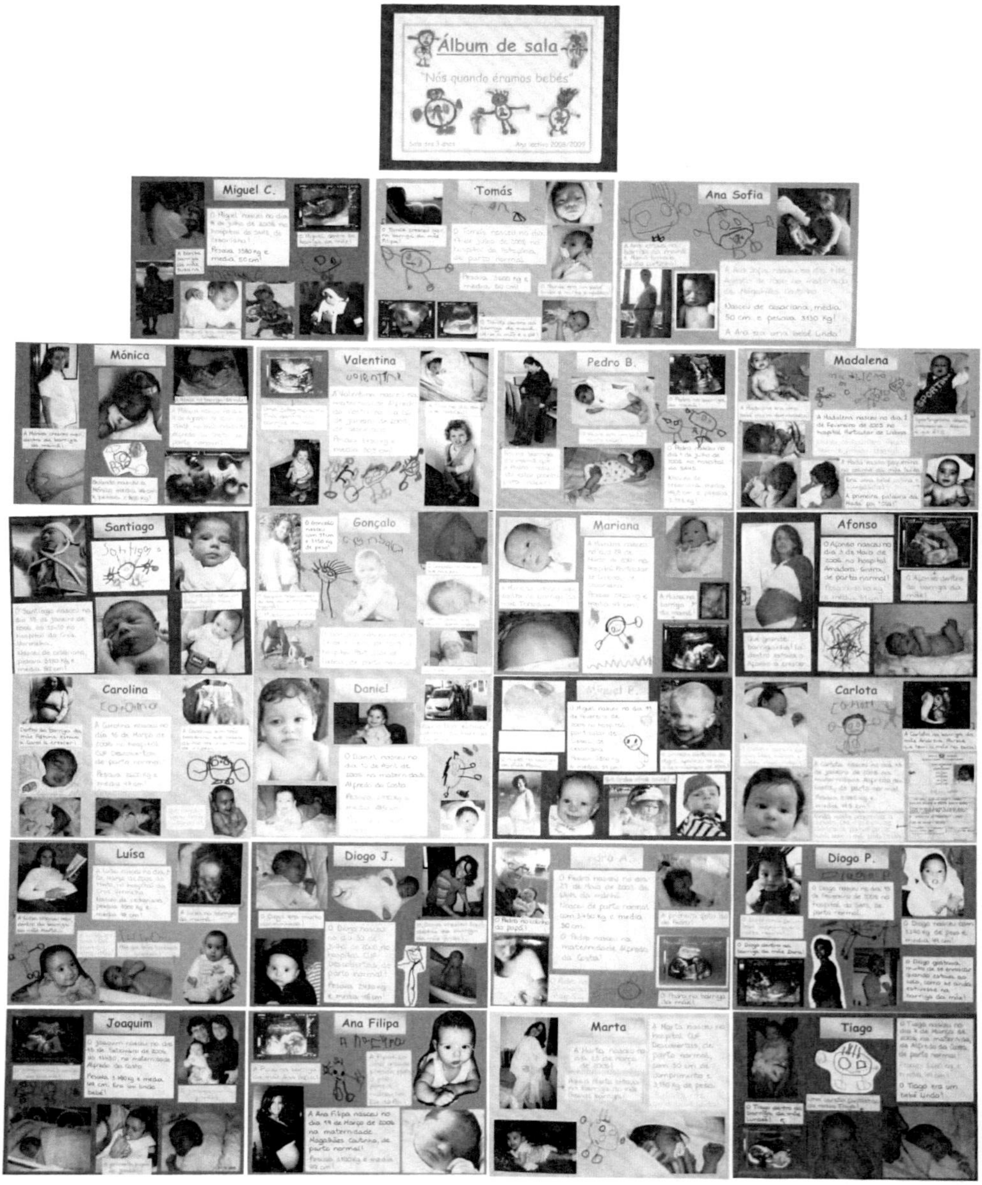
Álbum de sala
"Nós quando éramos bebés"
Miguel C.
Tomás
Ana Sofia
Mónica
Valentina
Pedro B.
Madalena
Santiago
Gonçalo
Mariana
Afonso
Carolina
Daniel
Carlota
Luísa
Diogo J.
Diogo P.
Joaquim
Ana Filipa
Marta
Tiago

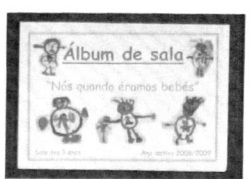

REFERÊNCIAS BIBLIOGRÁFICAS

BAYLE, F. (2005), «A Parentalidade». *In* Isabel Leal (Ed.), **Psicologia da Gravidez e da Parentalidade.** Lisboa: Fim de século.

CABRAL, I. Pina (2005), «Morte e Luto na Gravidez e Puerpério». *In* Isabel Leal (Ed.), **Psicologia da Gravidez e da Parentalidade.** Lisboa: Fim de século.

LOPES, J. (2004), «Luto e Gravidez». *In* Eduardo Sá (Ed.), **A Maternidade e o Bebé** (2.ª edição). Lisboa: Fim de século.

WINNICOTT (1990), **O ambiente e os processos de maturação.** Porto Alegre: Artes Médicas.

A GÉNESE DA RELAÇÃO AMOROSA: AMOR DE MÃE/AMOR DE FILHO

Lourdes Lourenço[1]

RESUMO: A autora propõe, a partir da apresentação de um caso clínico de uma psicoterapia de orientação psicanalítica realizada a uma díade mãe-bebé durante cerca de um ano, a investigação e a reflexão, em termos clí-nico-teóricos, acerca da técnica da relação e da interpretação que se estabe-lece ao longo do processo psicoterapêutico, na génese da descoberta do amor de uma mãe pelo seu bebé.

A atitude clínica passa pela capacidade de o terapeuta, através da sua experiência de vida e das suas aprendizagens relacionais realizadas ao longo da sua prática clínica, investir afectivamente e de forma empática na relação estabelecida quer com a mãe/pais quer com o bebé. E ter a técnica de usar a sua «capacidade responsiva», através dos seus afectos, pensamentos e entu-siasmo, criando interpretações que possam ajudar a mãe e/ou os pais a trans-formarem as suas dificuldades/patologias relacionais transgeracionais em processos psíquicos de auto-conhecimento, bem como de experiências emo-cionalmente partilháveis com o seu bebé, que promovam a descoberta das relações inter-subjectivas.

É nesta co-descoberta e co-construção relacional de experiências emo-cionais vividas com afecto e partilhadas durante o processo psicoterapêutico que novos «estilos relacionais intrínsecos» vão sendo interiorizados, dando progressivamente lugar na vida relacional dos diferentes protagonistas da díade à descoberta das competências e do potencial criativo do bebé, que para crescer e se desenvolver emocionalmente tem a necessidade de ser

---

[1] Psicóloga Clínica, psicoterapeuta. Fundadora do NIB.

Fundadora associada da APP – Associação Portuguesa de Psicanálise e de Psicoterapia de Orientação Psicanalítica.

Email: lourdesbacelar@gmail.com; nucleobebe@gmail.com

amado pelos seus pais e de se sentir compreendido e reconhecido como
único na sua diferença como ser humano.

PALAVRAS-CHAVES: Investimento Afectivo; Investigação Relacional;
Descoberta do Amor; Intersubjectividade; Criatividade

TITLE: *The genesis of the loving relationship: mother love/child love*

ABSTRACT: *Considering the presentation of a clinical case describing
a psychoanalytic oriented therapy on a mother/baby dyad carried through
one year, the author proposes an investigation as well as a reflection – in
clinical-theoretical terms – about the relation and interpretation technique
that is established during the psychotherapeutic process and the genesis of
the discovery of the mother's love towards her child.*

*The clinical approach is based on the therapist capability to empa-
thize and affectively invest in the relation both with the mother/parents and
with the baby, which is the result of the therapist's life experience and its
relationships' knowledge throughout its clinical practice. And applying the
technique of «responsive capability», based on its affects, thoughts and
enthusiasm, the therapist is able to make interpretations that can help the
mother and/or the parents transform their transgenerational relationship
difficulties or pathologies in mental processes of self-knowledge and experiences that can be emotionally shared with the baby, which promotes the
awareness of the inter-subjective relationship.*

*It is in the mutual relational discovery and construction of emotional
experiences lived with affection and shared during the psychotherapeutical
process that new «intrinsic relationship styles» will be interiorized, revea-
ling progressively – in the life of the different protagonists of the dyad – the
competencies and creative potential of the baby, which needs to be loved by
its parents and to be understood and recognized as unique in its difference
as a human being, in order to grow and emotionally develop itself.*

KEYWORDS: *Affective investment; relational investigation; love disco-
very/awareness; inter-subjectivity; creativity.*

Patrícia[2], uma mulher com trinta anos de idade, solteira, procura
ajuda psicoterapêutica por se encontrar bastante angustiada com os sentimentos de ódio que diz sentir em relação ao seu filho de 4 meses de idade.

---

[2] Todos os nomes aqui citados são fictícios, de modo a garantir a confidencialidade
e o anonimato dos intervenientes.

O caso foi-me encaminhado por uma aluna que se mostrava bastante preocupada com o sofrimento desta mãe.

Compreendi na primeira entrevista que tive com a Patrícia que esta se encontrava bastante culpabilizada por ter este tipo de sentimentos pelo filho, verbalizando não ser normal ter este tipo de sentimentos. No entanto, justificava-os pelo facto de o psiquiatra lhe ter diagnosticado uma depressão pós-parto e que, actualmente, sofreria de doença bipolar.

No decorrer da primeira sessão, Patrícia entregou-me a carta do psiquiatra, mas referi-lhe que estava mais interessada em saber a sua versão dos factos. Também lhe disse que teríamos de compreender, juntas, esse sentimento de ódio que nutria pelo seu filho e que teria as suas razões para o ter. Nessa altura, acrescentei que cuidar de um bebé daria muito trabalho e que, na realidade, é uma relação bastante exigente em termos afectivos, que requereria bastante atenção e cuidados por parte da mãe. Se não estamos bem emocionalmente, tudo se torna mais difícil. Patrícia passou quase todo o tempo da sessão a chorar, referindo que não suportava o choro do seu bebé, que ficava enraivecida quando não o conseguia calar, que era muito difícil cuidar do Gustavo, que era sempre a mesma coisa todos os dias, que era bastante cansativo, que a sua vida mudou bastante, que não tinha tempo para nada, que não conseguia dormir e que sentia que o bebé atrapalha a sua vida. Disse-lhe que compreendia muito bem o que estava a sentir, ainda mais por ter sido mãe também há pouco tempo.

Patrícia perguntou-me: «Você já odiou o seu bebé?». Disse-lhe que sim e que amar e odiar são sentimentos que nos tornam seres humanos. O amor deve ser o sentimento prevalecente, mas se, na verdade, não odiássemos, também não saberíamos o que seria o amor. E a Patrícia com certeza o saberia, caso contrário não estaria ali comigo a pedir ajuda.

Senti que esta mãe teria as suas razões para odiar o seu bebé e logo na primeira entrevista aceitei este ódio e tentei compreendê-lo no percurso de sua história de vida relacional. Fui então levantando algumas hipóteses relacionais acerca da vida da Patrícia e que necessitariam da minha compreensão e investigação: Seria mesmo ódio o que sentiria na relação com o seu bebé?; Odiar aquele bebé seria também uma luta contra o seu estado depressivo?; Este ódio deveria ser dirigido a quem?; Quem, de facto, ocupa o lugar daquele bebé na sua história relacional?

Sabemos que a inexistência de um vínculo amoroso entre a mãe e o seu bebé torna as vivências e as tarefas de cuidar de um bebé uma realidade chata, frustrante, repetitiva... Sem amor e sem entusiasmo, sem estes vínculos, não existe um verdadeiro processo de conhecimento intersubjectivo; não existe aprendizagem emocional co-criada por dois, não se constrói o desejo de querer conhecer o outro, nem a nós mesmos e a partilha relacional fica condenada a um terreno infértil.

No decorrer da consulta, Patrícia disse-me que quando está em casa sozinha e se distrai, o Gustavo cai da cama de casal. Que também o deixa chorar, não sabe por quanto tempo, talvez uma hora, fechando a porta do quarto até ele se calar e acabar por adormecer. Que tem vontade de fazer uma asneira. Tal é o ódio que sente por ele que telefona à sua mãe a pedir para ir buscá-lo, pois não suporta mais ouvi-lo e cuidar dele e estar com ele é muito cansativo...

Patrícia fala-me sobretudo de seu sentimento de impotência e de incompetência materna quando não consegue alterar o estado de mal-estar do bebé. Estas vivências e sentimentos de sucessivas frustrações podem levar a um tal desespero que despertam sentimentos de ódio e de indiferença. É do desencontro relacional que Patrícia me fala, é do seu desconhecimento acerca do mundo subjectivo do seu bebé.

A este propósito, é interessante ler um texto de Winnicott, de 1947, acerca d' «O Ódio na Contratransferência», em que o autor enumera certos motivos pelos quais as mães terão razões para odiar o seu bebé, razões essas ligadas à exigência do bebé face à mãe. O bebé, para sobreviver, necessita dos cuidados da mãe para se desenvolver emocionalmente, impondo as suas necessidades físicas e psíquicas, pois é o bebé, sua majestade, que dita a lei, que impõe os seus ritmos psíquicos para aprender na relação a auto-regular-se. Refere que a mãe deve ser capaz de tolerar os sentimentos de ódio contra o seu bebé e não deve expressá-lo contra ele.

Interroguei-me: O que é feito da «mãe suficientemente boa» (Winnicott) e o que é feito da mãe com «capacidade de *rêverie*» (Bion)?

Como poderia ajudar aquela mãe a transformar a sua relação com o seu bebé em amor e em prazer em conhecê-lo? Como poderia ajudar também aquela mulher/mãe a sair daquela depressão? Como poderia evitar que aquele bebé começasse a organizar um falso-*self*?

Mas quem seguiria, em termos psicoterapêuticos? A mãe? O bebé? A díade? E o pai? Quem seria o meu paciente? Qual seria o projecto terapêutico de forma a poder ajudar aquele bebé, aquela mãe e aquela família?

Numa fase inicial do processo psicoterapêutico, combinei com a Patrícia que antes de conhecer o Gustavo – na altura, contava com 4 meses de idade, estando entregue aos cuidados de sua mãe – gostaria de a acompanhar, para conhecê-la e percebê-la melhor, assim planeando os nossos encontros semanalmente, de acordo com as nossas disponibilidades. A seu tempo, gostaria também de conhecer o Gustavo.

Na sessão seguinte, Patrícia referiu que Gustavo foi fruto de um relacionamento breve de cerca de quatro meses, uma relação de namoro acidental com um seu vizinho de bairro. Durante a gravidez, decidiu terminar a relação com o pai do Gustavo, alegando que este, como era mais novo do que ela, seria bastante imaturo, que não trabalhava e que ainda vivia na casa de seus pais.

A vivência da gravidez foi caracterizada por um mal-estar geral, pois o Gustavo não foi um bebé desejado, nem planeado. No entanto, ele nasceu sem problemas, de parto natural e a termo. O seu estado depressivo, segundo referiu, não permitiu que Gustavo fosse amamentado ao peito, devido ao facto de estar a tomar anti-depressivos. Queixou-se que o filho durante estes 4 meses foi cuidado por sua mãe, além de o seu filho preferir mais a sua mãe do que a si. A licença de maternidade já tinha terminado e encontrava-se de baixa médica. Contudo, não via a hora de começar a trabalhar, que trabalhava desde os vinte e dois anos, não chegando a terminar a sua Licenciatura, dada a urgência de sair da casa de seus pais e de ter a sua autonomia.

Durante várias sessões, fui conhecendo a Patrícia – e ela a mim – e fui investigando o seu mundo relacional, as suas relações emocionalmente significativas. Pareceu-me ser uma mulher que viveu em relações sempre com o sentimento de não ter sido amada, incompreendida e que não tinha sido aceite na sua diferença.

Descreveu o seu pai como uma figura afectivamente distante, autoritária e rígida, que sempre quis ter um filho homem e que o seu nascimento, para o seu pai, foi uma decepção. A mãe foi descrita como uma mulher deprimida, vítima do seu pai, e que não a protegeu do autoritarismo dele. Referiu que em pequena, quando tinha cerca de 5 anos, foi levada ao psicólogo por ser uma criança hiperactiva. Tem uma irmã mais velha cerca de 15 anos, com a qual tem uma relação difícil, sem grande cumplicidade.

A sua adolescência, segundo referiu, foi caracterizada por grandes conflitos ligados ao facto de o pai ser bastante rígido em relação às suas saídas e namorados. Por essa altura, foi levada a um psiquiatra, já que os seus pais não sabiam como é que haviam de lidar com ela.

As suas relações amorosas são caracterizadas por um estilo relacional bastante inseguro, de cunho masoquista, referindo que a sua última relação de cerca de dois anos terminou devido aos seus ciúmes excessivos e à vivência de traição por parte do namorado. Não compreende porque é tão insegura, mas sente que estes sentimentos já vêm de trás.

Apesar de viver sozinha já há alguns anos, disse ter grande dificuldade em estar consigo própria, sente um grande vazio, que só é colmatado com a presença de outros.

Disse que, desde de que teve o Gustavo, este vazio aumentou e que desde que ele nasceu não teve mais tempo para sair a noite. As relações com amigos são frequentes, mas têm pouca profundidade afectiva, não fazendo o convite para a intimidade. Patrícia, de facto, parece ter dificuldades em estar numa relação afectiva profunda, íntima a dois.

Na minha relação com a Patrícia, vou então identificando a sua grande necessidade de se sentir compreendida por mim, sendo bastante susceptível às minhas observações – como quem estivesse sempre à espera de ser desvalorizada ou culpabilizada –, fruto de um «estilo de relação patológico interiorizado» (Coimbra de Matos) com uma mãe deprimida e culpabilizante e um pai desnarcisante. O seu funcionamento histérico tentava sobreviver a sucessivos ataques narcísicos e a experiências masoquistas que ia sofrendo na sua vida amorosa, escolhendo como parceiros homens de pouco afecto, que a desvalorizavam e a faziam sofrer, tendo ela sempre muitas dúvidas sobre se seria trocada ou abandonada por eles.

Durante a relação que fui estabelecendo com a Patrícia e ela comigo, foi fundamental colocar-me no seu lugar de forma empática e compreender a sua dor depressiva. Ser mal amada no presente era reviver e repetir o estilo relacional patológico vivido no seu passado infantil: mal amada no passado e sem a esperança de um amor no futuro, sentindo-se incapaz de amar aquele bebé no presente.

Mas teríamos também que trabalhar a revolta de se ter sentido insuficientemente amada pelos seus pais, não respeitada na sua diferença. Patrícia começou então a queixar-se da constante comparação sempre realizada pelos seus pais entre ela e a sua irmã mais velha. A irmã parece ter seguido os mandamentos parentais, fez o curso que o pai queria, casou-se virgem e é uma mulher às direitas – disse-me Patrícia, numa sessão em que foi notória a sua raiva e o seu ódio em relação à irmã.

Na relação comigo, fica surpreendida quando valorizo a sua capacidade de aos 22 anos ter saído da casa de seus pais: provavelmente, já estaria farta de submeter-se ao que eles queriam, naturalmente a escolha do seu curso e a sua profissão por si mostravam bem este seu desejo de se fazer compreender e ser compreendida, provavelmente o gosto de viajar teria a ver com o seu desejo de querer conhecer outras pessoas e novas culturas. Refiro ainda que Patrícia, já com cinco anos de idade, dava sinais da sua revolta contra a domesticação parental, ao ser descrita como uma criança hiperactiva. E que na sua adolescência, os seus pais tiveram muitas dificuldades em compreendê-la, de tal maneira que a tiveram de levar a um psiquiatra. Entre sentimentos de revolta e de tristeza, fala-me da sua verdadeira perda afectiva: a mãe que nunca gostou verdadeiramente dela, nunca a aceitou como ela é. E questiona-se como pode ter um filho de um homem que não gosta, de um homem sem qualidades, e que mesmo como pai de Gustavo não é grande coisa. Diz-me que todas as vezes que está com os pais, eles não a compreendem, não percebem que ela precisa fazer outras coisas além de cuidar do Gustavo; mas que se sente incapaz, acha que o Gustavo gosta mais da avó do que dela, que a mãe está quase sempre a acusá-la de que ela não sabe cuidar do Gustavo.

À medida que a nossa relação foi ficando mais confiante e a Patrícia foi experimentando ali comigo o sentimento de se sentir compreendida e aceite na sua diferença relacional, foi tendo um melhor conhecimento de si própria, das suas relações passadas e começa a interessar-se pela relação com o seu bebé, começa a surgir o desejo de querer conhecê-lo e compreendê-lo.

É neste contexto, e a seu pedido, que combinámos sessões conjuntas com Gustavo, mas proponho que sejam alternadas, dizendo que ela necessitava igualmente de uma relação privilegiada comigo e que havia questões suas que mereciam toda a minha atenção, nomeadamente a questão do tratamento da sua depressão.

Tentei em várias sessões ficar sozinha com Gustavo para o poder conhecer melhor, mas Gustavo desatava num choro e num chamamento de quem olhava para mim parecendo dizer que queria a sua mãe ou que precisava da sua mãe. E, de facto, quando chamava Patrícia, ele acalmava-se, o que para Patrícia era vivido com bastante alegria – ela dizia-me que «ele sente a minha falta» e eu lhe dizia que ela sabia acalmá-lo.

Do ponto de vista do seu desenvolvimento psíquico e relacional, Gustavo, com oito meses de idade, apresentava um atraso de cerca de 4 meses. Não tomava iniciativa para liderar a interacção, as suas vocalizações eram diminutas e o seu choro tinha uma característica – como se tivesse receio do que iria acontecer no momento seguinte. A «constância do sujeito no interior do objecto» e a coerência e previsibilidade espaço-

-relacional ainda não estavam consolidadas. A interacção com a Patrícia não era caracterizada pela sintonia afectiva, pelo jogo e pela reciprocidade, não havendo entre a díade comunicação transmodal (Stern). Eles ainda não dançavam juntos! E eu teria que propor algumas coreografias!

As sessões com a díade, durante um longo período de tempo, eram o lugar onde a Patrícia me mostrava como cuidava e tratava do seu bebé, dando mamadeira, papinha e mudando fralda, tarefas funcionais que progressivamente se iam transformando em troca de olhares entre a Patrícia e o Gustavo, e em estados de expectativas de conhecimento mútuo, preparando o caminho para as descobertas emocionais para o verdadeiro encontro relacional de dois apaixonados. As minhas intervenções eram caracterizadas pela verbalização do que se passava no plano afectivo na relação entre a Patrícia e o Gustavo no aqui e no agora relacional. Eram pequenos momentos que se iam transformando em grandes passos de proximidade, quando Patrícia começava a colocar-se no lugar de Gustavo, compreendendo a pouco e pouco as suas necessidades afectivas.

Quando, finalmente, o Gustavo, que se apresentava triste e às vezes com um olhar perdido nas primeiras sessões, começou a vocalizar para a mãe e a expressar os seus sorrisos. A sua flexibilidade emocional começou a surgir, o choro deixou de ser uma constante como forma de comunicação do mal-estar do Gustavo e de exigência da presença da mãe. Durante todo o processo psicoterapêutico, foi fundamental que a minha atitude tivesse sido diferente da mãe de Patrícia – pois, em termos de transferência, era como se a Patrícia esperasse que eu, tal como a sua mãe, a criticasse ou então que eu teria maior capacidade de compreender e de cuidar do seu filho, ele acabando por gostar mais de mim do que dela.

Nas sessões individuais só com a Patrícia, foi sendo possível direccionar aquele ódio que sentia em relação à sua irmã (alvo mais fácil) progressivamente para a figura materna, já que a sua raiva em relação a uma mãe deprimida, não responsiva e constantemente crítica e vitimadora se foi tornando cada vez mais consciente e intenso, à medida que a nossa relação se tornava mais cúmplice, criativa e diferente da relação patológica da mãe. Era impressionante como a relação da mãe com a Patrícia era caracterizada por constantes comentários à sua vida e à sua falta de capacidade para cuidar do seu bebé; ou que ela, a mãe da Patrícia, apesar de já não ter força, fazia esse sacrifício de cuidar do neto. Lembro-me particularmente de ter recebido um telefonema da mãe de Patrícia a dizer que queria falar comigo a respeito da filha, que eu provavelmente não saberia de muitas coisas que ela não fazia e que não me dizia, que ela andava muito agressiva com ela e que tinha medo do que ela pudesse fazer à sua vida e ao bebé. Naquela altura pensei: «Lá está esta a lançar o seu veneno de desvalorização e de culpabilização que a minha paciente deve ter vivido a vida inteira». Respirei fundo, não disse nada disso, referi que compreendia a sua preocupação, mas não poderia falar nada com ela sem a autorização da minha paciente.

Gradualmente, nas nossas sessões individuais, os conteúdos verbalizados começaram a oscilar entre a Patrícia começar a contar-me o que se passava com o Gustavo no seu dia-a-dia e as suas dificuldades relacionais como mãe dele, na compreensão do desafio que é ser responsável pelo seu bebé e pelo seu crescimento saudável.

Como terapeuta, usei da minha própria experiência de vida por ter sido mãe há pouco tempo e foi fundamental colocar-me no lugar de Patrícia no sentido de a ajudar nas suas dúvidas e nas suas inquietações quanto a este projecto de vida, que é aprender com o seu bebé a ser mãe. E sublinhei também a importância de, neste projecto de maternidade, revivermos a nossa relação com a figura materna, substrato fundamental para o desenvolvimento da nossa capacidade de amar. Amo porque fui amado, desejado, sonhado pela minha mãe, pelo meu pai; fui fruto de um projecto de amor, vivido com entusiasmo, ternura e expectativa... Só assim me torno e me faço humano, com sangue na guelra, me torno gente, que chora, que ri, que odeia, mas que também ama. Sou fruto de dois, por isso me torno um terceiro, diferente, com capacidades próprias, pois foi-me dado e depois conquistado por mim um espaço relacional para crescer na liberdade de ser. São estas experiências emocionais que vão possibilitar a criação de uma matriz relacional segura que irá permitir que o bebé e o adulto possam aprender com a experiência relacional um do outro, possam explorar novos afectos, possam integrar novas experiências e desenvolverem novas maneiras de pensar e de estar um com outro, levando a um melhor conhecimento de si próprios, dos outros e do mundo relacional à sua volta.

Compete ao terapeuta, através da sua atitude clínica e da sua capacidade técnica, criar em contexto terapêutico um ambiente emocional facilitador (*holding environment*) que seja um espaço relacional onde mãe e bebé entram num processo de co-descoberta de vivências de intimidade/ /brincadeiras, que promovem a auto-exploração e o auto-conhecimento acerca dos afectos e dos pensamentos que despertam um no outro. O terapeuta, através da sua capacidade de pensar e de se relacionar afectivamente, possibilita que, neste jogo relacional, cada interveniente descubra o seu mundo subjectivo, com novas formas de estar uns com os outros, comunicar as suas experiências afectivas e pensá-las.

Lembro-me de uma sessão em particular: o Gustavo tinha completado um ano e tinha iniciado a sua aprendizagem na marcha, entre idas e vindas entre a terapeuta e a mãe. Era para nós fascinante o processo de auto-exploração que Gustavo realizava na mãe e também na terapeuta, pois queria conhecer o interior do outro, colocando as suas mãozinhas dentro de nossas bocas, depois explorava o meu rosto e o de sua mãe, as nossas diferentes expressões afectivas, queria também saber que emoções despertava em nós. Depois as brincadeiras corpo a corpo faziam daqueles momentos de brincadeira autênticos momentos de prazer renovado e de descoberta afectiva daquela mãe do amor pelo seu filho.

É neste processo de co-construção relacional que eu, o Gustavo e a Patrícia continuamos o nosso trabalho de descobertas relacionais: já nos conhecemos melhor, vamos experimentando novas emoções, novos afectos e cada dia que passa é para nós um novo desafio de aprendizagem e de novas conquistas acerca daquilo que somos como pessoas. Porque investigação sem prazer e conhecimento sem amor não nos leva ao entusiasmo de querer conhecer o outro, nem a nós próprios, dando sentido relacional a vida e a alegria de viver.

REFERÊNCIAS BIBLIOGRÁFICAS

Bion, W. R. (1991), **Aprender com a experiência**. Rio de Janeiro: Imago.

Bowlby, J. (1969/ 1984), **Apego**. Volume I da triologia Apego e Perda. São Paulo: Martins Fontes Edições.

Golse, B. (2007), **Ser bebé**. Lisboa: Climepsi Editores.

Guedeney, A. e Lebovici, S. (1999), **Intervenções psicoterápicas pais/bebé**. Porto Alegre: Artes Médicas

Guedeney, N. e Guedeney, A. (2004), **Vinculação conceitos e aplicações**. Lisboa: Climepsi Editores.

Lourenço, L. (2005), **O bebé no divã – Desenvolvimento emocional precoce: Amar e pensar com o bebé e os seus pais**. Coimbra: Almedina.

Lourenço, L. (2007), «Nascimento de uma díade! Eu agora já posso ir para casa! Intervenção psicoterapêutica na díade em contexto domiciliário». *Revista Portuguesa de Pedopsiquiatria*, vol. 23, pp. 21-35.

MACHADO, C. (2007), «A psicanálise enquanto relação intersubjectiva?». *Revista Portuguesa de Psicanálise*, vol. 27 (2), pp. 39-62.

MATOS, A. Coimbra (2002), **Psicanálise e psicoterapia psicanalítica**. Lisboa: Climepsi Editores.

MATOS, A. Coimbra (2007), **Vária. Existo porque fui amado**. Lisboa: Climepsi Editores.

MATOS, A. Coimbra (2007), «Para que serve uma psicanálise hoje?». *Revista Portuguesa de Psicanálise*, vol. 27(2), pp. 153-159.

MAZET, P. e STOLERU, S. (1983/2003), **Psicopatologia do lactente e da criança pequena**. Lisboa: Climepsi Editores.

STERN, D. (1985/1992), **O mundo interpessoal do bebé: uma visão a partir da psicanálise e da psicologia do desenvolvimento**. Porto Alegre: Artes Médicas.

STERN, D. e BRUSCHWWWEILLER-STERN, N. (1998/2001), **O nascimento de uma mãe, como a experiência da maternidade transforma uma mulher**. Porto: Âmbar.

WINNICOTT, D. W. (1987/1999), **Os bebés e suas mães**. São Paulo: Martins Fontes Edições.

WINNICOTT, D. W. (2000), **Da Pediatria à Psicanálise – Obras Escolhidas**. Rio de Janeiro: Imago Edições.

INVESTIGAÇÃO

SER BEBÉ! DO AFECTO À RELAÇÃO[1]

EVA DINIZ[2]

RESUMO: O presente estudo teve por objectivo estudar a forma como os pais imaginam o seu bebé e perceber até que ponto o bebé que nasce é por eles sentido como correspondente ao imaginado. Analisou-se também a relação estabelecida, após o nascimento, entre pai, mãe e o novo bebé.

Os dados foram recolhidos a partir do estudo de caso com quatro casais, em que dois deles eram pais do primeiro filho. Como metodologia, recorreu-se à aplicação, em dois períodos distintos, da Entrevista-R (Stern *et al.*, 1989) a pai e a mãe. A primeira aplicação ocorreu no início do último trimestre da gravidez, a segunda num período compreendido entre as seis e as dez semanas de vida do bebé. Dados que foram complementados com quatro observações segundo o Método de Observação de Esther Bick a cada um destes casais e seu respectivo bebé.

Da análise dos dados recolhidos, percebeu-se que cada bebé é imaginado segundo uma história individual. E a percepção que se tem do bebé real é também tradutora de uma rede de afectos. Verificou-se que todos os casais tiveram capacidade para imaginar um bebé com características bem definidas, fazendo individualmente boas previsões relativamente à futura relação de pais daquele filho. Contudo, isso não se verificou em todos os casos. Das quatro tríades estudadas, duas foram consideradas ajustadas, uma delas num ajustamento progressivo e a outra claramente desajustada.

---

[1] O presente artigo resulta de um trabalho desenvolvido como Monografia de Licenciatura em Psicologia, realizada em 2005, no Instituto Superior de Psicologia Aplicada (ISPA).

[2] Membro do NIB. Psicóloga, com formação na área de Clínica. Actualmente desenvolve o Mestrado em Psicologia do Desenvolvimento sobre a gravidez durante a adolescência, no Instituto de Psicologia da Universidade Federal do rio Grande do Sul (UFRGS), Brasil.

Email: evadiniz@gmail.com

PALAVRAS-CHAVE: Interacção pais-bebé; Bebé Imaginário; Bebé Real; Entrevista-R; Método de Observação de Esther Bick

TITLE: *Being a baby: From affection to relationship*

ABSTRACT: *The aim of the present study was to understand how the parental couple imagines their baby during the pregnancy and to understand how far the baby, once born, is felt by them to correspond to the baby previously imagined. We have also analyse how the relationship between the father, mother and the new baby is established. For a better understanding of these processes, Interview-R (Stern et al., 1989) was applied at two distinct moments: at the beginning of the last term of gestation and at a stage subsequent to the birth of the baby. This information was complemented by Esther Bick's Method of Observing Babies. Thus, it was possible to understand the transition on both an individual basis and as a couple into a relationship with the baby, or that is, how the transition from man/wife to father/mother comes about.*

From the analysis of the data collected, we realised that each baby is imagined according to an individual history. And the perception of the real baby is also the translator of a network of affect. It was also confirmed that all the couples had the capacity to imagine a baby with well-defined characteristics, to whom they could direct their affections, making individually good forecasts about the future parental relationship towards that child; that, however, did not always happen. Of the four triads studied, two were considered well–adjusted, one of them in progressive adjustment, and one clearly maladjusted.

KEYWORDS: *Parents-Baby Relationship; Imaginary Baby; Real Baby; R-Interview; Esther Bick's Observation Method*

Ao pensar-se num bebé é necessário pensá-lo juntamente com os seus pais, já que é da qualidade dessa relação, estabelecida desde os primeiros instantes (Brazelton e Cramer, 1989/2001; Gomes-Pedro, 1985; Stern, 1985/1992), que se desenvolverão as competências do bebé, não só físicas e cognitivas, mas também emocionais e psíquicas.

Mas esta relação começa a ser construída muito antes de o bebé nascer, já durante o período gravídico, quando os pais sonham com o seu bebé (Stern e Bruchhweiller, 1998/2001), imaginando não só como ele irá ser e que características terá, mas também como serão eles como pais daquele bebé, que ainda não conhecem mas relativamente ao qual se sentem já ligados (Lebovici, 1994a; Lourinho, 1997; Piccininni *et al.*, 2004). E é por sonharem e investirem no bebé que os pais se organizam e se preparam, de forma criativa e útil, para o seu futuro papel, antecipando acontecimentos e atitudes a elas associadas. Cenários construídos em função das suas expectativas e medos, de acontecimentos e experiências passadas, assim como de prioridades e de valores individuais (Gomes-Pedro, 1985; Soulé, 1987).

E o bebé, ao nascer, revela-se possuidor de inúmeras competências comportamentais e relacionais (Brazelton, 1995/2004; Gomes-Pedro, 1985; Stern, 1977/1990), tomando um papel activo na relação que estabelece com os seus pais. E é através das suas capacidades para influenciar e estimular os comportamentos parentais e da disponibilidade parental para o compreender e lhe responder que se estabelece uma forte relação entre todos eles. Tudo correndo bem a partir desta relação exclusiva e única, o mundo ganhará significado para o bebé, permitindo-lhe sentir-se, ele próprio, como um elemento significante do mundo.

Ao observarem-se as sequências interactivas entre um bebé e a mãe, sobressai, desde os primeiros dias de vida, a sincronização dos seus movimentos, comportamentos motores e verbais. Esta é a capacidade para captarem o interesse e expressões do outro de forma a serem entendidos (Sá, 1997). Actualmente, o bebé é considerado pessoa, organizador do seu mundo pela capacidade inata de estabelecer relações, distinguir, seleccionar e categorizar. Esta perspectiva, introduzida por Bowlby (1969/1984), do recém-nascido como animal social, fez considerar as interacções significativas (passaram de unívocas a recíprocas) como forma de se estabelecerem e desenvolverem (Cramer e Palacio-Espasa, 1994).

O nascimento do bebé obriga os pais a reorganizarem os seus movimentos identificatórios e a relação com os seus imagos parentais, surgindo uma nova e dupla série de identificações: dos novos pais aos seus pais, do bebé esperado ao bebé que nasceu e de todos eles àquele bebé concreto. A experiência da maternidade resultará das reorganizações relacional e fantasmática, julgadas irreconciliáveis. Tal é possível por o nascimento ser um momento de crise que abre a possibilidade de alterar todos os cenários fantasmáticos até aí construídos (Dayan, 1997).

A ideia que a mãe faz do seu filho recém-nascido, segundo Gomes--Pedro (1985), sofre forte influência, desde o primeiro momento, de duas forças confrontativas: a reacção da mãe ao temperamento, comportamento e aspecto físico do seu bebé, mas também as esperanças, medos e desejos construídos durante a gravidez, relacionados com o que viria a ser o filho e a forma como se relacionaria com ele.

Chbani e Pérez-Sánchez (1998) introduzem o conceito de Unidade Originária, onde se introduz o pai, considerado como o terceiro elemento. Presença que, segundo os autores, é fundamental por, através dele, a mãe elaborar a sua capacidade de *rêverie*. Ou seja, a capacidade de *rêverie* materna constituir-se-ia a partir da capacidade de *rêverie* paterna, onde ambos se estimulam mutuamente perante o bebé e sua capacidade de auto-nomia. Perante esta unidade, constituída por três pessoas que se relacio-nam entre si e com o seu bebé de forma diferente, ensinam-no também a relacionar-se de forma diferente com aqueles que o rodeiam. O bebé faz uma introjecção de cada um dos elementos com que se relaciona, constrói a unidade de cada um.

Quanto mais cedo os pais perceberem as reais características do seu bebé, mais depressa se afastarão daquelas que tinham construído sobre ele e, só assim, surgirá a verdadeira ligação. Através desta ligação, a criança desenvolverá as suas características psíquicas: sentimento de si, temores, medos e afeições; sentimentos em relação aos outros e ao relacionamento que se pode estabelecer entre estes; juízos acerca do bom e do mau, do feio e do belo; ideias acerca da vida e da morte, do humor e da tristeza (Lebo-vici, 1994a). O seu crescimento e experiência vão moldar todos estes sen-timentos e conceitos, e só o fará com confiança se tiver em quem confiar (Gessell, 1980).

A interacção mãe-bebé estabelece-se desde os seus primeiros encon-tros (Figueiredo, 2001a), onde cada par é único e cada bebé se desenvolve segundo o seu próprio ritmo e cria uma relação íntima com a mãe (Sousa, 2004). Esta interacção será determinante para a vida, na medida em que é a partir dela que o bebé aprende a relacionar-se com as outras pessoas (Stern, 1977/1990), assim como a interacção estabelecida com a mãe molda a «experiência futura da criança com o mundo, pessoas e objectos, porque nesses precisos momentos a criança está também a aprender a respeito de si e do que pode esperar dos outros» (Bowlby, 1973/1978, cit. por Figuei-redo, 2001, p. 6).

E o bebé só existe na medida em que lhe é reconhecida a existência, ou seja, aquilo que o bebé constrói sobre si próprio, como pessoa, é somente aquilo que os pais lhe permitiram construir (e ser) a partir da atri-buição que deram àquilo que foi feito por ele (Figueiredo, 2003). Cons-trução iniciada desde o seu nascimento, já que ele nasce com elevada sensibilidade em todos os seus órgãos sensoriais, direccionados para os estímulos humanos, organizadores de uma pré-adaptação social, com os quais elaborarão um conhecimento da mãe, de si e de tudo aquilo que os rodeia (Figueiredo, 2001, cit. por Figueiredo, 2003).

Mas o bebé também exerce uma acção sobre os pais, transforma-os e pelas suas características actuará junto deles, conquistando (se estes o permitirem) o lugar que até aí era ocupado pelo bebé imaginário (Soulé, 1987).

Como mencionámos anteriormente, é através da relação entre os pais e o seu bebé que este se organiza nos seus ritmos e se apreende enquanto pessoa, sendo-lhe atribuído um reconhecimento e uma existência (Stern, 1997). Tal como disse Lebovici (1998), o bebé, ao nascer, precisa de sentir que pertence a uma família, onde há um elo que liga todos e onde cada um possui um lugar e um papel para cumprir.

Ferreira (2002) diz que a criança que não sabe quem é, não se imagina, não sonha, não pensa. O bebé precisa de um absoluto amor da mãe; mais necessário que o alimento é sentir o amor de quem lho oferece. Através dele, o bebé adapta-se às dificuldades da não satisfação (Winnicott, 1975). Gonçalves (2003b) acrescenta que a desadaptação precoce no relacionamento mãe-bebé poderá originar as perturbações de comportamento, instabilidade, desconfiança e dificuldades de aprendizagem. A estas dificuldades está associado o temperamento da criança, inclusive a sua resiliência. Para a autora, o desenvolvimento desta capacidade depende de factores protectores, enquanto a vulnerabilidade implica a existência de factores de risco.

Actualmente, defende-se que é pela existência de figuras significativas e de uma coerência relacional que tal acontece, ou seja, é pela ligação precoce que o bebé adquire a sua disponibilidade para explorar aquilo que o rodeia, para brincar. Quando os pais possuem equilíbrio relacional respondem, com afecto e sem exigências, aos pedidos do filho. Esta atitude faz com que a criança interiorize um sentimento de confiança relacional. No caso das respostas serem pouco atentas e coerentes, estas não oferecem nem segurança nem conforto, desencorajam a procura de objectos exteriores, o que faz com que a representação da relação e de si próprio fique afectada (Ammaniti, 1991). É pela interiorização de uma boa figura que a criança poderá relacionar-se com os outros, de forma segura e confiante, sem temer o seu afastamento (Ainsworth, 2000; Ammaniti, 1991). Estudos feitos mostram que pessoas alvo de relações pouco seguras têm tendência a esquecer as suas primeiras experiências de vida e relatam-nas sem qualquer emoção. Ammanitti (1991) explica este fenómeno através da exis-tência de fortes mecanismos defensivos, nomeadamente clivagem e dene-gação, que anulam todas as experiências dolorosas, o que permite manter uma imagem idealizada de si e dos outros.

Por esse motivo, pareceu-nos pertinente a realização deste trabalho, numa tentativa de melhor compreender como se organizam as relações pais-bebé nos primeiros tempos de vida. Ou seja, como é construída a capacidade parental para se identificar, compreender e responder ao bebé, já que é através da sua capacidade de resposta que este terá recursos para construir um bom desenvolvimento psíquico (Brazelton e Cramer, 1989). Tal como disse Stern (1977/1990), uma relação é determinada pela histó-ria das interacções individuais, embora vá muito além destas.

Para termos uma melhor compreensão de todo este processo, neste trabalho optou-se por recorrer à Entrevista-R (Stern *et al.*, 1989), aplicada em dois momentos distintos: no início do último trimestre de gestação e numa fase subsequente ao nascimento do bebé. A utilização deste instru-mento permitiu-nos compreender o imaginário parental sobre o bebé e a forma como o percepcionam após o nascimento e do relacionamento com ele estabelecido. A informação recolhida foi complementada com o Método de Observação de Bebés de Esther Bick e, assim, foi possível compreender como é feita a transição, a nível individual e de casal, para o relaciona-mento com o bebé, ou seja, a forma como é feita a passagem de homem/ /mulher a pai e mãe.

OBJECTIVO

Este trabalho teve como objectivo de investigação perceber como é construído e representado pelo casal parental o bebé imaginário, o bebé real e como com ele se relacionam, ou seja, antes e depois do nascimento.

METODOLOGIA

Amostra

Amostra recolhida por conveniência, segundo os objectivos do estudo: quatro casais, cuja mulher se encontre no último trimestre da gravidez. Em dois dos casos eram pais do primeiro filho e os outros dois já não eram primíparos. Casais com idades compreendidas entre os 27 e os 37 anos. Todos eles são casados e pertencentes à classe média/média-alta.

Dois dos casais foram contactados através do Centro de Saúde da Ajuda, onde frequentavam as aulas de preparação para o parto. Os outros dois foram directamente por mim contactados, a partir de intermediários de conhecimento comum.

Todas as gravidezes foram planeadas e desejadas. E à data da primeira aplicação da Entrevista-R, já todos os pais sabiam o sexo do bebé que esperavam. Os bebés possuíam também o nome escolhido, excepto o Tomás.

Caso 1 – Bebé Tomás[3]

A mãe tem 32 anos, é professora. O pai tem 33 anos e é electricista. Estão casados há 6 anos e já têm uma filha, a Joana, actualmente com cinco anos. O Tomás nasceu às 37 semanas, de parto normal, com 3140gr.

Caso 2 – Bebé Gonçalo

A mãe tem 30 anos, é arquitecta, embora actualmente se encontre desempregada. O pai tem 27 anos, é músico, mas trabalha como motorista de transportes públicos. Estão casados há 7 anos. O Gonçalo é o primeiro filho e nasceu às 38 semanas de cesariana, com 2900gr.

Caso 3 – Bebé Matilde

A mãe é licenciada em comunicação social, tem 32 anos. O pai é engenheiro mecânico, tem 40 anos. Estão casados há 7 anos e já têm dois filhos, o Tomás e o Lourenço, com quatro e dois anos, respectivamente. A Matilde nasceu às 38 semanas de parto eutócito, com 3150gr.

Caso 4 – Bebé Leonor

A mãe tem 37 anos e frequenta o 4.º ano de direito. O pai tem 31 anos, é jurista. Estão casados há 2 anos. A Leonor é a primeira filha do casal e nasceu de cesariana, às 37 semanas com 3050gr.

---

[3] Os nomes apresentados foram alterados para garantir a confidencialidade dos dados.

Instrumentos

- **Entrevista R** (Stern *et al.*, 1989), que tem por objectivo avaliar as representações maternas relativamente ao seu filho.
Por representações maternas, os autores entendem «todas as fantasias da mãe, os seus medos, desejos, distorções, percepções selectivas, atribuições, etc.» (Stern *et al.*, 1989, p. 151). Representações consideradas sobre vários aspectos: no seu conteúdo ou às características subjacentes a este (coerência e consistência das representações) e a dimensão destas representações (investidas/não investidas...).
Neste estudo, o instrumento foi também aplicado ao pai, passando a colocar-se o termo *pai* onde estava *mãe*. Nas questões que remetiam para a identificação parental, foram questionados relativamente à identificação com a sua figura paterna. A Entrevista-R abrange dez temas gerais, sendo constituída por vinte e oito questões. Os temas aprofundados nesta entrevista são:

- **I – descrição da criança** feita pela sua mãe; recorre-se ao uso de pistas («Pensou em todas as características do seu bebé, independentemente de serem boas ou más?»), no caso de não se obterem dados suficientes na resposta anterior. Estas questões permitem aceder a dois aspectos das representações maternas: riqueza *vs* pobreza das descrições obtidas (pelos adjectivos utilizados), assim como a tonalidade afectiva que nelas transparecem;
- **II – acontecimentos passados relevantes** na vida da criança que tenham tido um papel significativo na construção da representação que a mãe tem do seu filho;
- **III – auto-descrição do seu papel de mãe**, onde se procura perceber a forma como a mulher se auto-representa no seu papel de mãe;
- **IV – descrição que a mãe faz da sua própria mãe**, ou seja, a forma como esta mãe percepcionou o desempenho materno da sua progenitora, enquanto ela era criança;
- **V – forma como a criança é identificada na família**, que permite avaliar a forma como a mãe pretende que o seu filho se posicione e se insira na família que o recebe. Os autores referem que muitas vezes surgem alterações na resposta de pré-teste e pós-teste;
- **VI – influência de acontecimentos passados e presentes na mãe**,

especialmente aqueles que ocorreram durante a sua infância e que possam influenciar a construção a representação que se terá daquele bebé e avaliar o seu impacto na relação;

- **VII – afectos associados a representações**, ou seja, afectos que transparecem nos relatos maternos ao descrever/relatar acontecimentos que envolvam o seu filho;
- **VIII – desejos/medos** face ao futuro da criança e relacionamento de díade/tríade;
- **IX – auto-estima**, que procura avaliar as mudanças afectivas que a mãe sente e que poderão influenciar a forma como percepciona o bebé, a sua existência passada, a relação com aqueles que a rodeiam, entre outros;
- **X – outros**, onde se dá a oportunidade de os pais falarem de algo que considerem relevante e que não tenha sido abordado.

- **Método de Observação de Esther Bick** (1963), que consiste na deslocação do observador à casa do bebé, numa hora e dia da semana previamente combinados e que, preferencialmente, se mantenha fixo durante o período em que decorre a observação. Segundo Esthers Bick (1963), a continuidade do observador é fundamental para que haja espontaneidade nas acções daqueles que observa, deixados livres para interagirem de forma habitual. A observação obedece a uma metodologia específica, semelhante à relação terapêutica, já que ocorre num dia e hora da semana, fixo e previamente estabelecido, em que o observador se mantém numa posição de neutralidade e abstinência, não interferindo nos acontecimentos naturais da família (Lourenço, 2005).

A observação de bebés no contexto relacional é o melhor meio para conhecer e perceber o início da vida psíquica do ser humano e das relações precoces, em que o fio condutor está sempre nas referências psicanalíticas do observador e nos processos de transferência e contra-transferência (Gonçalves, 2003). A postura do observador é a da escuta activa, com total disponibilidade e receptividade pelo outro, em que se segue atentamente todos os seus movimentos e se reelabora internamente todos os conteúdos pertencentes à realidade (Lourenço, 2005).

PROCEDIMENTO

Foram contactados quatro casais, cuja gravidez da mulher se situava entre o final do segundo trimestre e início do terceiro. Dois deles (os pais do Gonçalo e da Madalena) foram contactados através das aulas de preparação para o parto que frequentavam no Centro de Saúde da Ajuda e os restantes contactados através de um intermediário de conhecimento comum.

Os casais foram escolhidos por conveniência, de acordo com os objectivos do estudo. Explicou-se o objectivo e a metodologia do trabalho e foi-lhes perguntado se estariam interessados em colaborar.

Após resposta afirmativa, foi combinado um encontro seguinte, em que se fez uma primeira entrevista, recolheram-se os dados sócio-demográficos e os pais tiverem oportunidade para esclarecer dúvidas e colocar questões. Esclareceu-se a forma como se procederia às observações após o nascimento do bebé. Seriam feitas quatro observações, em que o observador se deslocaria em visitas domiciliárias semanais, cada uma delas com a duração média de cinquenta minutos num dia e hora previamente combinados. Pediu-se aos pais para não alterarem rotinas em função da presença do observador. Não se procedeu a filmagens/gravações. O registo foi feito num momento posterior. Foi-lhes dito que se pretendia iniciar as observações antes do bebé completar um mês de vida. Combinou-se novo encontro para a primeira aplicação a ambos os pais da Entrevista-R.

O encontro seguinte combinou-se para após o nascimento do bebé, altura em que se iniciariam as observações semanais segundo o método Esther Bick, depois de terem alta hospitalar e já estarem em casa há pelo menos duas semanas.

Idealmente esta observação seria sempre ao mesmo dia e hora da semana, o que nem sempre foi possível. Pretendia-se ainda a presença do pai nas observações, o que nem sempre aconteceu. Nas quatro observações pais-bebé foi recolhido o material que seria posteriormente discutido e interpretado no seminário de orientação de monografia. Após a quarta (e última observação) pediu-se a ambos os pais para responderem novamente à Entrevista-R e responderem a um pequeno questionário por mim elaborado. A nova aplicação da Entrevista-R permitiu comparar a informação obtida anteriormente, relativamente ao bebé imaginário, com aquela respeitante ao bebé real. Completando-a com a informação do questionário por mim elaborado.

RESULTADOS

Análise da Entrevista-R

Seguidamente apresentam-se as informações retiradas da Entrevista-R. Devido à extensão e complexidade deste instrumento, optamos por tratar a informação considerada como mais relevante no estabelecimento da relação inicial pais-bebé. Desta forma, avaliou-se a percepção que pai e mãe fazem do seu bebé; a percepção que fazem de si enquanto pai e mãe, mas também como homem e mulher; e a forma como são percepcionadas as figuras parentais e a relação com elas estabelecida. Todas as respostas obtidas foram comparadas, analisando a sua variação entre o primeiro e o segundo momento de aplicação.

Análise global das respostas obtidas na Entrevista-R[4]

Tomás

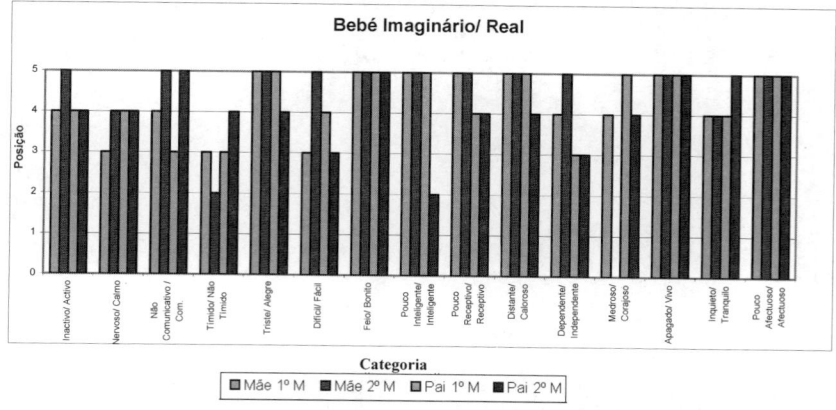

---

[4] Para a elaboração destes gráficos foram trocadas a posição de alguns dos itens, de forma a poder ser feita uma leitura correcta.

Ser bebé tornar-se pessoa

Gonçalo

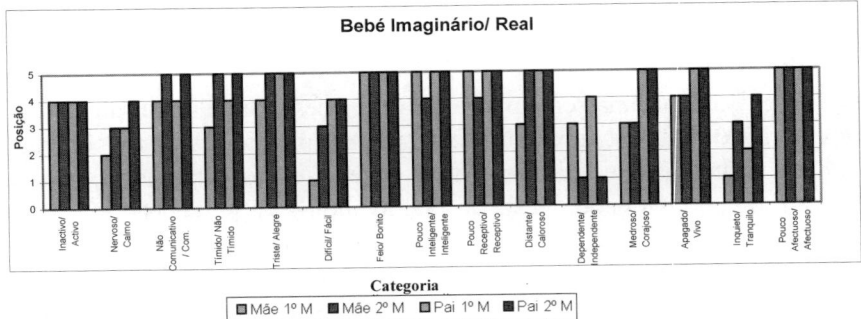

Matilde

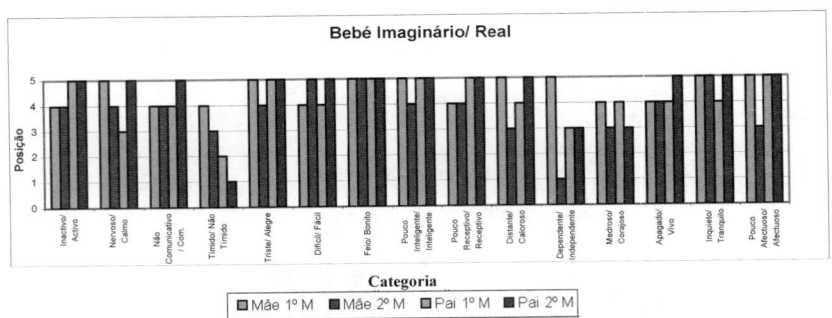

Leonor

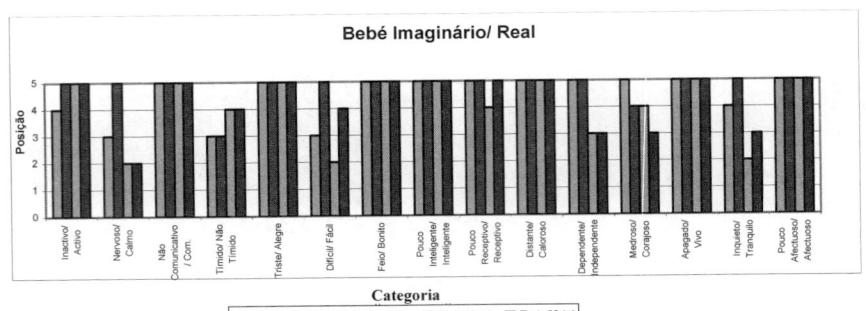

Pela análise dos gráficos, verifica-se que os pais tendem a considerar o bebé real mais prazeroso e satisfatório do que o imaginado. Regra geral, o bebé real é sentido, por pai e mãe, como satisfatório e gratificante.

Apesar do bebé imaginário ser caracterizado, na maioria dos seus itens, como moderadamente positivo, o bebé real superou, em todos os casos, as expectativas. As posições da sua caracterização tendem a ocupar um posicionamento extremado. Pode-se assim concluir que, face ao bebé real, nenhum destes pais se mostrou decepcionado ou desiludido com o filho que tem, em detrimento daquele que tinha imaginado.

Numa análise mais detalhada, observa-se que, no geral, o item medroso/ /corajoso foi aquele em que surgiram maiores dificuldades de caracterização por parte dos pais, que, no segundo momento, tenderam a caracterizar este item como intermédio. Exceptuando o pai da Matilde, todos os outros, no primeiro momento de aplicação, consideraram o seu bebé como extremamente corajoso; enquanto as mães lhe tendiam a atribuir uma posição intermédia. Contudo, após o nascimento do bebé, todas as figuras parentais percepcionaram esta característica num posicionamento intermédio ou moderado. Verifica-se, também, que praticamente todos os pais consideram o seu bebé real como extremamente comunicativo, embora durante a gravidez alguns avaliassem esta característica como intermédia ou moderada. Também todos, sem excepção, imaginaram o seu bebé como extremamente bonito e inteligente; respostas que no segundo momento tenderam a manter-se; apenas um pai e duas mães alteraram as suas respostas, considerando o bebé real como menos inteligente do que tinham imaginado.

Percepção do papel parental

Tomás

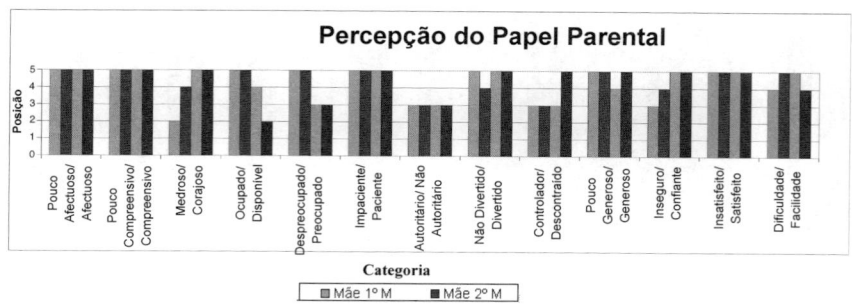

Gonçalo

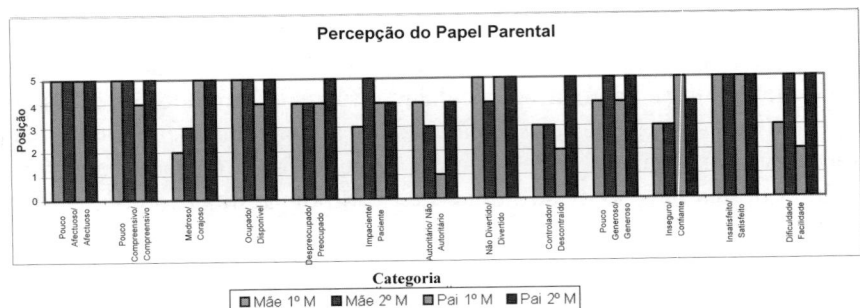

Matilde

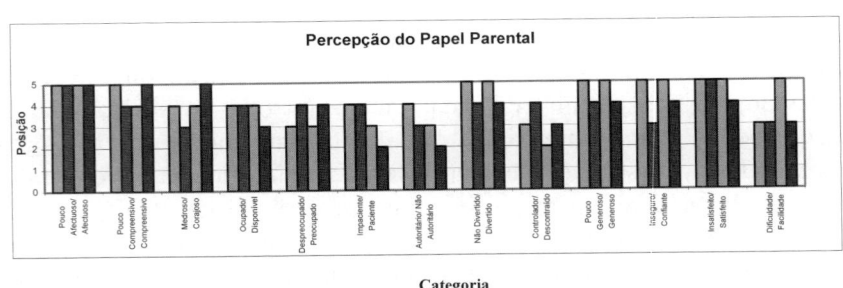

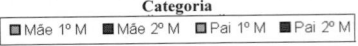

Leonor

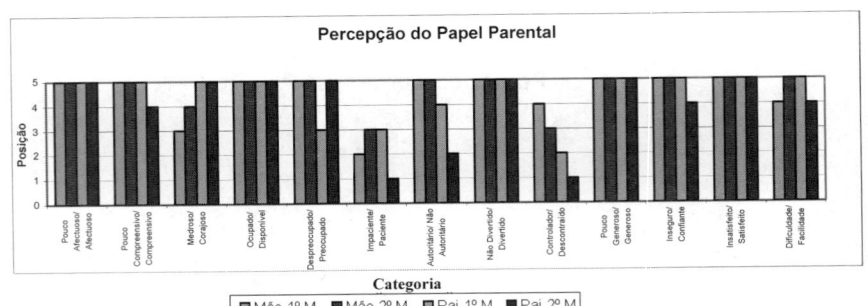

A percepção que ambos os pais têm do seu papel parental revelou-se muito positiva e, regra geral, melhor que a imaginada no período de gravidez. Com o nascimento do bebé, verifica-se que os pais tendem a sentir--se mais competentes e confiantes no cumprimento do seu papel. Observa--se que somente a mãe da Matilde não se avaliou como mais corajosa depois do nascimento da sua bebé. Durante a gravidez, as mulheres tendiam a atribuir a esta característica um posicionamento relativo, elevando--o após o nascimento do filho. Quanto aos homens, tenderam a caracterizar este item como máximo nos dois momentos de aplicação da Entrevista-R. Apenas o pai da Matilde o caracterizou como moderado no período pré--parto, mas maximizou-o com o nascimento da filha.

De maneira geral, também pai e mãe se caracterizam na actualidade como mais controladores do que tinham imaginado. Apenas o pai do Tomás se sente agora muito mais descontraído do que no primeiro momento. E a mãe do Gonçalo mantém o seu nível de controlo numa posição intermédia. Verifica-se, também, a tendência para todas as figuras parentais se sentirem extremamente generosas no desempenho do seu papel, mesmo quando não se caracterizavam assim durante a gravidez. Apenas os pais da Matilde se percepcionam no período pós-parto como moderadamente generosos, enquanto esta característica foi por eles avaliada como máxima no período de gravidez.

Numa análise global, observa-se que os níveis de confiança no desempenho do papel parental tendem a manter-se estáveis nos dois momentos. Verifica-se, também, que tanto o pai como a mãe avaliam como máxima a satisfação no desempenho do seu papel em ambos os momentos.

A facilidade no desempenho do papel parental após o nascimento do bebé é percepcionada como maior do que a imaginada nas mães que, durante a gravidez, a caracterizaram como moderada; enquanto os pais a tendem a avaliar agora como diminuta relativamente à posição máxima que lhe atribuíram durante a gravidez. Apenas a resposta do pai do Gonçalo se destaca, considerando ter agora mais facilidade no desempenho do papel do que tinha imaginado.

Percepção do papel homem/mulher

Tomás

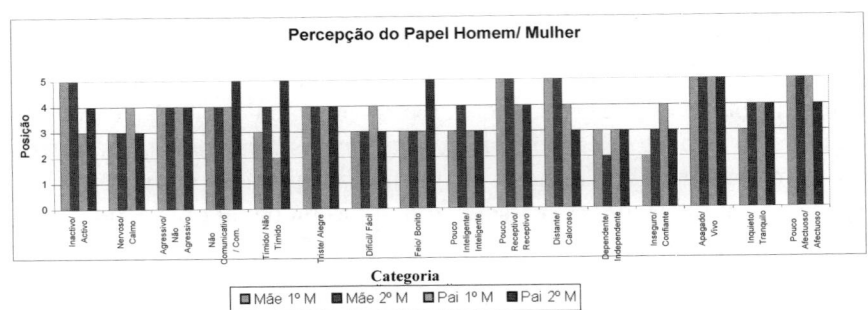

Gonçalo

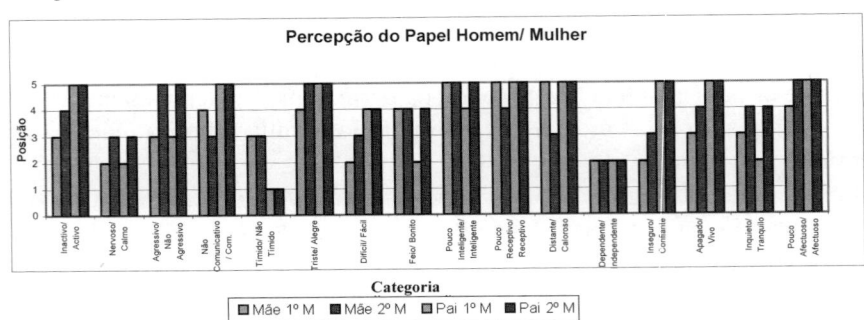

Matilde

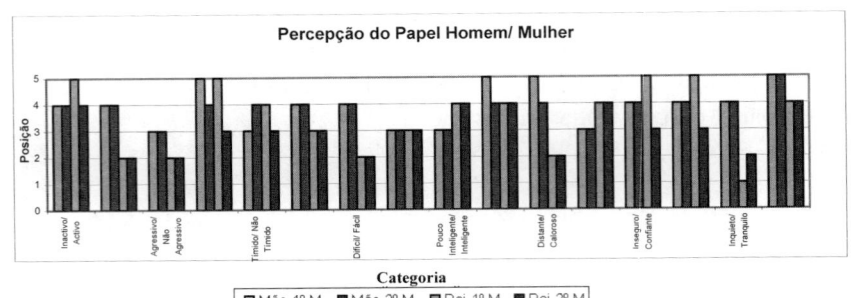

Leonor

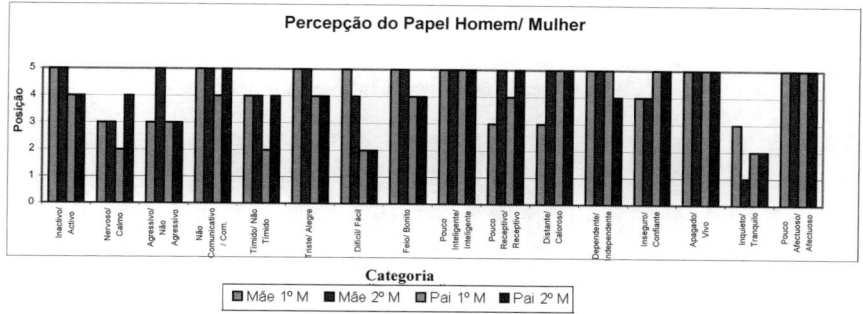

Verifica-se a tendência de tanto o pai como a mãe se percepcionarem de forma mais positiva após o nascimento do bebé. Com o nascimento do filho, sentem-se reforçados no desempenho dos seus papéis de homem e mulher. Apenas as respostas do pai do Tomás se destacam das restantes, ao avaliar-se globalmente de forma menos positiva no momento posterior ao nascimento do bebé. Os pais da Matilde também mostraram uma tipologia de resposta distinta das restantes, já que a maioria das suas características tende a manter-se nos dois momentos, verificando-se a existência de poucas alterações. Contudo, existem algumas categorias vistas como negativamente afectadas num período subsequente ao nascimento do bebé.

A caracterização feita pelo pai do Tomás relativamente ao seu afecto também se destaca das restantes, já que as outras figuras parentais caracterizaram o seu afecto como máximo em ambos os momentos de aplicação. Este pai considera-se menos afectuoso no período subsequente ao nascimento do bebé que naquele que o antecede. Regista-se que, na sua percepção actual, enquanto homens e mulheres, há a tendência para estes pais se considerarem, após o nascimento dos seus filhos, como pessoas mais receptivas e comunicativas.

Apesar das variações ligeiras, observa-se que o nascimento do bebé trouxe modificações à forma como os pais se avaliavam e, no geral, esta avaliação sai beneficiada com este nascimento, ao qual tendem a corresponder características de satisfação e bem-estar.

Relação com as figuras parentais

Tomás

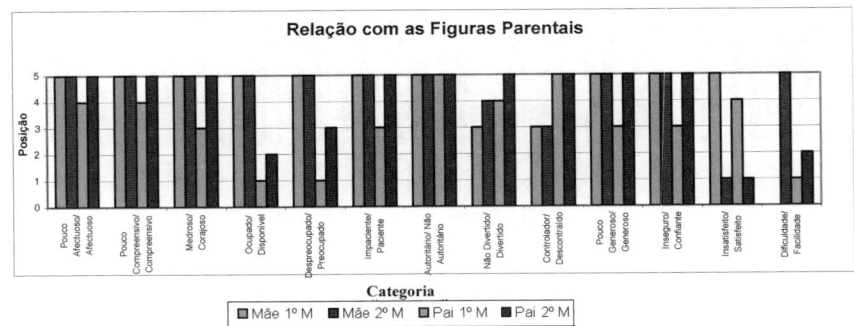

Gonçalo

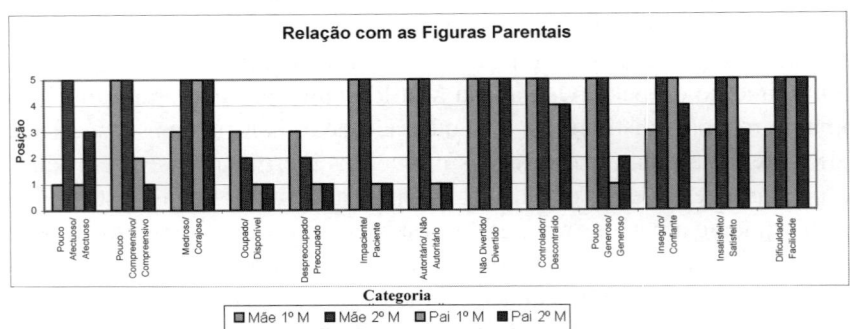

Matilde

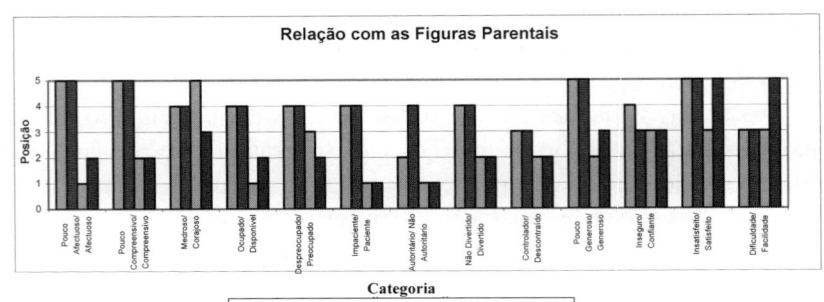

Leonor

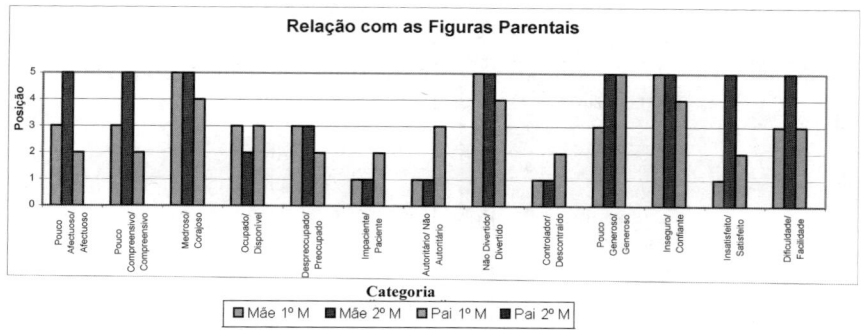

No geral, observa-se que as figuras parentais tendem a ser melhor avaliadas após o nascimento do bebé que num momento anterior.

Apesar da caracterização das figuras parentais não seguir qualquer tipo de padrão no primeiro momento de aplicação, verifica-se que, com o nascimento do bebé, todas elas tendem a ser avaliadas como mais positivas. As mães parecem ter uma maior aproximação à sua figura materna, atribuindo um posicionamento moderada ou extremamente positivo na sua caracterização. Os pais revelam uma maior contenção na avaliação feita às suas figuras paternas, embora seja uma percepção que, após o nascimento do bebé, também sai melhorada.

Verifica-se que, tanto o pai como a mãe, no segundo momento de aplicação da Entrevista-R, consideram as suas figuras parentais como mais afectuosas que no momento anterior ao nascimento do bebé. Observou-se também que duas das mães consideram, após o nascimento do bebé, a disponibilidade da sua própria mãe como inferior àquela que tinham imaginado.

Dos casos analisados, regista-se a tendência para o nível de autoridade e controlo por parte das figuras parentais se manter constante nos dois momentos de aplicação.

Por outro lado, todos os pais e duas mães tendem a avaliar como mais confiantes a sua figura de referência, após o nascimento do seu próprio filho. As restantes mães mantêm a sua resposta nos dois momentos.

A forma como estes pais avaliam o nível de satisfação dos seus próprios pais no desempenho deste papel também se revelou heterogénea. Contudo, parece-nos que as mães tendem a atribuir uma maior satisfação no desempenho deste papel no segundo momento de aplicação (apenas uma

Tabela-resumo das quatro observações

Tomás

CATEGORIAS	SUB-CATEGORIAS	M	P
Linguagem/fala	Directivas	8	1
	Críticas	0	0
	Elogios	10	0
	Comentários	24	0
	Respostas contingentes às vocalizações do bebé	13	0
Comportamentos tácteis	Afecto	16	0
	Intrusivos	2	0
	Estímulos musculares	2	0
Outros comportamentos	Olhar	22	2
	Sorriso	12	2
	Amamentar	11	0
	Cuidar	36	2
Respostas ao desconforto	Tácteis	9	1
	Verbais	11	0
Introdução do 3º elemento	Pai/Mãe	0	0
	Observador	4	0
	Outros elementos	0	0
Mediatização do ambiente	Apresentação de objectos	0	2
	Liberdade de movimentos	3	0
Linguagem do bebé	Vocalizações	11	
	Choro	23	
Comportamentos do bebé	Movimentos	19	
	Toque	4	
	Olhar	28	
	Sorriso	12	
	Sugar/mamar	16	
	Vigília/sono	19	
Comportamentos de interacção Mãe/Pai-bebé	Olhar mútuo	10	0
	Sorriso mútuo	10	0
	Jogo/brinca-deira	7	0
	Contacto pele/pele	8	0
Relação M/P-Observador	Fala	38	0
	Comportamentos	0	1

Gonçalo

CATEGORIAS	SUB-CATEGORIAS	M	P
Linguagem/fala	Directivas	3	2
	Críticas	4	0
	Elogios	8	5
	Comentários	20	10
	Respostas contingentes às vocalizações do bebé	3	2
Comportamentos tácteis	Afecto	12	9
	Intrusivos	3	0
	Estímulos musculares	0	0
Outros comportamentos	Olhar	25	12
	Sorriso	12	10
	Amamentar	2	0
	Cuidar	15	9
Respostas Desconforto bebé	Tácteis	2	2
	Verbais	0	1
Introdução do 3º elemento	Pai/Mãe	3	0
	Observador	0	2
	Outros elementos	0	0
Mediatização do ambiente	Apresentação de objectos	0	1
	Liberdade de movimentos	2	1
Linguagem do bebé	Vocalizações	5	5
	Choro	7	7
Comportamentos do bebé	Movimentos	18	
	Toque	4	
	Olhar	23	
	Sorriso	7	
	Sugar/mamar	8	
	Vigília/sono	12	
Comportamentos de interacção Mãe/Pai-bebé	Olhar mútuo	7	5
	Sorriso mútuo	3	1
	Jogo/brincadeira	3	4
	Contacto pele/pele	4	3
Relação M/P-Observador	Fala	35	8
	Comportamentos	2	2

Matilde

CATEGORIAS	SUB-CATEGORIAS	M
Linguagem/fala Da mãe	Directivas	16
	Críticas	2
	Elogios	11
	Comentários	51
	Respostas contingentes às vocalizações do bebé	11
Comportamentos tácteis	Afecto	20
	Intrusivos	0
	Estímulos musculares	0
Outros comportamentos	Olhar	35
	Sorriso	17
	Amamentar	9
	Cuidar	54
Respostas desconforto bb	Tácteis	10
	Verbais	11
Introdução do 3º elemento pela mãe	Pai	3
	Observador	4
	Outros elementos	2
Mediatização do ambiente pela mãe	Apresentação de objectos	2
	Liberdade de movimentos	3
Linguagem do bebé	Vocalizações	7
	Choro	24
Comportamentos do bebé	Movimentos	16
	Toque	8
	Olhar	30
	Sorriso	0
	Sugar/mamar	13
	Vigília/sono	23
Comportamentos de interacção mãe-bebé	Olhar mútuo	16
	Sorriso mútuo	0
	Jogo/brincadeira	1
	Contacto pele/pele	10
Relação Mãe-observador	Fala	30
	Comportamentos	0

Leonor

CATEGORIAS	SUB-CATEGORIAS	M	P
Linguagem/fala	Directivas	7	1
	Críticas	0	0
	Elogios	18	3
	Comentários	45	14
	Respostas contingentes às vocalizações do bebé	12	4
Comportamentos tácteis	Afecto	23	9
	Intrusivos	0	0
	Estímulos musculares	0	0
Outros comportamentos	Olhar	26	16
	Sorriso	21	11
	Amamentar	3	0
	Cuidar	39	14
Respostas Desconforto bb	Tácteis	4	2
	Verbais	4	0
Introdução do 3º elemento	Pai/Mãe	11	2
	Observador	7	0
	Outros elementos	0	0
Mediatização do Ambiente	Apresentação de objectos	1	2
	Liberdade de movimentos	3	3
Linguagem do bebé	Vocalizações	10	
	Choro	19	
Comportamentos do bebé	Movimentos	30	
	Toque	6	
	Olhar	24	
	Sorriso	8	
	Sugar/mamar	4	
	Vigília/sono	13	
Comportamentos de interacção Mãe/Pai-bebé	Olhar mútuo	16	4
	Sorriso mútuo	4	2
	Jogo/brincadeira	3	2
	Contacto pele/pele	14	6
Relação M/P-Observador	Fala	26	8
	Comportamentos	3	2

mãe considerou este nível de satisfação como inferior) relativamente ao primeiro. E aqueles que no primeiro momento avaliavam este nível de satisfação como muito elevado, tendem a diminuí-lo no segundo momento.

Mas todos eles avaliam a facilidade do desempenho parental dos seus próprios pais como melhorado no segundo momento de aplicação.

Análise das Observações

As observações efectuadas foram registadas e analisadas através de uma grelha de análise de conteúdo. Das quatro observações feitas a cada uma das tríades construiu-se uma tabela de resumo que permite avaliar mais facilmente o tipo de interacção estabelecida e os modos de relacionamento e comunicação mais frequente entre cada um dos pais e o seu bebé.

ANÁLISE DOS RESULTADOS

Tomás

Bebé alvo de um grande investimento afectivo por parte dos pais durante o período gravídico. Ao descreverem como imaginavam o seu bebé, os pais faziam-no de forma adjectivada, associando-o a boas características. Tendiam a referi-lo não apenas no seu aspecto físico, mas também a nível do seu temperamento e naquilo que, no futuro, lhe(s) daria prazer. A capacidade parental para atribuir uma identidade ao bebé, a quem associam sentimentos e afectos, traduz um investimento num bebé que ainda não conhecem, o que possibilita a constituição do seu aparelho psíquico (Piccinini *et al.*, 2004), originando e sedimentando os primórdios da relação (Lebovici, 1994a; Sá, 1997).

Os pais, na primeira aplicação da Entrevista-R, descrevem-se de forma diferente: a mãe descreve-se, no seu papel, de forma idealizada; enquanto o pai valoriza o seu papel de educador para o filho, reforçador das características super-egóicas. Na descrição por ele feita sobressai a sua grande projecção no futuro da criança, com um enfoque e valorização no desempenho do seu papel nesse período, considerando-se como pouco importante antes disso. Também na caracterização do bebé real, estes pais tomam posições distintas: a mãe descreve-o como satisfatório, caracterizando-o de forma extremada; o pai tende a caracterizá-lo moderadamente, dei-xando transparecer alguma ambivalência relativamente à percepção que actualmente faz do bebé.

Da análise das observações destaca-se, neste casal, a ausência da for-mação da unidade originária (Chbani e Pérez-Sánchez, 1998). A não for-mação desta unidade observou-se não só fisicamente, já que o pai por indisponibilidade sua apenas esteve presente numa das quatro observa-ções, como por a mãe raramente o mencionar, directa ou indirectamente, na relação com o filho, e quando o faz é para se referir à ausência do marido. Durante a observação em que o pai esteve presente não se assistiu ao estabelecimento de uma relação triangular pais-bebé: pai e mãe não se relacionaram entre si, nem em conjunto com o bebé. Esta ausência da uni-dade originária pode ter reforçado na mãe as dificuldades relacionais com o bebé, uma vez que não possuía nenhum elemento exterior que funcio-nasse como mediador e suporte na sua relação com cada um dos seus filhos de forma individual.

O pai apenas interagiu com o bebé na ausência da mãe. Desta forma, não se assistiu ao descrito por Chbani e Pérez-Sánchez (1998): não há a estimulação mútua de pai e mãe perante o bebé. Este também não nos pareceu um pai que auxiliasse a mãe na construção da sua capacidade de *rêverie*, já que é um pai com dificuldade em relacionar-se com o bebé, brin-car com ele, ou consolá-lo. Observou-se também que, nos dois momentos em que o pai pega no bebé, o coloca de costas para si, posição que não facilita a relação interpessoal e intersubjectiva (Stern, 1985/1992).

Pela entrevista feita, percebe-se que este pai, embora empenhado na relação com o filho, só se avalia como significativo no futuro deste, ao exer-cer uma função de educador. Tal como foi descrito por Brazelton e Cramer (1989/2001), este filho será encarado como uma prova de virilidade, ao qual dirigirá um papel activo como educador, embora não o saiba fazer nesta fase inicial. Apesar de ser um pai que oferece *holding* ao bebé, não desenvolve com ele uma relação através do *handling* (Winnicott, 1975//1992), nem tem capacidade para, de forma flexível e contingente, intera-gir com o seu filho. Não revelou capacidade para nomear, significar e inte-grar as emoções do bebé (Sousa, 2004). Assim, na relação inicial pai-bebé parece não haver ainda o estabelecimento de uma relação interpessoal sig-nificativa e, por isso, o pai não possui uma construção identitária deste filho, a quem nunca chama pelo nome ou nomeia, não lhe oferecendo nem identidade de género ou biográfica. No entanto, na sua mente, existem já os primórdios de uma identidade sexual, onde projecta no futuro a criança como companheiro do futebol, do desporto... A mãe, contudo, revelou uma capacidade progressiva para se ajustar a este bebé, passando de uma interacção inicial com um carácter de funcionalidade para outra onde, progressivamente, vai introduzindo momentos de jogo e brincadeira (Lebovici, 1994). Tal como vem descrito, esta era uma mãe que, nas observações iniciais, revelou muita dificuldade em estar com os dois filhos em simultâneo, mostrou sentir-se muito pressionada e com pouca capacidade para responder a todas as solicitações que lhe surgiam. Dificuldades exteriorizadas nos comentários de alguma angústia e ansiedade.

Mas, com o progredir das observações, estes comportamentos tenderam a diminuir de frequência, registando-se uma sintonização crescente da mãe ao bebé. A mudança do registo interaccional é referida por Stern (1977), atribuindo-a à mutabilidade própria das relações humanas, o que permite a adaptação relacional. Contudo, verificou-se nas suas atitudes uma tendência para a projecção quando descreve o bebé em função das suas características, necessidades e desejos enquanto mãe. Talvez ainda lhe falte reorganizar os seus afectos enquanto filha, de forma a responder e relacionar-se com este bebé através da sua unicidade (Dayan, 1997).

Gonçalo

Pela análise das duas Entrevistas-R e das observações efectuadas, verifica-se como este foi um bebé que existiu na cabeça de ambos os pais (Piccininni *et al.*, 2004). Soulé (1987) refere que o bebé imaginário é construído através de um investimento narcísico, de onde foram retiradas as componentes de imperfeição e agressividade. Tal verificou-se no bebé imaginário do pai, mas não do da mãe, imaginado como difícil, nervoso e inquieto. Esta construção menos positiva deve-se à construção do bebé imaginário dependente do mundo interno de cada um, das suas relações passadas e necessidades conscientes e inconscientes (Piccininni *et al.*, 2004).

A mãe não imaginou este bebé como perfeito e, ao contrário do descrito por Soulé (1987), não lhe retirou qualquer componente de agressividade, acabando por reforçá-la. O imaginário do seu bebé foi construído a partir de expectativas e medos das relações estabelecidas no passado que, neste caso específico, parecem ter sido pouco satisfatórias. O facto de a mãe ter imaginado o bebé nas suas piores características (nervoso, inquieto, difícil) parece também funcionar como um mecanismo evitante da desilusão, facilitador do acolhimento do bebé que iria nascer, mesmo que possuidor de más características. É a construção do bebé imaginário, a que parece estar subjacente um bebé fantasmático, não consciencializado, mas que transporta os conflitos infantis (Lebovici, 1994).

Facto que poderá ter sido reforçado por a Entrevista-R ter sido aplicada no início do terceiro trimestre, período em que perfeição do bebé imaginário se começa a atenuar, dando lugar ao bebé real (Stern e Stern-Bruschweiller, 1998). O bebé real foi percepcionado como mais positivo do que o imaginado. Mudança que se poderá dever ao momento de crise que caracteriza o nascimento, permitindo a alteração dos cenários fantasmáticos construídos (Dayan, 1997).

Apesar de as respostas dadas pela mãe na Entrevista-R serem adequadas e transmitirem a sua satisfação e competência no desempenho do seu papel, tal não se verificou no decorrer das observações: mostrou-se insegura no desempenho do seu papel, com necessidade do reforço e securização exterior, fornecidos pelo pai. Ao longo das observações, verificou-se que a mãe tem dificuldade em estabelecer uma relação afectuosa com o bebé, a quem dedica somente um investimento a nível funcional. Ao longo das quatro observações, verificou-se uma certa desadequação materna na interacção com o bebé. Pela análise das observações, verifica-se que o comportamento da mãe não sofreu modificações significativas na forma de interacção com o bebé. O Gonçalo, por sua vez, parece solicitar cada vez menos a atenção exterior, pois faz pouco recurso ao choro e parece consolar-se muito facilmente.

A mãe fala do bebé com uma certa distância, referindo-se a ele sem qualquer modulação afectiva: contudo, refere que ter um filho se mostrou, afinal, mais divertido do que estava à espera.

É também uma mãe com poucas trocas interactivas com o bebé, olha-o quando não é olhada e os momentos de brincadeira a que se assistiu são por ela interpretados como pouco prazerosos para ele.

De acordo com Brazelton e Cramer (1989), esta mãe tem capacidade para se sincronizar ao bebé, na medida em que compreende os seus pedidos e lhe responde de forma adequada. Não obstante, há a ausência da simetria relacional. A mãe promove a dependência do bebé, uma vez que não lhe dedica momentos plenos de atenção. Nestas observações verificou-se que a mãe avalia a sua relação com o bebé através das características funcionais, não compreendendo aquilo que por Bowlby (1969/1984) foi descrito: nos bebés a necessidade de afecto sobrepõe-se às necessidades alimentares. A mãe diz sentir-se reconhecida pelo filho não como elemento gerador de afecto, tranquilidade ou segurança, como é descrito por vários autores (Ammanitti, 1991; Ainsworth, 1989; Bowlby, 1969/1984; Sá, 1997), mas pelas suas funções de alimentadora, acrescentando que quando o bebé a vê começa a abrir e fechar a boca.

A mãe toma uma atitude de afastamento em relação aos pedidos do filho. No caso desta atitude se manter ao longo do desenvolvimento do bebé, este poderá internalizar a mãe como uma figura pouco contingente e, assim, não se sentir seguro perante a sua presença.

O facto de a mãe não revelar qualquer tipo de comportamento identificatório ao estado do seu filho faz-nos pensar na sua vivência relacional e afectiva enquanto filha. Com efeito, o modo de relacionamento materno estabelecido parece-nos "assombrado" por elementos de distorção relacional, impeditivos de uma comunicação totalitária com o filho, ao serem transportadas a insegurança e a ambivalência afectiva.

Verifica-se, também, que estes pais, ao contrário daquilo que é referido por Lebovici (1994), Gomes-Pedro (1985) ou Stern (1998), não revelaram qualquer tipo de desejo de aproximação aos seus progenitores não só no período gravídico, mas também no seu subsequente. Este facto poderá surgir por considerarem os seus próprios pais como figuras possuidoras de um modelo de educação no qual não se revêem e que procuram modificar. É uma postura que vai ao encontro da referida por Cramer (1997/1999), onde os pais optam por um modelo educacional oposto àquele a que foram submetidos, de forma a recuperar com o filho todo o poder e liberdade interditados pelas suas figuras parentais.

Destaca-se o papel deste pai e o seu relevo nos cuidados prestados ao filho. Verificou-se que, ao imaginar-se como pai, tendia a projectar-se no futuro da criança e não nos seus cuidados imediatos (Stern, 1997). Contudo, após o nascimento do bebé, revelou-se um pai que partilha a experiência da parentalidade não só nos aspectos funcionais, mas também nos emocionais. Logo, é um pai apoiante da sua mulher, valorizando-se por isso, mostrando-se activo nos cuidados prestados ao seu filho.

É um pai que vai de encontro àquele estudado por Balancho (2004), uma vez que surge como diferente relativamente ao pai que teve, revelando-se, tal como foi referido, mais sensível, mais próximo, mais presente, mais afectivo e compreensivo. Mostrou-se, também, um elemento complementar na educação do filho, criando com ele uma certa especificidade relacional, já que, por norma, é com o pai que ocorrem os momentos de brincadeira e de mediatização do ambiente. Como pai deste bebé mostrou-se também importante no *holding* que lhe oferece, não receando pegar-lhe, referindo que o faz não só quando é preciso, mas também quando o bebé chora porque quer mimo. Tal como foi descrito por Brazelton e Cramer (1989), é um pai valorizador da componente física na interacção, tocando-lhe de uma forma excitante, com a promoção dos momentos de brincadeira. Neste caso específico, a presença do pai e a sua participação nos cuidados prestados ao bebé ganham maior relevância, já que na relação com o bebé intervém directamente no plano da realidade, ajudando a mãe a percepcioná-lo nesta perspectiva e não no plano do imaginário e simbólico (Soulé, 1980).

Logo, tal como foi descrito por Chbani e Pĕrez-Sánchez (1998), é um pai que auxilia a mãe a construir a sua capacidade de *rêverie* para com este filho. É um pai capaz de funcionar como um *self* auxiliar da mãe, ajudando-a no desempenho do seu papel. O pai mostra-lhe um bebé activo que gosta de brincar e de ser pegado, assistindo-se a momentos de uma estimulação mútua destes pais face ao bebé, ajudando-o a relacionar-se de forma diferente com cada um deles. Talvez por isso o Gonçalo se ria muito quando o pai lhe canta e toma uma atitude de grande passividade, fixando o olhar na mãe, quando foi esta a fazê-lo.

Matilde

Foi um bebé imaginado e investido afectivamente pelos seus pais. Como descrevem Stern e Bruschweiller-Stern (1998/2001), a mãe refere-se ao período de gravidez como um momento de intimidade relacional com o bebé, activando pensamentos sobre ela, atribuindo-lhe uma identidade e características psicológicas. O pai acompanhou a mãe no processo de imaginação do bebé, assistindo-se assim a uma partilha das vivências, emoções e afectos vividos (Justo, 1994, cit. por Lourinho, 1997).

Pela análise das observações, assiste-se, desde logo, a uma sintonização desta mãe ao seu bebé. A mãe comunica com o bebé, tanto através da fala como do tacto ou do olhar. Utiliza falas directivas com alguma frequência, mas recorre também aos comentários que traduzem os estados do bebé, atribuindo-lhes significado. Dirige à sua filha bastantes elogios e poucas críticas, que não se dirigem directamente ela, mas antes aos estados do seu comportamento. A mãe, ao longo das observações, revelou-se como securizante, com capacidade para conter, confortar, tocar e brincar com o bebé. Perante os episódios de choro a mãe mantém-se tranquila, embala e fala para a filha, numa tentativa de procura da origem e o significado daquele choro. Há assim boa capacidade desta mãe se identificar ao bebé, sendo uma mãe que, através de formas interaccionais diversas, dá significado aos pedidos da filha.

Face ao bebé real, observa-se que ambos os pais a sentem já como um ser deles diferenciado, ao qual atribuem uma identidade e características próprias. Ammaniti (1991) refere que, com o nascimento, ocorre a separação física e emocional dos pais relativamente ao filho. Isto verifica-se quando estes pais descrevem as características da filha comparando-as com as anteriormente imaginadas (Colman e Colman, 1994). E ao dedicarem-lhe uma prestação de cuidados assídua, atenta e particular, permitirão que a constituição deste ser humano seja sentida como individual e única.

Pela análise da segunda Entrevista-R, observa-se que o pai caracteriza a bebé de forma mais positiva que a mãe. Movimento explicado por Figueiredo (2005): durante a gravidez, o pai não tem um relacionamento tão próximo e íntimo com o bebé como aquele que é vivido e sentido pela mãe e, por isso, não tem tantas oportunidades de se vincular ao bebé. O nascimento permite-lhe construir uma relação com o bebé real mais neutra e concreta.

Esta foi uma mãe que se mostrou suficientemente boa (Winnicott, 1975/1992): atende ao bebé de forma flexível e adequada, não só quando ocorrem episódios de choro mas também através do olhar, da fala e do toque. Ou seja, oferece-lhe um suporte emocional adequado e promotor do desenvolvimento emocional. E tal é possível pela sua identificação ao bebé, com respostas contingentes e acertadas. É uma mãe disponível para integrar os diferentes sentimentos e experiências reveladas pelo bebé, inclusive o choro e a zanga. Logo, capaz de nomear as emoções da bebé, com a sua significação e posterior integração, para que se tornem reconhecíveis. A mãe, ao acolher as emoções do bebé, transforma-as em pensamento (Sousa, 2004).

Apesar de não ter sido possível a presença do pai em nenhuma das observações efectuadas, apercebemo-nos da sua existência na cabeça da mãe, que, em todas as observações, o refere directamente à bebé, mencionando-o nas suas boas características. Estamos, assim, perante uma boa Unidade Originária (Chabani e Pérez-Sánchez, 1998), onde este pai não é sentido pela mãe como ausente; pelo contrário, é sentido como um boa presença, que se oferece como auxiliar da sua capacidade de *rêverie*.

Possivelmente, é devido à qualidade relacional existente entre marido e mulher, em que se vêem mutuamente como bons pai e mãe, que conseguem estabelecer, tal como foi descrito por Figueiredo (2001a), uma interacção relacional com os filhos adequada e de grande qualidade. É provável que esta boa capacidade para estabelecerem um relacionamento sensível e adequado se associe à sua história individual de bons sentimentos, vividos e recordados enquanto filhos dos seus pais (Figueiredo, 2004).

Leonor

Os pais viveram o período de gravidez como um momento emocionante e óptimo de preparação para receberem a bebé que aí vinha (Brazelton e Cramer, 1989/2001). Desde os primeiros momentos, dedicaram pensamentos de afecto, ternura, aceitação, dedicação e compreensão ao bebé. Estes termos foram utilizados pelos pais ao referirem-se ao seu bebé na primeira Entrevista-R. Pensamentos que permitiram a criação de laços com um bebé que ainda não era conhecido, mas já era investido, sedimentando os laços relacionais (Lebovici, 1994).

Houve assim, tal como foi referido por Piccinini *et al.* (2004), a capacidade para sonhar e investir na sua bebé em particular, atribuindo-lhe desde logo características distintas e conferindo-lhe uma identidade relacional, afectiva e social (Reiss, 1989, cit. por Lebovici, 1994). Apesar do bebé imaginário ser muito idealizado, o bebé real foi sentido ainda como mais gratificante, um bom objecto relacional a que são associadas não só as boas características como as menos boas, que são descritas como naturais e pertencentes ao género humano. Tanto pai e mãe revelaram capacidade para estabelecer uma relação com o bebé não só de forma individualizada mas também enquanto casal. Stern (1985/1992) refere que do encontro objectivo entre o bebé e seus pais nasce uma experiência intersubjectiva: a compartilha de estados afectivos. E tal aconteceu, uma vez que estes pais vêem a sua filha como um ser activo, atribuindo-lhe sentimentos, desejos e afectos, aos quais procuram responder e retribuir. Verificaram-se, também, pela análise das entrevistas, alterações na forma como são agora avaliadas as figuras parentais e o tipo de relação entre elas existente (Dayan, 1997). A mãe passou a sentir a sua própria mãe como mais afectuosa e receptiva e, apesar de referir que a sua mãe teve algumas práticas educativas que não pretende reproduzir com a sua filha, passou a fazer delas uma maior aceitação, integrando-as na relação.

São pais que investem nesta bebé uma série de comportamentos de cuidado e atenção particulares, permitindo-lhe uma crescente constituição de si como ser humano (Soulé, 1987). Sobressai, nesta família, o elo que os liga, onde cada um tem um lugar e um papel para cumprir (Lebovici, 1994). Tal foi observado pela presença de ambos os pais ao cuidarem da filha, com papéis já bem estabelecidos. Funcionam de forma complementar. Montaram uma verdadeira equipa! Neste casal observou-se a existência de uma relação triangular entre pais e bebé.

Winnicott (1965/1990) apresenta o *holding* como mais que o acto de pegar, trata-se do afecto subjacente. Neste caso, pelo facto de a Leonor ser tão pegada e embalada, é-lhe dada a oportunidade de se sentir em contacto directo com o outro, estar com... oferecendo-se-lhe a possibilidade de, desde logo, aprender a distinguir entre si e o outro. Apesar do *holding* frequente de que é alvo, é-lhe também oferecida a possibilidade de se mexer livremente; nestes momentos os pais continuam em relação com ela, falando-lhe e, através do *handling*, tocam-lhe e manuseiam-na em comportamentos de afecto, fomentando os episódios interaccionais.

CONCLUSÃO

Apesar de este ser um estudo de carácter qualitativo e, por isso, não ser possível generalizar os dados obtidos para a população em geral, parece-nos terem sido encontrados resultados interessantes. Não obstante, são resultados retirados de um estudo realizado sob o efeito de algumas limitações metodológicas. A primeira é o número de observações realizadas: apenas quatro para cada um dos casos. Segundo o Método de Observação de Esther Bick teriam que decorrer pelo período mínimo de um ano, o que no nosso caso não foi possível. Além disso, não foi possível a presença paterna em todas as observações realizadas, limitando o tipo de conclusões tiradas sobre a forma como é estabelecida a relação pai-bebé.

Pela extensão, diversidade e complexidade das informações obtidas na Entrevista-R, não foi possível analisar detalhadamente cada uma das categorias ali referenciadas. Por esse motivo, optamos por seleccionar aquelas que mais directamente se relacionam com o nosso objectivo de estudo.

Do trabalho realizado, sobressai a diversidade interaccional estabelecida em cada uma das tríades observadas. Registou-se que, independentemente da qualidade relacional existente, cada um dos pais tem um modo particular de se relacionar com o seu bebé, estabelecendo com ele uma relação específica e única, possivelmente influenciada pela sua vivência pessoal enquanto filhos de seus pais.

Verificou-se que em todos os casos estudados houve capacidade para a elaboração de um bebé imaginário, ao qual eram dirigidos afectos. Este bebé tendia a ser muito idealizado e associado a boas características. Apenas num dos casos foram atribuídas ao bebé imaginário características negativas, que funcionaram como modo de preparação para receber o bebé real. Bebé que, no segundo momento, foi avaliado de forma mais positiva que aquele que foi imaginado.

Os resultados obtidos, com as limitações inerentes ao estudo de caso, onde não há o recurso a uma amostra representativa da população, parecem contrariar a maioria da literatura existente que descreve o bebé imaginário como o bebé ideal e perfeito, sendo o bebé real apresentado como uma cópia redutora deste. Sentimento que não é partilhado por nenhum dos casais parentais pertencentes à nossa amostra. Com efeito, todos encaram o bebé real como extremamente satisfatório e gratificante. É com ele que se relacionam, a quem dirigem atenção, afectos e cuidados e, por isso, sentem possuir uma relação prazerosa. Embora o bebé imaginário possua uma perfeição que não existe no bebé real, é um bebé com as características inerentes ao sonho, ao desejo, a uma fantasia à qual não é possível aceder, enquanto o bebé real é o bebé concreto, da relação e dos afectos.

Notou-se também que, nos dois momentos de aplicação da Entrevista-R, as respostas parentais sofreram algumas alterações. Em particular, as mães diferem na avaliação que fazem de si, não só enquanto mães mas também como mulheres. Verificou-se que, nas duas etapas de aplicação, todas as mães, no segundo momento, se avaliam como mais corajosas e receptivas. E, embora não haja um padrão que traduza a adaptação do papel de pai/mãe a esta nova etapa de vida, verificou-se que nenhum deles, em nenhum dos casos, se manteve inalterado: surgiram sempre alterações na caracterização feita de si, enquanto pessoa, figura parental, do companheiro(a) e das suas figuras de referência.

Ou seja, o período gravídico não é estável e interfere necessariamente nas representações feitas internamente, alterando-se perante a chegada de um novo ser que têm de cuidar. Por esse motivo, todos estes pais, com o nascimento do seu filho, se sentem reforçados no desempenho do seu papel parental, assim como pessoas individuais, enquanto homem/mulher. Praticamente todos se passaram a sentir, após o nascimento do bebé, como mais generosos e comunicativos. Provavelmente, tal também terá acontecido por sentirem o seu bebé como satisfatório. Face a um bebé sentido como fonte de alegria e prazer e não gerador de sentimentos de decepção ou desilusão relacional, é natural que a avaliação do desempenho do papel parental surja reforçada e avaliada como positiva.

Possivelmente, tal também terá acontecido por todas estas gravidezes terem sido desejadas. E parece-nos que o motivo que levou ao desejo daquele filho tem uma forte influência na relação com ele estabelecido. Ou seja, a forma como percepcionam e cuidam daquele bebé em particular parece-nos, nos momentos iniciais da relação, fortemente influenciado pelo motivo que levou à gravidez.

Curiosamente, as respostas obtidas na Entrevista-R que, na sua generalidade, tendem a surgir como diferentes das do grupo são as do pai do Tomás e da mãe do Gonçalo, figuras parentais que nas observações efectuadas se destacaram por serem aquelas com menos facilidade relacional, onde sobressai a sua dificuldade para se identificarem ao bebé, aos seus pedidos, sentimentos e necessidades, não lhes dando uma resposta contingente nem adequada. Além disso, verificou-se, tal como vem descrito na literatura, a reestruturação, tanto no pai como na mãe, dos imagos parentais. Nalguns casos surge a avaliação dos pais mais positiva, com uma melhor compreensão das atitudes passadas; noutras, pelo contrário, há o acentuar da zanga e da desilusão. Mas em nenhuma delas a percepção das figuras parentais se manteve inalterável.

Também se registou que a maioria dos pais descreveu o seu bebé como fácil e tranquilo, o que não foi observado apenas num caso. Esta descrição do bebé é feita em função da construção afectiva que dele se tem. Por ser o bebé a quem é dirigido o afecto e a disposição para a relação, é natural que seja descrito como um "bom bebé", já que nos afectos não existe neutralidade.

Através das observações efectuadas e sua posterior análise, não nos pareceu que a capacidade e qualidade parental, e a materna no particular, fossem influenciadas pelo número de filhos. Temos o caso da Isabel, mãe de dois filhos, que, no desempenho deste papel, se mostra dividida entre os dois, com uma certa dificuldade em estar com os dois simultaneamente e a relacionar-se com cada um deles de forma singular e única. Em contraponto, está a Teresa com três filhos de idades muito próximas, que se mostra capaz de se relacionar com todos eles em simultâneo, vendo cada um deles como um ser individual e único, estabelecendo uma relação específica com cada um deles.

Nas mães de primeira vez, temos a Mónica que estabelece um relacionamento muito projectivo com o seu filho, onde não lhe atribui ou reconhece uma individualidade, apesar de ter um marido que de forma muito adequada e afectuosa a ajuda a relacionar-se com o bebé. Por fim, a Paula e o marido, que se encontravam numa fase de descoberta da filha, das suas necessidades e características individuais, a que tentavam dar sentido. Foram uns pais que se encontravam numa fase de descoberta e, por isso, com alguma insegurança e confusão, mas sempre atentos à bebé e disponíveis para a atender.

Vê-se, assim, que no estabelecimento inicial da relação não há regras, é sempre feita de forma singular e única, possivelmente reflexo do percurso individual.

Assim sendo, à questão levantada inicialmente sobre a existência de uma continuidade entre a percepção do bebé imaginário ao real, verifica-se que em todos os casos o bebé real é avaliado como claramente mais positivo do que o imaginado. Contudo, a forma como cada um dos pares de pais se relaciona com este bebé é diversificada e parece-nos que vai a par da história individual, enquanto pessoas, enquanto filhos e do motivo que esteve na origem da gravidez.

Das observações feitas, onde por coincidência existiam dois meninos e duas meninas, notou-se que os pais dos rapazes tendem a referir de uma forma insistente os seus progressos desenvolvimentais, a força que têm, as características físicas... Enquanto nas meninas, é referida a sua capacidade de observação e atenção quando se fala com elas, atitudes suas interpretadas como gestos de afecto e ternura. Nenhuma das figuras parentais se referiu ao filho como ternurento, enquanto nas meninas era valorizada a sua tranquilidade, serenidade e ternura... Este tipo de comentários, certamente feito de modo inconsciente, mostra o quanto a identidade sexual começa, desde os primeiros momentos de vida, a sofrer uma influência exterior, indo assim os dados observados de encontro à teoria de Coimbra de Matos (2002) que refere a construção de uma identidade sexual através de uma identificação imagóico-imagética.

Com este estudo também se notou o quanto todos os pais se mostraram atentos às características dos seus bebés, considerando-os como competentes a nível relacional. Parece-nos, ainda, que estes pais consideram esta tarefa como uma das mais exigentes e difíceis da fase adulta, como disse Waddell (2004). E tal como ela, desejamos que todos os pais em geral, e estes em particular, tenham a capacidade de, na relação com os seus filhos, cultivar: a confiança, o humor, a generosidade, a coragem, a firmeza, mas sobretudo o amor. E que todas estas características sejam complementadas com uma capacidade constante de auto-crítica e reflexão.

REFERÊNCIAS BIBLIOGRÁFICAS

AINSWORTH, M. D. S. (2000), «Attachments – introduction; Infant-mother attachment». *In* W. Craig (Ed.), **Childhood social development** (pp. 9-25). Oxford: Blackwell Publishers.

AMMANITI, M. (1991), «Représentations maternelles pendant la grossesse et interactions précoces mère-enfant». *Psychiatrie de L'enfant,* vol. XXXIV(2), pp. 341-358.

BALANCHO, L. S. (2004), «Ser pai: transformações intergeracionais na paternidade». *Análise Psicológica,* vol. XXII(2), pp. 377-386.

BICK, E. (1963/196), «Notes in infant psycho-analytic training». Comunicação apresentada na British Psycho-Analytical Society, *International Journal of psychoanalysis,* Julho, vol. 45(4), pp. 558-566.

BOWLBY, J. (1969/1984). **Apego**. Volume I da triologia Apego e Perda. São Paulo: Martins Fontes Edições.

BRAZELTON, T. B. (1995/2004), **O grande livro da criança**. Lisboa: Editorial Presença.

BRAZELTON, T. B. e Cramer, B. G. (1989/2001), **A relação mais precoce: os pais, os bebés e a interacção precoce**. Lisboa: Terramar.

CHBANI, H. e PEREZ-SANCHEZ, M. (1998), **O quotidiano e o inconsciente**. Lisboa: Climepsi Editores.

COIMBRA DE MATOS, A. (2002), **O desespero**. Lisboa: Climepsi Editores.

CRAMER, B. e PALACIO-ESPASA, F. (1994), «La pratique des psychothérapies mères--bébes». *Psychiatrie de L'enfant,* vol. XXXVIII(2), pp. 429-441.

DAYAN, J. (1997), «Considérations sur la 'folie maternelle'». *Journal de la Psychanalyse,* vol. 21, pp. 234-266.

FERREIRA, T. (2002). **Em defesa da criança**. Lisboa: Assírio & Alvim.

FIGUEIREDO, B. (2001), **Mães e bebés**. Lisboa: Fundação Calouste Gulbenkian.

FIGUEIREDO, B. (2005), «*Bonding* pais-bebé». *In* I. Leal (Ed.), **Psicologia da gravidez e da parentalidade** (pp. 287-312). Lisboa: Fim de Século.

GESSELL, A. (1985), O desenvolvimento do bebé. *In* O. G. Pereira, J. C. Jesuíno e L. Joyce-Moniz (Eds.), **A criança e o mundo – antologia de textos de psicologia do desenvolvimento da criança** (pp. 229-235). Lisboa: Moraes Editores.

GOMES-PEDRO, J. C. (1985), **A relação mãe-filho: influência do contacto precoce na primeira infância**. Lisboa: Imprensa Nacional Casa da Moeda.

GONÇALVES, M. J. (2003), «Uma nova perspectiva em saúde mental do bebé. A experiência da unidade de primeira infância». *Análise psicológica*, vol. XXI(1), pp. 5-12.

LEBOVICI, S. (1994), «L'homme dans le bébé». *Revue Française de Psychanalyse*, vol. LVIII(3), pp. 661-679.

LEBOVICI, S. (1998), «L'arbre de vie: le processus de filiation et de parentalisation». *Journal de la psychanalyse de l'enfant*, vol. 22, pp. 98-128.

LOURENÇO, L. (2005), **O bebé no divã – desenvolvimento emocional precoce: amar e pensar com o bebé nos seus pais**. Coimbra: Almedina.

LOURINHO, J. I. (1997), «Contribuições ao estudo das fantasias maternas em grávidas toxicodependentes». Dissertação de Mestrado, Universidade Coimbra, Coimbra.

PICCININI, C. A., GOMES, A. G., MOREIRA, L. E. e LOPES, R. S. (2004), «Expectativas e sentimentos da gestante em relação ao seu bebê». *Psicologia: Teoria e Pesquisa*, vol. 20(3), pp. 223-232.

SÁ, E. (1997), «Reflexões a propósito da vida emocional e do pensamento dos bebés». *In* Eduardo Sá (Ed.), **A maternidade e o bebé** (pp. 105-118). Lisboa: Fim de Século.

SOULÉ, M. (1987), «O filho da cabeça, o filho imaginário: seu valor estruturante dentro das trocas mãe-filho». *In* T. B. Brazelton, B. Cramer, L. Kreisler, R. Schäppi e M. Soulé (Eds.), **A dinâmica do bebé** (pp. 133-171). Porto Alegre: Artes Médicas.

SOUSA, S. (2004), **Estilos de comunicação pais-bebé**. Lisboa: Climepsi Editores.

STERN, D. (1977/1990), **Bebé-mãe: primeira relação humana**. Lisboa: Salamandra.

STERN, D. (1985/1992), **O mundo interpessoal do bebé: uma visão a partir da psicanálise e da psicologia do desenvolvimento**. Porto Alegre: Artes Médicas.

STERN, D. (1997), **La constelacion maternal: la psicoterapia en las relaciones entre padres e hijos**. Barcelona: Paidós.

STERN, D. e BRUSCHWEILER-STERN, N. (1998/2001), **O nascimento de uma mãe, como a experiência da maternidade transforma uma mulher**. Porto: Ambar.

STERN, D., ROBERT-TISSOT, C., BESSON, G., RUSCONI-SERPA, S., MURALT, M., CRAMER, B. e PALACIO, F. (1989), «L'entretien R: une méthode d'évaluation des représentations maternelles». *In* S. Lebovici, P. Mazet e J. P. Visier

(Eds.), **L'evaluation des interactions précoces entre le bébé et ses pater-neires**. Genéve: Editions Eshel/Edition Médecine et Hygiène.

WADDELL, M. (2004), «Introdução». *In* P. Strecht (Ed.), **Quero-te muito**. Lisboa: Assírio & Alvim.

WINNICOTT, D. W. (1975/1992), **Le bébé et sa mère**. Paris: Éditions Payot.

DO MUNDO DO BEBÉ AO LUGAR DO BEBÉ NO MUNDO: INTERACÇÕES MÃE-BEBÉ EM DÍADES DE RAÇA BRANCA E DÍADES DE RAÇA NEGRA – ESTUDOS DE CASO

DORA OLIVEIRA[1]

RESUMO: O objectivo do presente estudo foi comparar os padrões de interacção mãe-bebé em díades de raça branca e díades de raça negra. Para além disso, procurou-se reflectir sobre seis pares mãe-bebé, tendo por base o modelo psicodinâmico. O método utilizado foi o Estudo de Caso e os instrumentos utilizados foram o Método de Observação de Bebés de Esther Bick (1964) e a Entrevista R de Stern (1989). Foi analisada uma amostra de conveniência constituída por três díades de raça branca e três díades de raça negra. Os bebés nasceram nos meses de Maio e Junho de 2005 e as idades, à data da primeira observação, variam entre os 13 e os 37 dias. Concluiu-se que tanto as diferenças culturais como os aspectos fundamentais da formação do *self* na relação primária devem ser tidos em conta do ponto de vista clínico, pelo que são importantes na prevenção de desenvolvimento de psicopatologias e na promoção de saúde mental.

PALAVRAS-CHAVE: Mãe; Bebé; Interacção; Cultura; Desenvolvimento

TITLE: *Mother-Infant Interactions: Dyads of Portuguese Origin Versus Dyads of African Origin*

ABSTRACT: *The purpose of the present study was to compare the patterns of interaction in white race dyads and dyads of African origin and to analyze the mother-infant interactions based on the psychodynamic perspective. The method used was the Case Study and the instruments used were the Esther Bick´s Infant Observation Method (1964) and Interview R by*

---

[1] Psicóloga clínica. Mestrado em Psicologia Clínica.
Email: dora_oliveira@sapo.pt

Stern (1989). A sample of convenience formed by three white dyads and three dyads of African origin was examined. Babies were born in May and June of 2005 and the age at the time of the first observation varies between 13 and 37 days. It was concluded that both the cultural differences as well as the fundamental aspects of the formation of the self in the precocious relation must be had in account from the clinical point of view, for they are very important in the prevention of development of pathologies and promotion of mental health.

KEYWORDS: *Mother; Infant; Interaction; Culture; Development*

ESTUDOS TRANSCULTURAIS SOBRE A RELAÇÃO MÃE-BEBÉ

No mundo do século XXI, as sociedades são caracterizadas pela heterogeneidade cultural. Quase todas podem ser descritas como sendo multiculturais, constituídas por diferentes grupos culturais, que se mudaram para determinada região por razões económicas, sociais ou políticas. Desta forma, parece essencial reflectir sobre as implicações que estas mudanças profundas podem ter em relação à investigação e à prática clínica. A cultura é o principal organizador das experiências familiares, mas a maior parte dos estudos sobre a criança têm sido feitos em ambientes ocidentais. Não sendo representativos da população mundial, fornecem pouca informação sobre os vários padrões de desenvolvimento. Como tal, a observação da criança em diversos contextos culturais pode fornecer importantes e válidas directrizes que vão ao encontro das novas necessidades de compreensão do mundo actual (Nugent, 2005).

Gomes-Pedro (2005) afirma que, nas duas últimas décadas, se assistiu ao aparecimento de uma área de intervenção que aponta a primeira infância como sendo um período privilegiado para intervenções, sendo que essa pesquisa pode contribuir para melhorias significativas no desenvolvimento da criança e da família.

Para além disso, Rogoff e Morelli (1989) referem que as investigações transculturais proporcionam aos psicólogos utilizarem as variações culturais como um laboratório natural e estudar o desenvolvimento do bebé e dos padrões de interacção mãe-bebé. Os investigadores têm concluído que o funcionamento humano não pode ser separado da cultura e do contexto no qual a criança se desenvolve, sendo que a investigação com crianças de diferentes culturas dá assim uma perspectiva alargada do desenvolvimento humano.

As culturas diferem no estilo de vida que consideram desejável e, consequentemente, na forma como encaram o desajustamento. O que é suposto ser aceitável numa cultura pode não o ser noutra e, por isso mesmo, ao considerarmos cada cultura não podemos considerar nenhum modelo específico de relação mãe-bebé como exemplar (Gomes-Pedro, 2005).

Os recém-nascidos nascem num meio cultural que os envolve desde o primeiro momento da sua vida e que têm um poderosa influência *in utero*. Na área do desenvolvimento sensório-motor, Super (1981, cit. por Rogoff *et al.*, 1989) referiu que a controvérsia ligada ao desenvolvimento mais precoce dos bebés africanos é melhor compreendida se considerarmos as práticas do sistema cultural no qual os bebés se desenvolvem. Assim, sabe-se hoje que esses bebés ultrapassam os americanos na aprendizagem do sentar e do andar porque os seus pais promovem experiências que vão nesse sentido. Pelo contrário, o gatinhar não é encorajado na cultura africana.

Já na década de 70 alguns autores se interessaram pela área do desenvolvimento dos bebés em diferentes culturas e surgiram alguns estudos pioneiros. Brazelton, Koslowski e Tronick (1976) estudaram as diferenças de comportamento de cultura para cultura, pelo que também acreditavam que a observação dos primeiros dias de vida de crianças provenientes de diferentes culturas permitia compreender o papel dos genes e do ambiente cultural. A propósito das diferenças culturais, realizaram um estudo transcultural com recém-nascidos zambianos e americanos. Realizaram observações sistemáticas dos bebés e o instrumento utilizado foi o Neonatal Behavior Assessment Scale (N.B.A.S.), que mede competências interactivas, perceptuais e motoras. Ao décimo dia, os bebés zambianos obtiveram resultados superiores nas áreas de capacidade de se consolarem, interesse social e estado de alerta, enquanto os bebés americanos tiveram resultados mais elevados nas dimensões de actividade motora, rapidez de desenvolvimento e movimentos defensivos. Foi notório que os resultados dos bebés zambianos aumentaram nas áreas relacionadas com a interacção social, o que parece estar relacionado com as práticas activas de estimulação orientada para o contacto social. De salientar também que estes bebés são transportados junto ao corpo da mãe, o que permite não só o toque frequente, mas também que o bebé observe o mundo que o rodeia. Segundo Lester e Brazelton (1981, cit. por Rosser e Randolph, 1989), esse desenvolvimento mais rápido é facilitado pelas práticas culturais de pegar mais ao colo e é evidente que as mães africanas encorajam o desenvolvimento motor.

Noutro estudo de Keefer, Dixon, Tronick e Brazelton (1991), com bebés do Quénia, e em comparação com resultados que bebés americanos obtiveram, constatou-se que, a nível motor, os bebés quenianos revelam mais maturidade. Aos três meses, estes bebés são pegados por um braço sem perda de controlo do tronco, o que torna evidente que estas características têm a ver com a promoção, por parte dos pais, do aumento do tónus muscular.

Nas sociedades ocidentais, existe o hábito de deitar os bebés a uma determinada hora e num quarto separado dos pais. Porém, na cultura queniana, por exemplo, os bebés estão quase sempre com as suas mães. Durante o dia, são transportados nas costas da mãe e à noite dormem com ela, por isso o contacto é permanente, o que é facilitador de desenvolvimento (Cole e Cole, 2001).

Ispa, Fine, Halgunseth, Harper, Robinson, Boyce, Brooks-Gunn e Brady-Smith (2004) desenvolveram um estudo no sentido de perceber como as práticas maternas afectam a natureza da relação mãe-bebé e se os comportamentos intrusivos da mãe são consistentes entre culturas. A intrusividade materna é definida pelos autores como uma constelação de comportamentos insensíveis por parte da mãe ao não respeitar os ritmos e a autonomia do seu bebé, sendo que as mães muito intrusivas estimulam excessivamente e interrompem iniciativas da criança. Em relação a essas práticas intrusivas maternas, verificou-se que estão mais patentes em mães afro-americanas em relação a euro-americanas. Quanto a outros resultados obtidos, as mães euro-americanas demonstraram mais comportamentos de afecto do que as afro-americanas. Nestas observou-se um menor envolvimento e uma menor mutualidade diádica na relação com os bebés.

Assim, sabemos hoje que o funcionamento humano não pode ser separado da cultura e do contexto no qual a criança se desenvolve. Estudos transculturais têm demonstrado que existem contrastes significativos entre culturas ocidentais e não-ocidentais (Rogoff e Morelli, 1989), pelo que se torna importante explorar esta área de investigação para termos uma visão alargada do desenvolvimento humano. Por isso mesmo, tornou-se pertinente analisar diferenças entre dois grupos culturais distintos – díades de raça branca e díades de raça negra.

O imigrante é definido pelas Nações Unidas como todo o indivíduo que vive fora do seu país de nascimento num tempo superior a 12 meses. A Grande Lisboa foi uma das áreas de forte atracção de imigrantes e os concelhos de Amadora e Sintra registam 37% do total de residentes com nacionalidades estrangeiras no nosso país. As mães africanas têm mais filhos em idade jovem em relação às portuguesas. Por outro lado, as mães portuguesas caracterizam-se pelo aumento de escolaridade e de emprego em ocupações não manuais, em oposição ao verificado nas mães africanas (Machado, Santana, Carreiro, Nogueira, Barroso e Dias, 2006).

É fundamental assumir que a qualidade da prestação de cuidados na relação precoce está directamente relacionada com o desenvolvimento das competências cognitivas e emocionais do bebé. Como tal, importa analisar as diferenças em termos de interacções mãe-bebé em grupos culturais diferentes. Partindo do "mundo do bebé", um mundo extraordinário de competências inatas para interagir e procurar o sentido na relação com as pessoas e com o mundo que o rodeia, estabelece-se, na relação com a mãe, a ponte para o "lugar do bebé no mundo", que se vai desenvolvendo num determinado contexto cultural e se constitui como um ser humano único e especial.

A RELAÇÃO MÃE-BEBÉ

A investigação que se apresenta insere-se no âmbito do estudo da interacção mãe-bebé e partiu do interesse num conhecimento aprofundado da primeira relação humana, pela enorme importância que assume durante toda a nossa vida e desenvolvimento, servindo de modelo para todas as relações que estabelecemos. É nesta relação que o bebé aprende a pensar, a amar e a tornar-se pessoa.

Para Canavarro (2001), a gravidez e a maternidade são processos dinâmicos, de construção e desenvolvimento. A mulher grávida transporta em si as suas experiências biológicas, psicológicas e sociais e, ao longo deste período, sofre uma reorganização psíquica como forma de se adaptar ao novo ser. De certa forma, uma mãe tem de se formar psicologicamente tal como o bebé tem de se formar fisicamente. A emergência de uma nova mãe surge gradualmente a partir de um trabalho desenvolvido ao longo dos meses que antecedem e seguem o nascimento do filho. A mulher não voltará a ser a mesma pessoa que era antes de o seu bebé nascer (Stern e Stern, 2000).

A futura mãe defronta-se com uma série de tarefas na altura do nascimento do bebé que passam por lidar com o fim abrupto da sensação de fusão com o feto, adaptar-se ao novo ser, que provoca sentimentos de estranheza, fazer o luto do "bebé imaginário" e adaptar-se ao "real", dominar o medo de fazer mal ao ser indefeso, aprender a tolerar e a desfrutar das exigências do bebé (Brazelton e Cramer, 2004).

Possuímos actualmente conhecimentos sobre as capacidades sensoriais dos bebés, a importância do *stress* ou de factores de risco perinatais nos distúrbios das capacidades cognitivas e a importância de acontecimentos psicológicos, os quais são passíveis de influenciar todo o seu desenvolvimento (Lipsitt, 2005).

Piontelli (2003) refere que, até há poucos anos, o estudo do comportamento humano se resumia à vida pós-natal e o nascimento marcava o limite do que se podia observar. Porém, actualmente as técnicas não intrusivas de observação do feto no seu ambiente natural permitem conhecer actualmente o repertório dos seus comportamentos e competências, bem como o desenvolvimento dos órgãos sensoriais. Aliás, a linha principal de raciocínio de Piontelli (1998, cit. por Reis, 2003) é que existe continuidade comportamental e psicológica do feto para o bebé e, nesse sentido, a autora fala de um "temperamento fetal", no sentido de terem comportamentos, posturas e reacções particulares muito variados no meio intra-uterino.

A crescente complexidade dos órgãos durante o desenvolvimento fetal é acompanhada pelo aparecimento de novos comportamentos e mudanças nos níveis de actividade (Cole *et al.*, 2001). Os bebés são já muito competentes antes de nascerem, pelo que possuem uma organização neuropsicológica que os torna aptos a processar informações vindas do meio e todos os sistemas sensoriais – visão, audição, olfacto, paladar e tacto –, ou seja, estão aptos a funcionar antes do nascimento (Cyrulnik, 1995).

Quando nascem, os bebés possuem já um conjunto de capacidades que os tornam particularmente predispostos para aprender através das relações que estabelecem. O bebé possui um aparelho mental ainda não completamente desenvolvido, mas que lhe permite entrar em contacto com o mundo externo e o seu próprio mundo interno. É igualmente verdade que cada recém-nascido contribui para a interacção de acordo com um estilo individual que lhe é característico (Seabra-Santos, 2001).

Quando Sá (2002) declara que os bebés já nascem a ler e a falar quer dizer, por um lado, que já conseguem interpretar o que os rodeia e, por outro, que comunicam através dos seus ritmos próprios de sono-vigília, alimentação e dos olhares. O bebé vai-se desenvolvendo num processo contínuo de transformação e aprendizagem que ocorre sempre numa matriz relacional. Como tal, o comportamento do bebé só pode ser entendido no contexto da relação com a mãe ou, mais correctamente, com os cuidadores. Existe hoje em dia uma ideia consensual que os primeiros tempos de vida são fundamentais no processo de desenvolvimento e é através do relacionamento precoce e activo com o ambiente que o rodeia que o potencial de cada ser humano se actualiza de forma original (Sá, 1995; Reis, 2003).

Alarcão, Relvas e Sá (2004) referem que, se podemos dizer que a mãe possui competências comunicativas que permitem responder adequadamente ao bebé, é também inegável que o recém-nascido apresenta uma competência precoce para entrar activamente em relação com o meio. As competências de ambos são assim complementares, estabelecendo-se uma dialéctica evolutiva que é específica de cada díade.

Brazelton *et al.* (2004) assumem que, na relação entre uma mãe e o seu bebé, a influência é mútua e que cada um age e modela o outro, havendo interactividade e reciprocidade. Na relação mãe-bebé existe maior proximidade do que noutras relações, mais tempo de contacto e intimidade. O prazer recíproco que da intimidade mãe e filho retiram, a comunicação profunda e o conhecimento mútuo marcam indelevelmente o comportamento social e cimentam as bases da relação primária, que é fundamental para a evolução harmoniosa do recém-nascido (Matos, 2002).

Existem três aspectos-chave na construção da relação entre a mãe e o bebé que são a segurança, a protecção e a regulação emocional, e foi a partir daí que John Bowlby formulou a Teoria da Vinculação para explicar o laço afectivo de uma pessoa a um indivíduo específico e caracterizar a relação da criança com a mãe (Soares, 2001). Sá (1997) fala da vinculação enquanto um longo processo que se começa a desenvolver durante a gravidez e que permanece durante toda a vida do ser humano.

Schaffer (2002) sublinha, ainda, que é da relação mãe-bebé que a criança faz derivar a sua confiança no mundo, porque a mera disponibilidade e afecto de outra pessoa significa segurança. Segundo Fonagy (2002), uma vinculação segura promove a organização do pensamento e, consequentemente, a estruturação do *self*.

A PSICANÁLISE E A COMPREENSÃO DA RELAÇÃO MÃE-BEBÉ

A Psicanálise tem contribuído, ao longo dos anos, com teorizações referentes à relação mãe-bebé. Em termos de representações maternas, o "bebé fantasmático" está ligado a fantasias inconscientes que estão presentes na mãe desde a sua infância e que a fazem reviver a experiência precoce infantil. O "bebé imaginário" é o produto das projecções que o casal vai fazendo ao longo da gravidez acerca do bebé vindouro e o "bebé real" constitui uma realidade biológica e comportamental e é aquele com que os pais se deparam na altura do nascimento (Lebovici e Stoleru, 1995). Segundo Brazelton *et al.* (2004), estes três bebés comparecem na altura do nascimento. O filho imaginário e o filho dos sonhos e fantasias dos pais, cujos ritmos específicos e "personalidade" se foram evidenciando ao longo dos nove meses, aparecem ao lado do verdadeiro recém-nascido, que os pais podem ver, ouvir e tocar.

Winnicott forneceu outros elementos para um maior entendimento da relação mãe-bebé. O que define como estado de «preocupação maternal primária» corresponde a uma condição psicológica materna de grande sensibilidade, que aparece durante os últimos meses de gravidez e se prolonga pelos primeiros meses de vida do bebé e que permite compreender e satisfazer as necessidades do bebé. A mãe identifica-se com o seu bebé e com as suas exigências, de modo a funcionar como ambiente facilitador dos processos de desenvolvimento (Reis, 2003).

Para Lourenço (2005), embora o recém-nascido possua um aparelho neurológico e funções sensoriais relativamente diferenciadas e geneticamente determinadas, o mesmo não sobrevive na ausência da relação maternal de administração de cuidados e de necessidades básicas. É a experiência de prestação de cuidados que permite o desenvolvimento de um verdadeiro *self*.

O *holding*, de que fala Winnicott, favorece a construção do sentimento de continuidade do *self*, a partir da segurança que o colo da mãe oferece, que é a pessoa que liga as diferentes partes da personalidade. Apenas quando o desenvolvimento inicial é adequado e organizador, é que o bebé começa a relacionar o corpo e as funções corporais, operando a pele como membrana limitadora (Lourenço, 2005). Para Reis (2003), no *holding* «a integração permite a aquisição de um sentimento de unidade corporal e psíquica que se traduz na consolidação do Eu» (p. 17) e o *handling* favorece a personalização, ou seja, o sentimento de que se habita um corpo.

Bion concebeu a ideia de «capacidade de *rêverie*», que se traduz na aptidão, por parte da mãe, para intuir as necessidades físicas e psicológicas do bebé. É um estado psicológico que alimenta as necessidades de amor e compreensão do bebé, ao mesmo tempo que permite tolerar frustrações e desenvolver o sentido de realidade (Reis, 2003). O bebé tem necessidades corporais e psicológicas, pelo que precisa de ter um objecto externo que o cuide fisicamente e que sirva de contentor às suas angústias. É a mãe que deverá metabolizar essas angústias persecutórias, devolvendo-as de forma suficientemente transformada para que o bebé as possa assimilar (Leal, 2001). A falha da função contentora da mãe, na sua relação com o bebé, parece ser responsável pela desintegração do psiquismo do bebé e pelo desenvolvimento de psicopatologia (Lourenço, 2005).

Em relação à identificação sexual, existe o processo de identificação imagóico-imagética, que decorre até aos 18 meses de vida do bebé e que se baseia na introjecção/assimilação da identidade de género que é atribuída pelo meio envolvente e, mais concretamente, pelos pais que infundem no bebé, através de mensagens explícitas ou implícitas, a imagem de menino ou menina, contribuindo para a formação de identidade (Matos, 2000).

O conceito de «unidade originária» de Sanchez e Chbani refere-se aos mecanismos que surgem na dinâmica mãe-bebé-pai e à forma como estas três subjectividades entram em acção e se transformam. Com a introdução de um terceiro elemento na relação mãe-bebé, esta passa de diádica a triádica, e daí que se tenha de considerar as três subjectividades que se entrecruzam e criam um espaço de pensamento que promove o pleno desenvolvimento mental e emocional do bebé (Sanchez e Chbani, 1998). Para Rosa (2006), a «unidade originária» é a via para a separação que permite a possibilidade de experiência e aventura das quais resultam a construção de uma identidade e de um projecto de vida autónomo.

Em termos práticos, a observação infantil foi introduzida nos anos 60 no Instituto de Psicanálise em Londres e a importância da mesma prende-se com a melhor compreensão do comportamento não-verbal dos bebés. O Método de Observação de Bebés ao domicílio (Bick, 1963) consiste em sessões de uma hora por semana e procura recolher dados objectivos e observar os padrões de comportamento entre a mãe e o bebé e as mudanças que vão ocorrendo ao longo do tempo. Lourenço (2005) esclarece que este método permite compreender a organização e estruturação dos factores biológicos e psicológicos que promovem o desenvolvimento psíquico do bebé e, para Piontelli (2003), a observação do recém-nascido como descrita por Esther Bick introduziu um modo inovador de o observar no contexto das relações humanas.

O objectivo principal da investigação foi investigar se existem diferenças significativas nos padrões de interacção mãe-bebé entre as duas culturas, o que se tornou possível pela constituição de dois grupos de investigação, um de raça branca e outro de raça negra. Para além disso, procurou abordar-se a interacção mãe-bebé através da análise compreensiva de seis casos, valorizando o factor subjectivo de cada relação e tendo em conta algumas questões importantes da relação mãe-bebé, segundo a perspectiva psicodinâmica.

MÉTODO

O método escolhido para a realização da recolha de material foi o Estudo de Caso, a partir do qual se procedeu a uma análise exploratória de cada caso, como forma de compreender a sua especificidade. É assim valorizado o factor subjectivo da relação, bem como o seu sentido. Não existe, no entanto, qualquer pretensão de fazer generalizações científicas e/ou constituir paradigmas, dado o reduzido número de participantes no estudo.

Começou por se realizar uma Entrevista Anamnésica e os instrumentos utilizados foram o Método de Observação de Esther Bick (1964), método que consiste na observação infantil ao domicílio, em sessões de uma hora por semana, com o intuito de recolher dados objectivos sobre os padrões de comportamento das relações mãe-bebé. Realizou-se uma observação semanal de cada díade durante 4 semanas, ou seja, efectuaram-se 24 observações no total, nos meses de Junho, Julho e Agosto de 2005. Aplicou-se ainda a Entrevista R de Stern (1989) às mães de cada díade, no sentido de investigar acerca das representações maternas acerca do seu bebé.

A posterior análise de conteúdo das observações foi realizada a partir de uma Tabela de Análise de Conteúdo de Observação de Díades Mãe--Bebé, constituída por categorias e sub-categorias que dizem respeito a comportamentos da mãe, do bebé e de interacção entre os dois e permitiu analisar e compreender a interacção mãe-bebé em cada par e destacar as diferenças entre as duas culturas estudadas.

Os grupos mãe-bebé que participaram no estudo são constituídos por três díades de raça branca e três díades de raça negra, que foram seleccionadas através do modelo de amostragem não aleatória, por conveniência. Obteve-se o consentimento informado por parte das mães que integraram o estudo e foi salvaguardado o seu anonimato e a confidencialidade dos dados.

Em relação à caracterização das mães, as suas idades estão compreendidas entre os 23 e os 37 anos e apenas uma mãe de raça branca é primípara. As mães de raça negra estão imigradas em Portugal há cerca de sete anos, sendo duas oriundas de Cabo Verde e uma de Angola. Procurou--se limitar o estatuto sócio-económico, mantendo-o baixo. No entanto, existem algumas discrepâncias nos dois grupos em relação a este factor e à escolaridade, tendo todas as mães de raça negra o ensino básico e duas mães de raça branca o 9.° ano e a terceira o 6.° ano. As díades de raça branca residem todas no centro de Lisboa e as de raça negra nos arredores, mais propriamente no concelho da Amadora.

Quanto aos bebés, nasceram em Maio e Junho de 2005 e quatro são do sexo masculino e dois do sexo feminino. As idades à data da primeira observação variam entre os 13 dias e os 37 dias. Nasceram com uma idade gestacional que varia entre as 35 e 41 semanas, existindo na amostra um bebé prematuro. Os pesos à nascença variam entre 1,825kg e 3,640kg e o comprimento entre 45 e 53,5 cm.

RESULTADOS

Para efeitos de caracterização dos participantes no estudo apresenta--se a Tabela 1, que se refere aos dados informativos das díades mãe-bebé que participaram no estudo. Contém nomes fictícios dos participantes, a raça, a data de nascimento dos bebés, a sua idade gestacional, peso e comprimento. Para além disso, inclui as datas em que foram realizadas as 24 observações.

Ser bebé tornar-se pessoa

Apresentação das Díades Mãe-Bebé e Observações Realizadas

TABELA 1: Comparação dos Padrões de Interacção entre Díades de Raça Branca e Díades de Raça Negra

	Raça	D.N.	I.G.	Peso	Comp.	1ª Obs.	2ª Obs.	3ª Obs.	4ªObs.
1.Isabel e Gonçalo	B	04/05/05	40 sem.	3,588Kg	51 cm	10/06/05 (37 dias)	17/06/05 (44 dias)	23/06/05 (50 dias)	30/06/05 (57 dias)
2.Maria e Luís	N	21/05/05	35 sem.	1,825Kg	45 cm	10/06/05 (20 dias)	17/06/05 (27 dias)	24/06/05 (34 dias)	01/07/05 (41 dias)
3.Lúcia e António	N	09/06/05	39 sem.	3,640 Kg	53,5 cm	22/06/05 (13 dias)	01/07/05 (22 dias)	12/07/05 (33 dias)	19/07/05 (39 dias)
4.Sandra e Alexandre	N	30/05/05	41 sem.	2,800 Kg	49 cm	01/07/05 (32 dias)	12/07/05 (42 dias)	19/07/05 (49 dias)	26/07/05 (56 dias)
5.Anabela e Inês	B	19/06/05	38 sem.	2,668 Kg	46,5 cm	05/07/05 (16 dias)	12/07/05 (23 dias)	19/07/05 (30 dias)	26/07/05 (37 dias)
6.Sara e Marta	B	19/06/05	39 sem.	3,580 Kg	50 cm	15/07/05 (26 dias)	22/07/05 (33 dias)	29/07/05 (40 dias)	08/08/05 (50 dias)

Apresenta-se abaixo o quadro que se refere aos comportamentos maternos observados durante o estudo. Serve o mesmo para comparar os diferentes tipos de comportamentos nos dois grupos.

QUADRO 1 – **Comportamentos maternos**

Comportamentos maternos	Raça branca	Raça negra
Interacção verbal	356	155
Interacção táctil	155	161
Intrusivos	2	13
Amamentação	21	40
Introdução de terceiros	13	15

Como se pode observar, os comportamentos verbais (que incluem directivas, críticas, elogios e comentários) são relativamente superiores nas mães de raça branca. Por outro lado, o número de comportamentos tácteis parece ser ligeiramente superior nas mães de raça negra. O mesmo grupo de mães apresenta também mais comportamentos intrusivos, de amamentação e de introdução de terceiros na relação.

De seguida, pode observar-se o quadro relacionado com os comportamentos dos bebés nos dois grupos.

QUADRO 2 – **Comportamentos dos bebés**

Comportamentos dos bebés	Raça branca	Raça negra
Choro	91	52
Vigília/sono	60	37
Sorriso	8	5
Interacção táctil	10	23

Verifica-se que o choro é mais patente nos bebés de raça braça branca, bem como a oscilação entre os estados de vigília e sono e o sorriso. Por outro lado, a procura de contacto e interacção táctil é mais evidente nos bebés de raça negra.

Por último, apresenta-se o quadro de comparação dos comportamentos de interacção da díade entre os dois grupos.

QUADRO 3 – **Comportamentos de interacção mãe-bebé**

Comportamentos de interacção mãe-bebé	Raça branca	Raça negra
Olhar mútuo	34	28
Jogo/brincadeira	4	7

Em relação ao olhar mútuo, parece ser privilegiado nas díades de raça branca, ao passo que nas díades de raça negra os comportamentos de jogo/brincadeira são ligeiramente superiores.

Análise das Observações e da Entrevista R

Segue-se uma análise compreensiva de cada uma das díades, tendo em conta o modelo psicodinâmico e tendo por base conceitos como «bebé real e imaginário», «preocupação maternal primária», «*holding* e *handling*», «capacidade de *rêverie*», «identificação imagóico-imagética» e «unidade originária» (que remete para a introdução do terceiro elemento).

Caso Isabel e Gonçalo

Através das observações feitas, verifica-se que esta mãe parece viver um estado de preocupação maternal primária. É evidente a capacidade de *rêverie* desta mãe, que é capaz de pensar sobre o que o seu bebé está a sentir. Ao mal-estar do bebé, a mãe responde com comportamentos de afecto que têm um efeito securizante e isso evidencia a sua capacidade de conter as angústias do bebé, pelo que ele se sente mais tranquilo. Quanto ao bebé, olha muito para a mãe, está atento aos seus movimentos e procura um contacto próximo com ela. Há momentos de interacção muito ricos que dão conta do clima afectivo vivido no seio desta díade. Relativamente ao *holding* e *handling*, a mãe consegue envolver o corpo do bebé com os seus braços, o que desenvolve o sentimento de continuidade corporal e é um bom indicador de desenvolvimento psíquico. Em termos de identificação imagóico-imagética, a mãe devolve-lhe uma imagem valorizada, confere-lhe uma identidade biográfica e atribui-lhe o género masculino. Quanto à introdução de terceiros elementos, há momentos em que a mãe não facilita a aproximação das três irmãs, o que pode ser explicado pelo facto de ainda estar um pouco fusionada com este bebé. Em termos das respostas da Entrevista R, a mãe atribui apenas características positivas ao seu bebé e, apesar de não ter sido planeado, este bebé é agora muito investido.

Caso Maria e Luís

Esta mãe parece estar a viver o estado de preocupação maternal primária, mostrando-se completamente disponível para a relação. Apesar de o bebé ter nascido prematuramente, esta mãe vai acreditando progressivamente nas competências do bebé em estudo e faz uma valorização das mesmas. É evidente a capacidade de *rêverie* desta mãe, que é capaz de pensar sobre as necessidades do bebé e lhe proporciona a satisfação das mesmas. A forma como pega no bebé ao colo e o segura é reveladora de um *holding* e *handling* adequados e contentores. A amamentação tem uma tonalidade afectiva muito positiva e há um contacto permanente. Para além disso, esta mãe brinca com o corpo do bebé, promovendo assim o sentimento de continuidade e de consciência dos limites corporais. Apesar de prematuro, este bebé é proactivo. A sua identidade é pouco consistente, sem que haja qualquer referência ao seu nome ou género sexual, pelo que os dois gémeos parecem, por agora, um pouco indistintos. Em relação à introdução de um terceiro elemento, a mãe apresenta ao bebé o seu irmão gémeo, o pai e a observadora, num movimento de expansão social da relação. A propósito da Entrevista R, existe alguma escassez projectiva, mas caracteriza o bebé positivamente.

Caso Lúcia e António

Em relação à capacidade de *rêverie*, existe nesta mãe alguma habilidade para perceber o que o bebé está a sentir, colocando-se no seu lugar e satisfazendo as suas necessidades funcionais e emocionais. Em termos de *holding* e *handling*, tem muita facilidade em pegar neste bebé e em envolvê-lo com o seu corpo. É uma mãe muito táctil, que brinca com as diferentes partes do corpo do bebé e que consegue dar-lhe prazer desta forma. Contudo, esta mãe apresenta, por vezes, alguns comportamentos intrusivos, designadamente quando tenta que o bebé chuche no dedo à força ou quando tenta que ele se mantenha em pé, o que pode revelar um desrespeito pelos ritmos próprios do bebé. É como se estivesse a tentar promover precocemente a autonomia do bebé e a capacidade de se auto-estimular, o que é o contrário do que é vivido num estado de preocupação maternal primária. A identidade biográfica e sexual deste bebé é ainda superficial e pouco consistente, mas a presença constante de muita gente em casa é um indício de uma abertura ao que é externo à relação. O bebé demonstra ser muito activo e procura a interacção, não só com a mãe, como com todas as pessoas. Na Entrevista R, a mãe atribui características positivas ao bebé. Identifica-se com o bebé, mas não é capaz de descrever o seu marido enquanto pai, o que pode indicar que este homem não está muito presente na relação.

Caso Sandra e Alexandre

A experiência de maternidade é vivida por esta mulher como uma circunstância que não a valoriza narcisicamente e daí o desejo persistente de que este filho cresça depressa e se autonomize. Verifica-se nesta mãe o oposto ao encantamento que é vivido no estado de preocupação maternal primária. Tem tendência a comparar este filho com o irmão e dessa comparação resulta uma depreciação deste filho a quem, de alguma forma, é também atribuída a culpa pelo aparecimento da diabetes durante a gravidez. Quanto à capacidade de *rêverie*, as respostas que dá nem sempre são as mais adequadas. Tem alguns comportamentos intrusivos, nomeadamente quando acorda o bebé propositadamente ou quando insiste que ele mame, o que revela pouca sensibilidade e desrespeito pela sua ritmicidade. Oscila entre alguns comportamentos contentores e comportamentos um pouco negligentes, não respondendo de imediato ao desconforto do bebé. Porém, quanto às capacidades de *holding* e *handling*, esta mãe tem facilidade em pegar no bebé e envolvê-lo com os seus braços, demonstrando que é contentora através do tacto. A identidade deste bebé é muito pouco consistente e ainda não conquistou uma subjectividade. Em termos da introdução do terceiro elemento, ela está limitada à observadora. Na Entrevista R, a mãe atribui espontaneamente apenas características negativas ao bebé e há dificuldade em identificar o bebé consigo ou com o marido.

Caso Anabela e Inês

A gravidez foi vivida com ansiedade, envolvendo alguma angústia de morte e o momento do parto foi vivido de forma traumatizante. O bebé real não correspondeu ao que esta mãe tinha imaginado e esse confronto parece ainda não ter sido resolvido. Não está presente o estado de preocupação maternal primária, este bebé é pouco activo e é mesmo como se desaparecesse na relação. Por vezes, o bebé desvia o olhar do da mãe, o que poderá indicar uma retirada da relação, no sentido de se proteger de uma relação que é sentida como agressiva. Esta mãe está pouco envolvida na relação e o facto de estar muito centrada sobre si própria traduz-se numa capacidade de *rêverie* limitada. A mãe cria uma visão persecutória da filha, o discurso centraliza-se no tema da analidade e toda a relação com o bebé desenvolve-se em torno das temáticas limpeza/sujidade, numa linha obsessiva. Há uma projecção maciça evacuativa de características muito negativas neste bebé. Em relação ao *holding* e *handling*, existem alguns momentos em que a mãe demonstra alguma dificuldade em a suster nos braços. Quanto à identidade deste bebé, ela começa por ser denominada pelo nome próprio, mas ao longo das observações passa a ser chamada de "filha", o que pode apontar no sentido de começar a ser vista como uma extensão do seu *self*. A inclusão é só feita em relação ao pai, mas é sempre feita pela negativa e numa base crítica. Em resposta à Entrevista R, à criança são atribuídas características positivas, o que dá conta da ambivalência em relação à percepção da mãe tem do seu bebé.

Caso Sara e Marta

Este bebé não foi planeado, mas é amado e investido. O bebé imaginário da mãe não correspondeu ao bebé real, mas parece ter sido realizado o luto do bebé imaginário. Esta é uma mãe muito afectuosa e o bebé procura activamente o contacto com a mãe, sendo visível a sintonia na díade. No entanto, é notório que a mãe não está a viver um estado de preocupação maternal primária. Pelo contrário, ela está muito centrada no outro filho de dois anos e tornou-se evidente, ao longo das observações, a ausência de um espaço próprio para a relação com o bebé, pela dificuldade de diferenciação dos dois filhos. Esta mãe demonstra ter capacidade de *rêverie*, pela forma como interpreta o que o bebé está a sentir e lhe responde adequadamente. Da mesma forma, existe capacidade contentora e de transformação das angústias do bebé, pelo que a consegue acalmar. O *holding* e o *handling* estão presentes e traduzem-se na forma correcta de envolver o bebé nos braços, que o faz sentir confortável. Mais especificamente, a mãe é muito adequada nos momentos de amamentação, revelando-se calma e segura ao suster o bebé nos braços. Esta mãe confere ao bebé uma identidade biográfica e sexual muito fortes e investe na imagem feminina do bebé. A introdução do terceiro elemento vai surgindo, ao longo das observações, na forma de referências ao irmão, à avó e à observadora. Em relação à Entrevista R, a mãe confere características positivas ao bebé e afirma que este é parecido consigo, com o pai e com o irmão.

DISCUSSÃO E CONCLUSÃO

O objectivo principal da investigação foi abordar a questão das diferenças culturais, comparando os padrões de interacção mãe-bebé em dois grupos – grupo de raça branca e grupo de raça negra. Ao mesmo tempo, reflectiu-se sobre a interacção mãe-bebé através da análise compreensiva de seis casos. A reflexão sobre os mesmos foi realizada com base no modelo dinâmico, que tem contribuído para um melhor entendimento do que se passa na relação precoce e sobre o seu papel fundamental na formação do *self* e no desenvolvimento humano.

A propósito da grande diversidade cultural, a existência de alguns estudos (Brazelton *et al.*, 1976; Rosser *et al.*, 1989; Bradley *et al.*, 2001; McLoyd *et al*, 2002; Rogoff *et al.*, 1989; Keefer *et al.*, 1991; Ispa *et al.*, 2004) reveladores de que existem diferenças nas interacções mãe-bebé entre diferentes grupos culturais conduziu a uma curiosidade em explorar essas mesmas disparidades, embora os resultados encontrados não possam constituir generalizações científicas e/ou constituir paradigmas, dado o número limitado de participantes neste estudo.

Assim, em relação às diferenças nos padrões de interacção mãe-bebé em díades de raça branca e díades de raça negra podemos dizer que, em termos de comportamentos verbais maternos, o grupo de mães de raça branca que participou no estudo demonstrou um número mais elevado de interacções verbais (directivas, críticas, elogios e comentários) dirigidas aos seus bebés em relação ao grupo de mães negras. Por outro lado, em relação aos comportamentos tácteis, as mães de raça negra parecem privilegiar esse tipo de contacto. Desta forma, parece aceitável dizer que as duas culturas privilegiam diferentes modalidades de interacção e que, enquanto nas díades de raça branca, a relação se constrói principalmente pela palavra, que serve de organizador do pensamento, nas díades de raça negra, o contacto corporal e o tacto têm um papel mais expressivo na estruturação do *self*.

Os resultados obtidos relativamente à estimulação táctil e corporal nas díades de raça negra podem ser considerados quando pensamos no que alguns estudos demonstraram em relação ao desenvolvimento motor ser mais precoce nestes bebés. É evidente uma maior maturidade a este nível, em grande parte devida a uma promoção do tónus muscular por parte dos elementos da cultura (Keefer *et al.*, 1991). Da mesma forma, as práticas culturais de pegar muito ao colo encorajam o sentar e andar (Lester *et al.*, 1981, cit. por Rosser *et al.*, 1989) e também o contacto próximo e permanente com estas mães é extremamente facilitador do desenvolvimento corporal dos bebés de raça negra (Cole *et al.*, 2001).

Verificou-se, também, um número mais elevado de comportamentos intrusivos por parte das mães de raça negra. Estes comportamentos são definidos como um conjunto de acções insensíveis por parte das mães, que não respeitam os ritmos dos bebés e perturbam do estado de homeostasia, ao estimularem excessivamente e ao interromperem iniciativas das crianças. No presente estudo, tomamos como exemplos o que aconteceu em alguns casos, como a insistência para que o bebé chuchasse no dedo ou para que se pusesse em pé, tendo associado um desejo que o bebé se desenvolva e cresça rapidamente. Se, por um lado, aos nossos olhos, estes comportamentos podem ser vistos como algo desadequados, podemos também ponderar se não serão apenas um modo diferente de interagir com os bebés desta cultura, no sentido de promover a sua autonomia desde cedo, bem como a sua capacidade de tolerância à frustração. Assim, há que notar que a Psicanálise é um instrumento de leitura com influências culturais e sócio-históricas e, o que pode não ser aceitável à sua luz, pode sê-lo para determinada cultura.

Também os comportamentos de amamentação são mais evidentes nas díades de raça negra, nas quais a mama é como um intermediário da relação e serve não só para alimentar mas também acalmar e consolar o bebé. A introdução de terceiros elementos na relação é, da mesma forma, mais elevada na cultura africana, o que está relacionado com práticas activas de estimulação para o contacto social e uma maior abertura ao mundo em relação às díades de raça branca.

Relativamente aos comportamentos dos bebés, o choro é muito mais elevado nos bebés de raça branca, o que pode ser entendido como uma menor resistência à frustração, mas também como uma maior capacidade que os bebés de raça negra demonstram para se consolarem ou ainda que, pelo facto de serem mais tocados pelas mães, têm menos tendência para chorar. Verificou-se também que há, nos bebés de raça branca, uma maior tendência para oscilar entre os estados de vigília/sono, o que pode ser interpretado como um menor estado de alerta em relação aos outros bebés.

Um estudo de Brazelton *et al.* (1976) apontava já no sentido de haver desde cedo, nos bebés de origem africana, uma maior capacidade de se consolarem, ou seja, de mobilização de recursos defensivos, um maior interesse social e um maior estado alerta, o que é consistente com o que se verificou neste estudo.

Quanto ao sorriso dirigido à mãe, é mais elevado nos bebés de raça branca, provavelmente porque as mães também apresentam este comportamento mais frequentemente para com os seus bebés. No entanto, o toque dirigido é superior nos bebés de raça negra, que parecem ser mais proactivos neste sentido, o que está em sintonia com as modalidades de interacção que as suas mães mais utilizam, verificando-se assim correspondência. Em termos dos comportamentos de interacção mãe-bebé, o olhar mútuo é mais elevado nas díades de raça branca, enquanto o jogo/brincadeira é superior nas díades de raça negra. Assim, podemos pensar que talvez o olhar seja um comportamento mais presente na cultura de raça branca, ao passo que as interacções e brincadeiras são mais patentes nas díades de raça negra, cultura onde talvez haja, desde cedo, mais espaço para esse tipo de interacções.

No que respeita à relação precoce e ao papel que fortemente desempenha no desenvolvimento humano e estruturação do *self*, a reflexão sobre alguns conceitos permite-nos compreender melhor como a relação mãe--bebé contribui para o desenvolvimento físico e emocional do bebé.

Do confronto entre o "bebé imaginário" e o "bebé real" pode resultar o luto do bebé imaginário e a aceitação do real ou, pelo contrário, uma não aprovação das características do bebé, o que pode conduzir a um desenvolvimento anómalo do *self*, pela não admissão da realidade que o bebé constitui. Na díade 5, o bebé real não correspondeu ao bebé que a mãe tinha imaginado e parece que a mãe ainda não valoriza a bebé exactamente pelo que ela é. Para além disso, há uma projecção maciça de características muito negativas nesta bebé. Reconhecemos assim que os pais, ao desejarem e imaginarem como vai ser o seu bebé em termos de características físicas e psicológicas, fazem uma série de projecções que correspondem ao "bebé imaginário" de que fala Lebovici (1995), e que é muitas vezes oposto à realidade biológica e comportamental que constitui o "bebé real".

Como se pôde observar nalguns dos casos estudados, existem mães que se dispersam, que não estão centradas no bebé e para o qual não disponibilizam espaço mental, o que se pode traduzir negativamente no desenvolvimento psíquico dos bebés. Nas díades 3, 4 e 5 não existe um estado de encantamento em relação aos bebés, a maternidade não é vivida como uma condição de valorização narcísica e existe um desejo de que os bebés cresçam rapidamente para que se atenuem inquietações e, no caso 6, não há uma disponibilidade total para este bebé, já que o espaço mental é dividido com o seu outro filho. Isso vai no sentido da inexistência do estado de «preocupação maternal primária» de Winnicott (Lourenço, 2005), que dá conta de uma total disponibilidade por parte da mãe para cuidar do bebé nos primeiros meses de vida e proporciona um ambiente afectivo e acolhedor que oferece as condições ideais para o desenvolvimento motor, cognitivo e emocional. Em oposto, nas díades 1 e 2 é patente um estado de fusão com os bebés e as mães mostram-se completamente disponíveis para viver a relação e ir ao encontro da satisfação das necessidades dos mesmos.

Se nas díades 1, 2, 3, 4 e 6 é patente a desenvoltura e agrado com que as mães pegam nos seus bebés e os aconchegam no seu colo, no caso 5 é evidente uma insegurança, uma forma algo desadequada de pegar e segurar que dificulta a constituição do sentimento, por parte do bebé, de que possui um corpo próprio, o que pode indiciar uma dificuldade em reconhecer a continuidade do seu *self* e ter problemas a nível do desenvolvimento psíquico. Sabemos que boas capacidades de *holding* e *handling*, ou seja, de a mãe envolver o bebé nos seus braços e de transmitir um sentimento de segurança corporal e, consequentemente, psicológica, contribui para que o bebé tome consciência dos limites do seu corpo e para a constituição dos sentimentos de consolidação do Eu e de personalização que lhe permite reconhecer-se como uma pessoa una e com individualidade (Reis, 2003).

Enquanto as mães das díades 1, 2, 3 e 6 exprimem capacidade de *rêverie*, identificando as necessidades físicas e psicológicas do bebé com relativa facilidade e respondendo de forma adequada, as mães das díades 4 e 5, pela inexistência da mesma, não conseguem compreender o que o bebé está a sentir. Na primeira díade, as respostas que a mãe dá nem sempre são adequadas e, para além disso, ela decide as necessidades do bebé, desrespeitando a ritmicidade própria do bebé. No segundo caso, o que se passa é que a indisponibilidade por parte da mãe para investir na relação com o bebé limita a sua capacidade de satisfazer plenamente as suas necessidades e não consegue ser contentora das angústias. Não havendo contenção e compreensão, não há organização do pensamento, o que pode ter consequências devastadoras na formação do psiquismo. A capacidade de *rêverie*, conceptualizada por Bion, é notória quando a mãe consegue colocar-se no lugar do bebé e intuir o que ele está a sentir (Leal, 2001). Algumas mães chegam mesmo a estabelecer um diálogo imaginário com os bebés, revelando uma grande sensibilidade e, quando se ausentam por instantes, continuam a falar para que aqueles se sintam acompanhados. Ao demonstrarem a sua habilidade para transformar a dor e angústia do bebé e para as apaziguar fazem com que se desenvolva no bebé o pensamento e a capacidade de tolerar frustrações.

Nas díades analisadas, as mães das díades 1 e 6 reforçam o *self* emergente do bebé, conferindo desde cedo uma identidade de rapaz ou rapariga e chamando pelo nome próprio, ao passo que as outras mães (casos 2, 3, 4 e 5) não atribuem ainda uma identidade biográfica e sexual ou fazem-no de forma pouco consistente ou apenas implicitamente. Deste modo, as identidades são pouco consistentes e estes bebés ainda não conquistaram uma subjectividade. O processo de identificação imagóico-imagética, apresentado por Matos (2000), é um processo de atribuição da identidade de género feminino ou masculino através de mensagens conscientes e inconscientes por parte das pessoas que rodeiam o bebé, o qual é assimilado pela criança ao longo do seu desenvolvimento e constitui a noção de pertença ao género sexual.

Algumas mães introduzem outras pessoas na relação, como é o que acontece nas díades 2, 3, 4 e 6. Trata-se de um movimento de abertura ao mundo e de expansão social. Por outro lado, as mães das díades 1 e 5 preferem manter a relação dual, o que, a partir de certa altura, pode ser indicador de uma perturbação da relação e, consequentemente, de psicopatologia, pois o caminho para a autonomia advém do alargamento da relação a outras pessoas. Para além disso, a inclusão de terceiros na relação numa base negativa também não é saudável (caso 5). Sanchez *et al.* (1998) referem que a unidade originária tem a ver com a integração de um terceiro elemento na relação mãe-bebé, o que dá conta da abertura da própria mãe ao meio social e do seu interesse em mostrar o mundo ao seu bebé e em torná-lo um ser mais social. É no encontro de diferentes subjectividades e experiências que se organiza a mente, que surgem as emoções, que se constitui a identidade e se estabelece maior criatividade.

Como conclusão primordial deste trabalho, percebemos que é importante o estudo da relação mãe-bebé e do papel que as diferenças culturais desempenham, pelo que diferentes padrões de comportamento parecem ser privilegiados por diferentes culturas. Assim, podemos assumir que não existe um modelo de relação mãe-bebé perfeito, mas sim uma grande diversidade no que concerne aos comportamentos que são mais ou menos utilizados e que estão directamente relacionados com as diferentes culturas e respectivas modalidades interactivas. As duas culturas estudadas apresentam nuances relacionais e comportamentais distintas que foram observadas e registadas. Desta forma, a análise dessas diferenças parece importante em termos da intervenção que o psicólogo pode ter no contexto da saúde materno-infantil num Portugal com um mosaico cultural cada vez mais diversificado.

Para além disso, alguns conceitos desenvolvidos pela Psicanálise têm permitido entender esta relação e um estudo aprofundado da interacção mãe-bebé pode contribuir para a prevenção precoce do desenvolvimento de patologias, numa perspectiva de promoção de saúde mental. É nesta relação tão próxima e tão especial que o bebé aprender a pensar e a tornar--se pessoa.

Como limitações deste estudo pode apontar-se o facto de não se ter conseguido controlar o factor socioeconómico dos grupos, o que se traduziu numa certa discrepância. O facto de uma das mães ter gémeos tornou o processo de observação mais complexo e é de admitir que isso possa ter influência nos resultados. Para além disso, a forma como se registaram e categorizaram as observações é muito subjectiva, dependente da forma como o observador as entendeu e esse facto pode ter, nalgumas situações, enviesado os resultados.

Na continuidade da realização de estudos sobre as diferenças culturais na relação mãe-bebé e, no caso de se querer investigar futuramente a interacção mãe-bebé comparando díades de raça branca e de raça negra com o objectivo de desenvolver teorizações sobre essas diferenças culturais, o ideal seria constituir uma amostra maior e, portanto, mais significativa. Ainda em complemento deste estudo, seria interessante conhecer os padrões de interacção mãe-bebé de outras culturas como forma de compreender, alargar e enriquecer o nosso conhecimento da relação precoce.

REFERÊNCIAS BIBLIOGRÁFICAS

ALARCÃO, M., RELVAS, A. P. e SÁ, E. (2004), «A Complementaridade das Interacções Mãe-Bebé». *In* Eduardo Sá (Ed.), **A maternidade e o bebé** (2.ª ed). Lisboa: Fim de Século.

BRAZELTON, T. B., KOSLOWSKI, B. e TRONICK, E. (1976), «The Behavior of Newborn Children in Two Different Cultures: Neonatal Behavior among Urban Zambians and Americans». *In* P. Banyard e A. Grayson (Eds.) (1996), **Introducing Psychological Research** (2nd edition) (pp. 228-234). Palgrave.

BRAZELTON, T. B. e CRAMER, B. G. (2004), **A Relação mais Precoce: Os Pais, os Bebés e a Interacção Precoce** (4.ª ed). Lisboa: Terramar.

CANAVARRO, M. C. (2001), «Gravidez e Maternidade – Representações e Tarefas de Desenvolvimento». *In* Canavarro, M. C. (Ed.), **Psicologia da Gravidez e da Maternidade** (pp. 17-49). Coimbra: Quarteto.

COLE, M. e COLE, S. (2001), **The Development of Children**. (4th ed) (pp. 79-107). New York: Worth Publishers.

CYRULNIK, B. (1995), **Sob o Signo do Afecto** (pp. 25-67). Lisboa: Instituto Piaget.

FONAGY, P., GERGELY, G., JURIST, E. e TARGET, M. (2002), **Affect Regulation,**

Mentalization and the Development of the Self (pp. 23-64). London: Karnac.

GOMES-PEDRO, J. (2005), «A Criança no Século XXI». *In* J. Gomes-Pedro, J. K. Nugent, J. G. Young, e T. B. Brazelton (Eds.), **A Criança e a Família no Século XXI** (pp. 23-48). Lisboa: Dinalivro.

ISPA, J., FINE, M., HALGUNSETH, L., HARPER, S., ROBINSON, J., BOYCE, L., BROOKS--GUNN, J. e BRADY-SMITH, C. (2004), «Maternal Intrusiveness, Maternal Warmth, and Mother-Toddler Relationship Outcomes: variations across low-income ethnic and acculturation groups». *In* **Child Development**, 6 (pp. 1613-1631).

KEEFER, C., DIXON, S., TRONICK, E. e BRAZELTON, T. (1991), «Cultural Mediation Between Newborn Behavior and Later Development: Implications for Methodology in Cross-Cultural Research». *In* **Cultural Context of Infancy: Multicultural and interdisciplinary approaches to Parent-Infant Relations**, 2 (pp. 39-61). Norwood: Ablex.

LEAL, I. (2001), «O Feminino e o Materno». *In* M. C. Canavarro (Ed.), **Psicologia da Gravidez e da Maternidade** (pp. 51-74). Coimbra: Quarteto.

LEBOVICI, S. e STOLERU, S. (1995), **Interaction Parent-Nourrisson: Nouveau Traite de Psychiatrie de l'Enfant et de l'Adolescent**, 1 (pp. 319-339). Paris: Puf.

LIPSITT, L. P. (2005), «A Experiência Precoce e o Comportamento do Bebé no Século XXI». *In* J. Gomes-Pedro, J. K. Nugent, J. G. Young e T. B. Brazelton (Eds.), **A Criança e a Família no Século XXI** (pp. 23-48). Lisboa: Dinalivro.

LOURENÇO, L. (2005), **O Bebé no Divã – Desenvolvimento Emocional Precoce: Amar e Pensar com o Bebé e os seus Pais**. Coimbra: Livraria Almedina.

MACHADO, M. C., SANTANA, P., CARREIRO, M. H., NOGUEIRA, H., BARROSO, M. R. e DIAS, A. (2006), **Iguais ou Diferentes? Cuidados de Saúde Materno-Infantil a uma População de Imigrantes**. Lisboa: Bial.

MATOS, A. C. (2000), «Construção da Identidade Sexual». *In* J. Gomes-Pedro e A. Barbosa (Eds.), **Sexualidade** (pp. 67-71). Faculdade de Medicina. Universidade de Lisboa.

MATOS, A. C. (2002), «A Relação Precoce Mãe-Filho». *In* A. Coimbra de Matos, **Desespero** (pp. 165-167). Lisboa: Climepsi Editores.

NUGENT, J. K. (2005), «O Contexto Cultural do Desenvolvimento da Criança: Implicações Para a Pesquisa e Para a Prática Clínica do Século XXI». *In* J. Gomes-Pedro, J. K. Nugent, J. G. Young e T. B. Brazelton (Eds.), **A Criança e a Família no Século XXI** (pp. 137-152). Lisboa: Dinalivro.

PÉREZ-SANCHEZ, M. e CHBANI, H. (1998), **O Quotidiano e o Inconsciente: O que se Observa torna-se Mente**. Lisboa: Climepsi.

PIONTELLI, A. (2003), «L'Observation du Foetus». *In* C. Geissman e D. Houzel

(Ed.), **L'enfant, ses Parents et le Psychanalyste** (pp 433-446). Paris: Bayard Editions.

REIS, N. (2003), «De feto a bebé». *In* E. Sá (Ed.), **Psicologia do Feto e do Bebé** (3.ª ed.). Lisboa: Fim de Século.

ROGOFF, B. e MORELLI, G. (1989), «Perspectives on Children's Development from Cultural Psychology». *In* M. Gauvin e M. Cole (Eds.), **Reading on the Development of Children** (pp. 11-15). W. H. New York: Freeman and Company.

ROSA, J. C. (2006), «A Separação: Pressuposto Fundamental da Unidade Originária». *In* J. C. Rosa e S. Sousa (Eds.), **O Caderno do Bebé** (pp. 115-118). Lisboa: Fim de Século.

ROSSER, P. L. e RANDOLPH, S. M. (1989), «Black American Infants: the Howard University Normative Study». *In* **Cultural Context of Infancy: Biology, Culture and Infant Development**, vol. 1 (pp 133-165). New Jersey: Ablex Publishing Corporation.

SÁ, E. (1997), «Reflexões a Propósito da Vida Emocional e do Pensamento dos Bebés». *In* Eduardo Sá (Ed.), **A Maternidade e o Bebé** (pp. 107-117). Lisboa: Fim de Século.

SÁ, E. (2002), «Os Bebés Já Nascem a Falar». **Transições da 1.ª Infância à Adolescência: Actas do 2.º Encontro do Centro Doutor João dos Santos – Casa da Praia**. Lisboa: C. D. J. S. – C. P.

SEABRA-SANTOS, M. J. (2001), «Conhecer as Competências do Recém-Nascido». *In* M. C. Canavarro (Ed.), **Psicologia da Gravidez e da Maternidade** (pp. 133-160). Coimbra: Quarteto.

SCHAFFER, H. R. (2002), **Decidir Sobre as Crianças** (pp. 41-48). Lisboa: Instituto Piaget.

SOARES, I. (2001), «Vinculação e Cuidados Maternos: Segurança, Protecção e Desenvolvimento da Regulação Emocional no Contexto da Relação Mãe-Bebé». *In* M. C. Canavarro (Ed.), **Psicologia da Gravidez e da Maternidade** (pp. 75-104). Coimbra: Quarteto.

STERN, D. e STERN, N. B. (2000), **O Nascimento de uma Mãe – Como a Experiência da Maternidade Transforma uma Mulher**. Porto: Âmbar.

DESTE LADO DO ESPELHO – A INTERACÇÃO MÃE-BEBÉ EM SITUAÇÕES DE DEPRESSÃO MATERNA

MIGUEL AREOSA FEIO [1]

RESUMO: Este trabalho apresenta-se como um estudo de caso que visa a identificação de padrões interactivos de mães deprimidas com os seus bebés, objectivo cuja relevância se prende com intervenção precoce ao nível das eventuais desadequações de tais interacções. Esta análise é efectuada pela observação da interacção, o que possibilita verificar determinadas associações destes comportamentos com funções psíquicas essenciais para o desenvolvimento psicológico do bebé.

Para o desenvolvimento deste estudo de caso, utilizou-se uma variante do método de Observação de Bebés de Esther Bick, o qual consistiu em 4 visitas ao domicílio de 4 díades mãe-bebé. Estas díades foram recolhidas através de uma amostragem por conveniência, cuja principal característica se prende com o facto de duas mães apresentarem um diagnóstico de depressão. Estas mães responderam ainda a um questionário de auto-estima materna.

Através dos resultados e da sua análise foi possível perceber que existe uma tendência da parte das mães deprimidas para interagirem com os seus bebés de uma forma desajustada. Ao nível da auto-estima destas mulheres, denota-se que existe uma auto-percepção de desempenho como mães bastante pobre. Estas interacções caracterizam-se como bastante assincrónicas, pelo que o desencontro entre mãe e bebé se verifica como nota dominante com implicações para o normal desenvolvimento psíquico do bebé.

[1] Psicólogo clínico e psicoterapeuta; Membro da equipa clínica do NIB (Núcleo de Investigação do Bebé). Psicoterapeuta convidado da EDUCARES; Psicólogo da Escola Profissional Bento Jesus Caraça. A frequentar o Curso de Especialização em Psicoterapia (CEPSI) pela Contemporânea e UAL.

Email: miguelareosafeio@gmail.com; nucleobebe@gmail.com

PALAVRAS-CHAVE: Interacção Mãe-Bebé, Depressão, Método de Observação de Esther Bick, Auto-Estima Materna

TITLE: *This side of the mirror – Mother-child interaction in Motherhood depression situation*

ABSTRACT: *This paper is presented as a case study that aims the identification of interactive standards of depressed mothers with their babies. The relevance of these goals lays in precocious intervention in case of eventual misadjusted of such interactions. The analysis is made by the observation of the interaction, which turns possible to verify associations of these behaviors with essential psychic functions in baby's psychological development.*

To develop this case study, a variant of Esther Bick's Baby Observation Method was used, which consisted of 4 domicile visits to all the 4 mother-child dyads. These dyads were found through a convenience sampling for whose main characteristic lays in the fact that two mothers present a depression diagnosis. These mothers had also answered a questionnaire of mothering self-esteem.

Through the results and its analysis was possible to perceive that exists a lean of depressed mothers to interact with their babies in a misadjusted way. In terms of self- esteem these women show a poor auto-perception performance as mothers. These interactions are also characterized as very asynchrony, with huge failure in the meeting between mother and baby, with implications to his normal psychic development.

KEYWORDS: *Mother-Child Interaction, Depression, Esther Bick's Observation Method, Motherhood Self-Esteem*

A constituição do *self* com os seus diferentes níveis de organização e elementos constitutivos, construídos nas relações de objecto, tenta ser percebida na matriz relacional mãe-bebé (Gonçalves, 2003), já que é na interacção com a mãe que o bebé existe enquanto *si mesmo* (Figueiredo, 2003). A interacção mãe-bebé tem sido vista como o diálogo comportamental, uma conversa, que acontece entre a mãe e o bebé com o objectivo de permitir, a ambos, uma partilha e um prazer por estarem juntos (Esteves, Pires e Valada, 2001). Para Lebovici (1983, cit. por Figueiredo, 1997) é um processo através do qual a mãe entra em contacto com o filho, dirigindo-lhe mensagens às quais o bebé responde através dos seus próprios recursos.

Em termos genéricos, a função do aparelho psíquico da mãe é a de organizar o *self* da criança, é a função continente e a capacidade de *rêverie* (Bion, 1961, 1962, cit. por Lourenço, 2005), é o ser uma mãe suficientemente boa capaz de exercer uma função de *holding* (Winnicott, 1956, 1960), é a capacidade de funcionar como uma pele contentora (Esther Bick, 1968; Anzieu, 1985, ambos cit. por Lourenço, 2005), limitadora das partes clivadas do *self* e a de ser um objecto ao qual a identificação imagóico-imagética (Coimbra de Matos, 2002), saudável, é possível.

Brazelton e Cramer (1989) falam, ainda, de alguns aspectos essenciais na interacção entre os pais e o bebé como a sincronia, a simetria ou a contingência. A interacção mãe-bebé está de sobremaneira associada ao conceito de vinculação de Bowlby (1982) – mais tarde desenvolvido por Ainsworth (Tracy e Ainsworth, 1981) –, a base da constituição da personalidade, explicativa da tendência que os humanos têm para estabelecer vínculos afectivos fortes desde muito cedo, ainda durante a gravidez, neste caso com um bebé imaginário que prepara o surgimento do bebé real (Stern e Bruschweiller-Stern, 1998), aquilo a que Klaus e Kennell (1976, cit. por Figueiredo, 2005) chamaram *bonding*. O bebé reconhece, por outro lado, os movimentos expressivos da mãe, o que desencadeia respostas, aquilo a que Trevarthen (1977, 1979, cit. por Figueiredo, 1997) chamou de intersubjectividade. Neste contexto, Daniel Stern (2006) fala em intersubjectividade como algo que duas pessoas sentem e sabem mentalmente e ao mesmo tempo. Na interacção mãe-bebé, esta intersubjectividade primária surge, por exemplo, na coordenação mútua de movimentos ou antecipação das intenções do outro, numa correspondência de sentimentos e pensamentos (Trevarthen, 1999/2000, cit. por Stern, 2006).

Existem, no entanto, factores que interferem com os processos subjacentes à interacção mãe-bebé. A psicopatologia materna, nomeadamente a depressão, é um aspecto influente na desadequação da interacção mãe-bebé (Figueiredo, 1997). Apesar de o nascimento de um bebé ser uma ocasião normalmente gratificante para uma mulher, o risco de ocorrência de sintomas psicopatológicos é grande (Tammentie, Tarkka, Åstedt-Kurki, Paavilainen e Laippala, 2004), sendo que o período de um ano após o nascimento de um bebé é propício à ocorrência de sintomatologia depressiva nas mães (Klaus, Kennel e Klaus, 2000, cit. por Schwengber e Piccinini, 2004).

Esta depressão caracteriza-se por sentimentos de inadequação em lidar com o bebé, sentimentos de culpa, ansiedade, fadiga, choro, irritabilidade, perturbação do sono, desânimo, labilidade do humor, perda de identidade, retracção das relações sociais e decréscimo do interesse sexual (Pitt, 1969, cit. por Fradique, 1990). Martins e Gaffan (2000) acrescentam a apatia, o desespero, a hostilidade, a negligência ou a preocupação excessiva em relação à criança como impeditivos da normal interacção entre mãe e criança, o que pode introduzir problemas psicopatológicos e desenvolvimentais nesta última. Mães deprimidas têm, de um modo geral, pouca confiança no cumprimento do seu papel de cuidadoras, relatando, inclusive, um sentimento de auto-eficácia baixo (Downey e Coyne, 1990; Campo, 1992; Gelfand e Teti, 1990; Goodman e Emory, 1992; Kochanska, Radke-Yarrow, Kuczynski, e Friedman, 1987, cit. por Van Doesum Hosman, Riksen-Walraven, 2005), o que, a fim de diminuir a ansiedade, resulta em delegação da responsabilidade para cuidar do bebé, colocando-o à distância (Tavares, 1990). Figueiredo (1997) caracteriza a interacção da mãe deprimida com o seu bebé pelo fraco envolvimento emocional, pouca sensibilidade face a ele e às suas necessidades, grandes dificuldades no estabelecimento de uma interacção sincrónica e contingente e menores períodos de tempo de sintonia e atenção aquando da interacção; em relação ao contacto ocular, é gritante a dificuldade das mães deprimidas em iniciar e manter olhares mútuos com os seus bebés. São mulheres pouco estimulantes ao nível táctil e verbal face aos seus bebés, cujas respostas passam pela passividade, alheamento e desinteresse. Para Stern (1997, cit. por Frizzo e Piccinini, 2005), quando está deprimida, a mãe rompe o contacto visual com o bebé e não tenta retomá-lo, torna-se menos responsiva e a sua animação e tonicidade desaparecem.

Os bebés são sensíveis ao estado de humor das mães durante as interacções precoces, com consequências para a própria interacção, nomeadamente ao nível da contingência interactiva, que decresce comparativamente a casos em que a sintomatologia depressiva da mãe não se verifica (Zekoski, O'Hara e Wills, 1987, cit. por Figueiredo, 1997). São bebés que apresentam maior irritabilidade e menor desenvolvimento motor logo nas primeiras horas de vida, o que indica comportamentos desadequados ainda antes da interacção mãe-bebé (Field, 1995, cit. por Figueiredo, 2005); são mais inibidos, menos activos e menos exploratórios (Field, Diego, Hernandez-Reif, Schanberg e Kuhn, 2002; Hart, Jones, Field e Lundy, 1999, cit. por Hernandez-Reif, Field e Diego, 2004). Crianças que convivem com mães deprimidas demonstram dificuldades na regulação emocional, na cooperação e impulsividade (Cohn e Campbell, 1992; Field, 1992, cit.

por Dietz, Jennings e Abrew, 2005). São também bebés que manifestam muitas birras, consequência de um limiar de tolerância à frustração extremamente baixo (Marques, 2003). Têm maior probabilidade de se tornarem menos sociáveis e tendem a ter problemas comportamentais, nomeadamente no âmbito da alimentação e sono, e são frequentemente inseguros (Cicchetti, Rogosch e Toth, 1998, cit. por Van Doesum *et al.*, 2005). São ainda descritos como menos auto-confiantes, mais dependentes e com menos capacidade para fazer amigos (Elicker, Englund e Sroufe, 1992, cit. por Van Doesum *et al.*, 2005).

Dado que a depressão interfere negativamente com a interacção mãe-bebé, e esta está intimamente associada ao processo vinculativo, é natural que surjam, em casos de depressão, vinculações perturbadas do tipo inseguro ou desorganizado, o que predispunha os bebés à psicopatologia, nomeadamente à depressão (Radke-Yarrow *et al.* 1995, cit. por Figueiredo, 1997). Assim, o padrão relacional inseguro entre bebé e mãe associado à depressão materna pode ser visto como um factor de risco evidente para o desenvolvimento da criança.

A influência negativa das primeiras interacções entre mãe deprimida e o seu bebé prende-se com consequências no desenvolvimento afectivo, cognitivo e social da criança (Cummings e Davies, 1994; Dodge, 1990; Field, 1998; Tronick e Weinberg, 1997, cit. por Schwengber e Piccinini, 2004). As mães deprimidas frustram frequentemente as expectativas dos seus filhos, já que ora as criam, ora as suas próprias necessidades se impõem face às do bebé. Isto deixa-os num estado de desamparo e depressão (Brazelton e Cramer, 1989). André Green (1980, cit. por Golse, 2002) fala de uma «mãe morta», responsável pelo estabelecimento de uma depressão precoce no bebé. Tal fenómeno aconteceria devido a factores descritos pelo autor e que passam, fundamentalmente, por um desinvestimento do bebé face à mãe como resposta a um desinvestimento desta face a ele.

É importante que estas famílias, cuja mãe apresenta depressão, sejam acompanhadas através de actividades de prevenção e intervenção, visando a promoção da saúde mental tanto das mães como das crianças (Frizzo e Piccinini, 2005). Winnicott dizia que um bebé não pode existir sem a sua mãe e que esta funciona, para si, como um espelho no qual se revê. Uma mulher deprimida, com objectos idealizados investidos como reais, não possui espaço mental para os outros. Uma mãe deprimida exacerba esta dificuldade, o que se torna ainda mais dramático na medida em que existe um ser dependente de si e da sua disponibilidade, no qual não consegue investir e do qual tem dificuldade em cuidar. Esta mãe não pode funcionar como espelho para o seu bebé que nunca chega a questionar-se, como a Alice no País da Maravilhas, acerca do que estará do lado de lá do espelho, pois o lado de cá permanece demasiado oculto.

Aquilo que este estudo pretende é verificar a existência de eventuais dinâmicas interactivas desajustadas, cujo correlato para o normal nascimento e desenvolvimento da criança enquanto ser psíquico é importante identificar. A observação dos padrões interactivos e sua associação a funções psicológicas, quer da mãe quer do bebé, é um meio privilegiado para atingir esse fim.

METODOLOGIA

Participantes

Este estudo terá como método o estudo de caso do tipo descritivo, na medida em que pretende descrever um acontecimento, com casos múltiplos, 4 díades divididas em dois grupos distintos compostos por duas parelhas cada. Num dos grupos, as mães possuem um diagnóstico de depressão anterior ao parto (díades D1 e D2, recrutadas num centro de Saúde da região de Lisboa), enquanto no outro grupo essa variável não se verifica (díades ND1 e ND2). As mães pertencem a um estrato sócio-económico entre o médio-baixo e o médio, têm idades compreendidas entre os 26 e 31 anos. Os bebés são dois do sexo masculino e dois do sexo feminino e começaram a ser observados com idades compreendidas entre os 21 e 31 dias.

Instrumentos

Método de observação de bebés de Esther Bick

O principal instrumento de recolha de dados foi o Método de Observação de Bebés de Esther Bick, método fundamental para compreender o comportamento não-verbal do bebé, bem como o contexto em que se desenrolam as primeiras interacções. Neste âmbito, segundo Lourenço (2005), a observação de bebés pode tornar-se um poderoso meio de identificação de problemáticas, funcionando como um elemento preventivo da doença mental nestes sujeitos.

Bracco (1997, cit. por Appio e Matte, 1999) conceptualiza este método em três aspectos fundamentais. O primeiro momento passa pelo treino da capacidade de observar, a partir da interacção mãe-bebé, funções e factores psicológicos que lhes estão associados. O observador deveria explicar que pretende adquirir uma maior experiência com crianças como complemento à sua formação. No que diz respeito à observação propriamente dita, Esther Bick (1964) afirmava que estas visitas devem ser feitas desde o nascimento do bebé até ao final do segundo ano de vida, deveriam ter a duração de uma hora com data e horas estabelecidas em acordo, nas quais o observador não poderia tomar quaisquer notas, já que, segundo Esther Bick, esse seria um factor influenciador da normal interacção. Durante o segundo momento, o da observação propriamente dita, a postura seria a da não intervenção com atenção flutuante. A terceira etapa é a do registo dos elementos observados. Tais elementos são posteriormente discutidos num grupo de supervisão, algo que se vê como fundamental para efectivar as formulações acerca de um determinado padrão interactivo (Bick, 1964).

Os dados obtidos nas observações foram analisados através de tabelas de análise de conteúdo constituídas para o efeito pela Professora Ana Paula Rocha (2003), através de uma compilação de itens provenientes da Escala de Interacção Alimentar (IRSal), da Grelha de Interacção Mãe-bebé de Beckwith *et al.* (1976), da Grelha de Interacção de Lebovici/ /Bobigny (1983) e da Grelha de Observação da Interacção mãe-bebé em Situação de Interacção Livre (GOISIL), (1992).

Inventário de auto-estima materna

Outra técnica utilizada foi a aplicação do Inventário de Auto-Estima Materna (MSI), retirado de Quintas (2002). O MSI foi criado por Shea e Tronick em 1988 (cit. por Quintas, 2002) e construído a partir de outros instrumentos: Child Rearing Attitudes (Schafer e Bell, 1959); Maternal Attitudes Toward Pregnancy (Blau *et al.*, 1963); o Inventário de Grenberg e Hurley (1971); e o Maternal Personality Inventory (1977).

A versão original contempla 100 questões que abrangem sete dimensões consideradas, pelos autores, como representativas da Auto-estima Materna:

- capacidade para cuidar do bebé;
- capacidade e preparação geral para a função materna;
- aceitação do bebé;
- relação esperada com o bebé;
- sentimentos respeitantes à gravidez, trabalho de parto e parto;
- aceitação parental;
- imagem corporal.

Procedimento

Para cada uma das díades houve um procedimento anterior ao método propriamente dito, no qual se efectuou um primeiro contacto. Em relação às díades cujas mães não se encontravam deprimidas, os primeiros contactos foram efectuados via telefone, enquanto as díades de mães deprimidas foram contactadas através de uma enfermeira de um Centro de Saúde da região de Lisboa, sendo que a explicação do estudo foi efectuada nesse contexto. Assim, neste primeiro contacto, foi explicado aquilo que se pretendia, foram acordados os dias da observação, sendo que as horas seriam combinadas no próprio dia, já que dependiam sempre dos horários do bebé.

Em relação ao procedimento das observações propriamente ditas, por serem momentos relativamente idênticos para cada uma das díades, a descrição será feita em termos gerais, correspondendo a todas as observações efectuadas:

- Durante o dia da observação a mãe indica, via telefone, a hora a que o bebé irá tomar o banho e comer.
- À hora combinada chego a casa das famílias.
- A observação processa-se sem intervenção, acompanhando o quotidiano da díade, pelo que os ritmos e acontecimentos se desenrolam o mais espontaneamente possível, de acordo com as características de cada díade.
- No final dos 50 minutos informo que o tempo da observação terminou, despeço-me e saio.

No dia da primeira observação foi deixado em casa de cada uma das díades o Inventário de Auto-Estima Materna, recolhido no dia das segundas observações.

O procedimento acima descrito foi o utilizado para cada uma das observações, sendo que após cada visita os dados foram transcritos para texto e posteriormente para as tabelas de análise de conteúdo.

RESULTADOS

Os resultados podem ser analisados para as diferentes categorias da análise de conteúdo, cujos dados foram obtidos pela observação das díades, bem como pelos resultados do Inventário de Auto-Estima Materna.

QUADRO 1 – **Valores do MSI**

	Mães não deprimidas		Mães deprimidas	
	Díade ND1	Díade ND2	Díade D1	Díade D2
Capacidade para cuidar do bebé	23	21	19	14
Capacidade e preparação geral para a função materna	21	24	18	20
Aceitação do bebé	24	22	21	19
Relação esperada com o bebé	25	24	19	24
Sentimentos face à gravidez e parto	22	16	11	10
Total do Inventário	115	107	88	87

Em relação à auto-estima materna, o factor de maior realce encontra-se na constatação do facto das mães deprimidas demonstram resultados totais bastante inferiores (88 e 87 destas contra 115 e 107 das mães não deprimidas), valores que se justificam essencialmente pela capacidade para cuidar do bebé e para a função materna e sentimentos face à gravidez e parto

QUADRO 2 – **Linguagem da mãe**

QUADRO 2.1 – **Valores Totais**

Díade ND1	Díade ND2	Díade D1	Díade D2
77	73	36	43

QUADRO 2.2 – **Directivas**

Díade ND1	Díade ND2	Díade D1	Díade D2
20	23	6	11

QUADRO 2.3 – **Críticas**

Díade ND1	Díade ND2	Díade D1	Díade D2
4	3	14	8

QUADRO 2.4 – **Elogios**

Díade ND1	Díade ND2	Díade D1	Díade D2
12	9	1	6

QUADRO 2.5 – Comentários

Díade ND1	Díade ND2	Díade D1	Díade D2
38	36	14	18

QUADRO 2.6 – Respostas às vocalizações

Díade ND1	Díade ND2	Díade D1	Díade D2
3	2	1	0

No que diz respeito aos valores totais, as diferenças são claras entre cada um dos grupos, pelo que se verifica que as mães não deprimidas utilizam mais a linguagem para interagir com os seus filhos do que as mães deprimidas. Esta tendência verifica-se para cada um dos factores da linguagem, exceptuando o discurso crítico. Para este critério, verifica-se que nas díades deprimidas, principalmente na Díade D1, se utiliza frequentemente o discurso crítico com incidências muito superiores às verificadas nas mães não deprimidas.

Por fim, salienta-se o facto de existirem poucas respostas às vocalizações dos bebés em todas as mães, algo que terá de ser comparado e contextualizado com as próprias vocalizações das crianças, análise feita de seguida.

QUADRO 3 – **Linguagem do bebé**

QUADRO 3.1 – Valores Totais

Díade ND1	Díade ND2	Díade D1	Díade D2
16	26	26	20

QUADRO 3.2 – Vocalizações

Díade ND1	Díade ND2	Díade D1	Díade D2
3	4	3	0

QUADRO 3.3 – Choro

Díade ND1	Díade ND2	Díade D1	Díade D2
13	22	23	20

Neste ponto de análise, verifica-se que não existem muitas diferenças nos valores totais que os quatro bebés apresentam em termos de linguagem, apesar do bebé da Díade ND1 apresentar sensivelmente menos comportamentos linguísticos, comparativamente aos outros. Ao analisar o tipo de linguagem específico, denota-se que as vocalizações são parcas em todos os bebés, algo que vai ao encontro daquilo que se verificou acerca das respostas às vocalizações dos bebés da parte das mães. Apesar dos valores baixos e, portanto, pouco significativos, as mães deprimidas não responderam tantas vezes quantas as vocalizações emitidas pelos seus bebés.

QUADRO 4 – **Resposta ao desconforto**

QUADRO 4.1 – Valores Totais

Díade ND1	Díade ND2	Díade D1	Díade D2
11	27	16	15

QUADRO 4.2 – Tácteis

Díade ND1	Díade ND2	Díade D1	Díade D2
3	12	7	4

QUADRO 4.3 – Verbais

Díade ND1	Díade ND2	Díade D1	Díade D2
8	15	9	11

No que diz respeito às respostas ao desconforto, salienta-se que todas as mães utilizam os atributos verbais como meio preferencial para acalmar os seus bebés, não havendo diferenças muito expressivas entre os grupos neste aspecto. No grupo das díades de mães deprimidas, pode verificar-se que as respostas destas mães face à manifestação de desconforto dos seus bebés (choro) ficam algo aquém daquilo que seria o ideal.

QUADRO 5 – **Comportamentos tácteis da mãe**

QUADRO 5.1 – Valores Totais

Díade ND1	Díade ND2	Díade D1	Díade D2
55	63	67	49

QUADRO 5.2 – Toque

Díade ND1	Díade ND2	Díade D1	Díade D2
38	45	48	37

QUADRO 5.3 – Afecto

Díade ND1	Díade ND2	Díade D1	Díade D2
12	15	11	8

QUADRO 5.4 – Intrusivos

Díade ND1	Díade ND2	Díade D1	Díade D2
2	1	6	1

QUADRO 5.5 – Estímulos musculares

Díade ND1	Díade ND2	Díade D1	Díade D2
3	2	2	3

Pode-se verificar acima de tudo que a ND1 e a D2 são mães menos tácteis do que as outras mães, pelo que não se pode considerar existirem diferenças entre os dois grupos em 3 categorias de análise: toque simples, intrusivos e estímulos musculares, com influência nos resultados gerais. A excepção está nos comportamentos de afecto, em que as mães não deprimidas os apresentam mais que as mães deprimidas, apesar de surgirem com incidências semelhantes (8 de D2, 11 de D1, 12 de ND1 e 15 ND1) nas quatro mães, não havendo diferenças substanciais entre os grupos.

Outra nota de destaque prende-se com o facto de D1, apesar de manifestar alguns comportamentos de afecto, ser a única que apresenta comportamentos intrusivos significativos, pelo que é uma mulher que alterna entre os comportamentos de afecto e intrusivos.

QUADRO 6 – **Outros comportamentos da mãe**

QUADRO 6.1 – Valores Totais

Díade ND1	Díade ND2	Díade D1	Díade D2
36	49	51	56

QUADRO 6.2 – Olhar

Díade ND1	Díade ND2	Díade D1	Díade D2
2	2	4	17

QUADRO 6.3 – Sorriso

Díade ND1	Díade ND2	Díade D1	Díade D2
1	2	3	2

QUADRO 6.4 – Amamentar

Díade ND1	Díade ND2	Díade D1	Díade D2
9	19	18	19

QUADRO 6.5 – Cuidar

Díade ND1	Díade ND2	Díade D1	Díade D2
24	26	26	14

Constata-se que existe uma maior incidência deste tipo de comportamentos da parte das mães deprimidas, embora a diferença marcada seja apenas destas em relação a ND1. De destacar o facto dos comportamentos de sorriso surgirem com incidências praticamente idênticas nas quatro mães e para o facto dos comportamentos de cuidado surgirem com pouca frequência no caso de D2, facto que se justifica pela ausência do banho – momento privilegiado deste tipo de conduta – nas observações efectuadas.

A nota de maior interesse desta análise prende-se com o facto de D2 demonstrar um número muito superior de olhares em relação à filha face a qualquer outra mãe observada.

QUADRO 7 – **Comportamentos do bebé**

QUADRO 7.1 – Valores Totais

Díade ND1	Díade ND2	Díade D1	Díade D2
57	80	94	90

QUADRO 7.2 – Movimentos

Díade ND1	Díade ND2	Díade D1	Díade D2
19	12	23	24

QUADRO 7.3 – Toque

Díade ND1	Díade ND2	Díade D1	Díade D2
1	2	5	4

QUADRO 7.4 – Olhar

Díade ND1	Díade ND2	Díade D1	Díade D2
8	6	17	10

QUADRO 7.5 – Sorriso

Díade ND1	Díade ND2	Díade D1	Díade D2
1	0	1	0

QUADRO 7.6 – Sugar/Mamar

Díade ND1	Díade ND2	Díade D1	Díade D2
10	35	30	26

QUADRO 7.7 – Vigília/Sono

Díade ND1	Díade ND2	Díade D1	Díade D2
18	25	18	25

No que diz respeito aos comportamentos do bebé, é possível verificar que os bebés das mães deprimidas são, de uma forma geral, mais activos, na medida em que apresentam resultados superiores para os valores totais: 94 e 90 incidências dos bebés de D1 e D2, contra 57 e 80 da parte dos bebés de ND1 e ND2. Existem, no entanto, pontos de análise em que esta tendência não se verifica, casos do sorriso (os bebés não demonstram este tipo de comportamento ou fazem-no apenas uma vez) e dos comportamentos de vigília e sono, em que os resultados são idênticos se compararmos cada um dos lados da tabela.

De uma forma geral, os bebés filhos de mães de deprimidas são mais activos, nomeadamente em relação aos movimentos e toque, aspectos para os quais estas duas bebés têm resultados mais altos que os bebés filhos das mães não deprimidas (principalmente em relação a ND1). Por fim, em relação ao olhar (principalmente da parte do bebé de D2), encontram-se maiores incidências nos bebés filhos de mães deprimidas. De salientar que este bebé exprime bastantes comportamentos de olhar, tal como se havia verificado no caso da sua mãe, o que sugere que, apesar de tanto a mãe como a filha se olharem muito, estes olhares raramente se encontram. Para uma análise mais cuidada destes dados, segue-se o ponto dos comportamentos interactivos.

QUADRO 8 – **Comportamentos de interacção mãe-bebé**

QUADRO 8.1 – Valores Totais

Díade ND1	Díade ND2	Díade D1	Díade D2
12	15	10	6

QUADRO 8.2 – Olhar mútuo

Díade ND1	Díade ND2	Díade D1	Díade D2
7	7	6	5

QUADRO 8.3 – Sorriso mútuo

Díade ND1	Díade ND2	Díade D1	Díade D2
2	1	0	0

QUADRO 8.4 – Jogo/Brincadeira

Díade ND1	Díade ND2	Díade D1	Díade D2
1	2	2	0

QUADRO 8.5 – Contacto pele a pele

Díade ND1	Díade ND2	Díade D1	Díade D2
2	5	2	1

Em relação aos comportamentos interactivos, constata-se que as mães não deprimidas os apresentam mais vezes, embora os valores não sejam muito discrepantes, 12 e 15 das "díades não deprimidas" contra 10 e 6 das "díades deprimidas".

No que diz respeito à díade ND1, verifica-se que existem comportamentos interactivos que passam pelo olhar mútuo, sorriso (aqui, é a díade que o apresenta mais frequentemente, duas vezes), jogo e contacto pele a pele. A díade ND2 apresenta resultados semelhantes aos da ND1, com particular destaque para o alto número de incidências de contacto pele a pele, muito pouco frequentes nas outras díades.

Em relação à díade D1, salienta-se o facto de existirem comportamentos interactivos variados, excepto do tipo do sorriso mútuo. No caso da díade D2, cujos resultados são os mais baixos das 4 díades, é interessante perceber que, apesar de ser praticamente o único tipo de comportamento interactivo que utilizam, as incidências de olhares são muito parcas, se tivermos em conta que esta mãe olhou 17 vezes para a filha e esta 10 vezes em relação à mãe, sem que os seus olhares se encontrassem.

QUADRO 9 – **Atribuição de identidade**

QUADRO 9.1 – Valores Totais

Díade ND1	Díade ND2	Díade D1	Díade D2
18	13	8	22

QUADRO 9.2 – Biográfica

Díade ND1	Díade ND2	Díade D1	Díade D2
3	2	1	8

QUADRO 9.3 – Sexual

Díade ND1	Díade ND2	Díade D1	Díade D2
4	4	4	0

QUADRO 9.4 – Género

Díade ND1	Díade ND2	Díade D1	Díade D2
11	7	3	14

Em relação à atribuição de identidade, pode verificar-se que as diferenças entre os grupos não são evidentes, pelo que os resultados mais discrepantes são dentro desses mesmos grupos. De salientar o facto da mãe D1 apresentar resultados baixos em todos os tipos de atribuição, sendo maior a diferença ao nível da atribuição de género e biográfica.

DISCUSSÃO

Pegando nas palavras de Stern e Bruschweiller-Stern (1998), não existem maternidades perfeitas, pelo que a comparação entre estilos interaccionais será sempre muito complexa de se fazer, principalmente através do método do estudo de caso. No entanto, graças aos resultados analisados acima, bem como através da vivência empírica com cada uma das díades, será feita uma discussão qualitativa dos resultados de acordo com os conceitos desenvolvidos no enquadramento teórico, no que diz respeito ao nascimento psíquico do bebé, bem como no que concerne à teoria da vinculação. A discussão aqui apresentada incide apenas nas díades de mães deprimidas, apesar do objectivo não ser fazer uma comparação, mas sim descrever fenómenos ajustados e desajustados para que se possam identificar padrões interactivos eventualmente patológicos.

Díade D1

Como afirma Tronick (1988, cit. por Quintas, 2002), os sentimentos durante a gravidez predizem sentimentos que irão ser vividos no pós-parto, facto que veio a confirmar-se na baixa auto-estima que esta mãe manifestou. Não será surpreendente constatar a continuidade destes sentimentos, presentes, agora, na sua percepção de eficácia enquanto mãe. Tal indicação surge no seguimento daquilo que, por exemplo, Goodman e Emory (1992, cit. por Van Doesum *et al.*, 2005) referem acerca do sentimento de auto-eficácia das mães deprimidas, frequentemente comprometido.

É uma mãe que utiliza pouco a linguagem, sendo que quando o faz é sob a forma de comentários ou críticas. O seu discurso parece extremamente agressivo em relação à filha, o que se pode verificar pela quantidade de críticas que efectua. Zanga-se muito facilmente com ela, quando não a compreende ou quando algum aspecto da prestação de cuidados corre mal. De acordo com Martins e Gaffan (2000), é frequente existirem comportamentos negativos do tipo da irritabilidade e hostilidade da parte das mães deprimidas em relação aos seus bebés. Murray, Kemplon, Woolgar e Hooper (1993, cit. por Figueiredo, 1997) falam num discuso crítico e hostil da parte das mães com depressão. Van Doesum e seus colaboradores (2005) falavam num silêncio impressionante da parte destas mães em relação aos seus bebés, facto que por vezes se verificou na interacção desta díade.

Esta mãe não está claramente no estado de preocupação materna primária, não só pelo seu afastamento face ao bebé, mas também de acordo com aquilo que se verifica em relação à introdução do 3.º elemento. Este estado pressupõe uma ligação fusional entre mãe e bebé e, consequentemente, um afastamento face ao mundo que os rodeia (Winnicott, 1960) e nenhuma destas características é encontrada nesta díade. Por se encontrarem emocionalmente indisponíveis, estas mães não se conseguem abstrair das suas próprias preocupações, a fim de estarem unicamente disponíveis para os seus bebés.

A mãe D1 demonstra grandes dificuldades em ser uma mãe com capacidade de *rêverie* (Bion), isto é, enquanto alguém que consegue compreender os estados emocionais do seu filho, respondendo-lhe de forma adequada. Da mesma forma, não parece existir capacidade para transformar os elementos beta da bebé, sem sentido e angustiantes, em algo que faça sentido para ela e para a própria relação (Bion, 1962, cit. por Lourenço, 2005). De facto, é possível verificar, pelo tipo de discurso crítico da mãe, a sua incapacidade para compreender as manifestações da filha, nomeadamente as de choro, às quais responde de forma precária. Tenta conter as angústias da filha, mas demonstra-se sempre insuficiente. Tal como afirma Van Doesum *et al.* (2005) a respeito das mães deprimidas, por ser intrusiva, menos envolvida e responsiva, é, de uma forma geral, menos sensível aos sinais do bebé.

De salientar o facto da mãe demonstrar mais comportamentos tácteis do que verbais, embora esta tendência se inverta quando esses comportamentos se associam à reposta ao desconforto do bebé. Este aspecto é um indicador importante das dificuldades que esta mãe tem em funcionar enquanto contentora da sua filha, aqui de um ponto de vista físico, pelo *holding*, pelo toque, na medida em que não se demonstra empatia pelo desconforto da sua filha. O *holding* está associado também às experiências de pele que mãe e bebé podem vivenciar. No entanto, constata-se que essa experiência não existe, excepto na última observação. Nas primeiras observações, e especialmente durante a amamentação, a bebé procurou o contacto pele a pele com a mãe, intenção que foi deliberadamente interrompida pela mãe. Em casos de depressão materna, é frequente existir, da parte destas, uma certa aversão em relação ao contacto físico com os seus bebés (Figueiredo, 1997), embora, neste caso, a menor frequência de contacto físico é assinalável, principalmente no que diz respeito à resposta ao desconforto do bebé e sua contenção. Existem comportamentos de toque frequentes, os quais, embora tenham algum carácter intrusivo, também passam pelo afecto.

Nas situações de depressão materna, existem frequentemente sentimentos de culpa (Tammentie *et al.*, 2004), o que poderá justificar a ocorrência de muitos comportamentos de afecto da parte da mãe. Apesar da agressividade que demonstrou, foi sempre uma mulher carinhosa em relação à sua filha. A nota dominante das interacções foi uma oscilação quase constante entre comportamentos agressivos e afectuosos. Este tipo de relacionamento deixa a bebé num estado de incerteza constante, não sabendo o que esperar da mãe.

Apesar do que foi dito, a mãe D1 mostra-se uma boa prestadora dos cuidados básicos, ao nível do banho e amamentação e do cuidar de uma forma geral. Isto demonstra que a nível funcional a interacção decorre de uma forma favorável. No entanto, relativamente à amamentação foi notório o facto de, mais uma vez nas primeiras observações, mãe e filha terem alguma dificuldade em se encontrarem, em estabelecerem um diálogo recíproco gratificante para ambas.

Aquilo que merece maior destaque passa, essencialmente, pela total ausência de sintonia e sincronia de comportamentos entre mãe e filha. Muitos são os autores abordados que falam desta característica das mães deprimidas na relação e prestação de cuidados aos seus bebés. Brazelton e Cramer (1989) falam na necessidade dos pais conhecerem os ritmos dos bebés e respeitarem os seus limites, isto é, uma necessidade de simetria e sincronia como importante meio transmissor de confiança para o bebé; enquanto Zekoski, O'Hara e Wills (1987, cit. por Figueiredo, 1997) falam de uma ausência de contigência interactiva entre mãe e bebé. Esta díade demonstrou uma grande dificuldade em encontrar-se e em compreender-se de uma forma intersubjectiva (Trevarthen, 1999/2000, cit. por Stern, 2006), pelo que, apesar de demonstrarem alguns comportamentos interactivos, que passam essencialmente pelo olhar, não parece haver uma relação baseada na complementaridade, reciprocidade e contingência.

Figueiredo (1997) afirma que é frequente que bebés filhos de mães deprimidas tendam a retirar-se da interacção, devido ao facto do bebé e mãe estabelecerem um padrão de relacionamento baseado nos afectos negativos. O que é certo é que este bebé, apesar de mostrar bastante desconforto, expresso pelo choro, manifestou sempre bastantes intenções interactivas ao nível do toque, olhar e, na última observação, do sorriso. Isto demonstra que a bebé procura e tenta estimular a sua mãe para momentos interactivos gratificantes.

Especificamente nesta última observação pôde constatar-se uma ligeira alteração dos padrões comportamentais e interactivos da díade. Esta indicação surge, fundamentalmente, pela observação de comportamentos interactivos de várias índoles, até então praticamente inexistentes. Possivelmente, conseguirão encontrar a sintonia que lhes falta para que as interacções sejam cada vez mais gratificantes e ajustadas e, consequentemente, mais saudáveis para o desenvolvimento psíquico da bebé.

Em relação à teoria da vinculação, poder-se-á assinalar que o comportamento característico desta enquanto cuidadora ao longo da maioria das observações poderá dar origem ao estabelecimento de uma vinculação do tipo inseguro/evitante. Segundo Mary Ainsworth (cit. por Tracy e Ainsworth, 1981), este tipo de vinculação caracteriza-se por interacções nas quais a mãe não fomenta comportamentos de *holding*, havendo inclusive aversão ao contacto corporal próximo, embora se mantenha a afectuosidade interaccional.

Em relação à atribuição de identidade, parece que se processa de forma adequada, já que se encontra no discurso da mãe dirigido ao bebé referências que remetem para os três tipos de identificação. O realce vai para a atribuição do tipo sexual, associado a um termo muito utilizado pela mãe. Este termo foi considerado como uma atribuição de identidade sexual por ser facilmente conotado com o sexo feminino.

Díade D2

A mãe conta que a amamentação e o banho são momentos bastante ansiogénicos tanto para si como para a bebé, pelo que prefere ser acompanhada nesse momento pela sua mãe. Tal acontecimento vem no sentido daquilo que Tavares (1990) postula acerca da delegação de responsabilidade muito característica em situações de depressão materna. A mãe D2 poderá ser tida como uma mãe um pouco negligente e apática (Martins e Gaffan, 2000), mas isto deve-se a sentimentos de culpa e de incapacidade para cuidar do bebé (Tavares, 2000). Para a mesma autora, para diminuir a ansiedade, as mães deprimidas, e esta em particular, delegam a responsabilidade para cuidar do bebé, afastando-se dele. Estas mulheres possuem um autoconceito materno extremamente comprometido (Marques, 2003) e em relação a este tema verifica-se que a D2 possui uma auto-estima materna geral baixa, cujos valores mais negativos passam pela percepção de capacidade para cuidar do bebé e sentimentos face à gravidez e parto.

Utiliza pouco a linguagem, ainda que de uma forma diversificada. O seu discurso é, fundamentalmente, à base de comentários, embora exista uma boa dose de elogios e críticas. Em relação aos elogios, denota-se, na análise das observações, que são feitos condicionalmente, isto é, surgem apenas quando a filha faz qualquer coisa que agrada e que reduz a ansiedade. A filha funciona como um elemento narcisante para a sua mãe, na medida em que os comportamentos que são vistos como adequados da parte desta são respondidos com apreço e afecto.

Em relação à preocupação materna primária, salienta-se que esta mãe não se encontra nessa fase, não só pela frequente introdução do terceiro elemento e discurso dirigido ao observador (muito frequente), mas principalmente pela falta de empatia e sensibilidade em relação à filha. A mãe experimenta e exprime frequentemente momentos de desprazer na interacção e na prestação de cuidados à sua filha, aspectos que não coadunam com este estado, descrito por Winnicott como de extrema importância nos primeiros tempos após o nascimento do bebé.

No que diz respeito às respostas ao desconforto, verifica-se que a mãe D2 não responde ao seu bebé como seria desejado. Este apresenta bastantes comportamentos de choro, os quais não são correspondidos de uma forma totalmente adequada. Isto demonstra que a mãe fica aquém daquilo que se poderia considerar uma mãe suficientemente boa, capaz de ser contentora e de transformar as angústias e o sofrimento da criança em algo ligado ao prazer e à satisfação, ou seja, ser uma mãe com função alfa. Winnicott (1956) afirma que o facto de a mãe ter passado pela preocupação materna primária a predispõe para uma continuidade na sua sensibilidade em relação ao desconforto do bebé, respondendo-lhe de forma adequada. Apesar da filha, por meio da identificação projectiva, expulsar as partes más e angustiante do seu *self*, não existe da parte da mãe uma estrutura contentora que as receba e lhas transmita desintoxicadas.

Ainda em relação às respostas ao desconforto, pode verificar-se que são principalmente comportamentos do tipo verbal. É uma mãe pouco táctil, facto que tem implicações ao nível da capacidade contentora por meio do toque. Portanto, um *holding* bastante precário, devido a uma certa aversão ao contacto corporal em momentos ansiogénicos, tanto para uma como para outra. Em relação ao *handling*, não é muito fomentado pela mãe, pelo que não se encontra estimulação corporal significativa (Winnicott, 1960). No entanto, a filha demonstra intenções interactivas pelo toque em relação à mãe, expressas pelo número de incidências deste tipo de comportamento da parte da bebé. Procura a mãe, mas frequentemente não a encontra.

No âmbito do conceito da capacidade de *rêverie*, parece notar-se uma tentativa da mãe em pensar e aproximar-se do seu bebé. Esse aspecto pode ser visto no grande número de olhares que direcciona em relação à filha. Também no sentido inverso isso se verifica. Para além do toque, também ao nível do olhar a criança procura a mãe. Ao contrário daquilo que afirma Tifanny Field (1988, cit. por Figueiredo *et al*., 1992) acerca do facto das mães deprimidas olharem menos para os seus bebés, pode-se constatar que existe um grande número de olhares da mãe na direcção da filha e vice-versa. No entanto, em termos de olhares mútuos o número é manifestamente mais reduzido. Field (1990, cit. por Frizzo e Piccinini, 2005) afirma também que existe um grande predomínio de comportamentos assincrónicos entre as mães deprimidas e os seus bebés, uma falta de contingência ao nível das respostas e interacções (Frizzo e Piccinini, 2005), e será isso essencialmente o que se passa nesta díade. Stern (1997, cit. por Frizzo e Piccinini, 2005) fala num rompimento do contacto visual da parte das mães deprimidas com o qual o bebé se identifica e imita, o que poderá justificar a falta de olhares mútuos nesta díade. A capacidade da mãe se colocar no lugar do bebé, comunicando através da intersubjectividade encontra-se constrangida, embora pareça haver um esforço para contrariar essa tendência. No entanto, devido à sua condição depressiva, não possui o espaço mental para que tal aconteça.

No que diz respeito à vinculação, existem comportamentos característicos de vinculações inseguras/evitantes, como a aversão do contacto corporal (Tracy e Ainsworth, 1981). Este tipo de vinculação é característico, segundo Cohn, Campbell e Ross (1993, cit. por Figueiredo, 1997), de interacções em que não se fomenta o jogo ou o sorriso, por exemplo.

Na atribuição de identidade, constata-se que a progenitora a faz com mais frequência do que as outras mães, mas apenas no que diz respeito à identidade biográfica e de género. Do ponto de vista interpretativo, esta forma de ver a sua filha fornecendo-lhe atributos relacionados com a sua condição feminina e de filha pertencente a uma família poderá estar associado ao facto de ser mãe solteira. A identificação imagóico-imagética, como Coimbra de Matos (2002) a conceptualiza, processa-se pela incorporação da imagem com que o outro o define. Neste caso, parece existir uma projecção de uma identidade que a mãe deseja que a filha assuma, e na qual esta se irá rever.

CONCLUSÃO

Antes da apresentação das apreciações finais, existem algumas limitações que com certeza influenciaram os resultados obtidos. Em primeiro lugar, o facto do método de Esther Bick pressupor o acompanhamento das mães feito entre um ano a dois anos e para este estudo foram feitas apenas 4 observações com cada díade; o facto de as mães não deprimidas pertencerem a um estrato social médio e terem um nível de escolaridade superior, enquanto as mães deprimidas pertencem a estratos sociais baixos com níveis de educação inferiores; o facto de três delas serem primíparas, enquanto a quarta tinha dois filhos; e por fim o facto de uma delas não contar com a presença do marido.

Apesar das limitações deste estudo, foi possível observar alguns aspectos interessantes do ponto de vista interactivo e com correlato para a intervenção clínica. As mães deprimidas exibem, de uma forma geral, menos comportamentos interactivos, apesar de serem boas cuidadoras, isto é, apesar de serem adequadas do ponto de vista funcional. Estas mulheres têm uma grande dificuldade em compreender e comunicar com os seus bebés, o que traz constrangimentos ao nível da formação das instâncias psíquicas destes. Salienta-se a dificuldade que têm em colocar-se no lugar e de pensar os seus bebés – sua capacidade de *rêverie* –, ao mesmo tempo que não conseguem ter capacidade contentora para eliminar ou diminuir o desconforto dos seus bebés, dificuldade verificável ao nível do toque, isto é, da contenção pelo *holding* e experiência de pele.

Impressiona ainda, ao nível das interacções destas mães com os seus bebés, a falta de sintonia e sincronia, de uma relação com base na intersubjectividade. Não existe falta de afecto ou de procura, pelo contrário, tanto as mães como os bebés tentam estabelecer contactos entre si, os quais se mostram, no entanto, infrutíferos e desadequados. A consequência passa pelo desconforto manifestado pelos bebés, que não sentem as suas mães como próximas e capazes de lhes transmitir a função alfa, deixando estas últimas num estado de extrema incerteza, desamparo e de extrema ansiedade, expresso muitas vezes em agressividade, irritação, culpa ou baixa auto-estima.

O trabalho interventivo, fundamental e necessário, poderá passar por tentar estabelecer uma ponte entre mães e bebés, pelo que a problemática do desencontro pode ser trabalhada em contexto terapêutico. A partir do momento em que se consiga promover o encontro entre mãe e filho, é possível que as outras questões verificadas se atenuem ou desapareçam, na medida em que toda a desadequação parece advir daí. Esta falta de sintonia e de compreensão encerra as mães num estado de culpa e baixa auto-estima que marca ainda mais a sua situação depressiva. Promovendo-se o encontro entre os dois elementos da díade, pode ser que o bebé tenha um efeito reparador em relação ao estado depressivo da mãe, a qual lhe retribuirá pela prestação e adequação das funções maternas, tanto como prestadora de cuidados e na satisfação de necessidades, como no seu papel fundamental como objecto promotor do nascimento psíquico do bebé.

REFERÊNCIAS BIBLIOGRÁFICAS

Bick, E. (1968), «The experience of the skin in early object relations». *International Journal of Psycho-analysis*, vol. 45, pp. 484-486.

Bick, E. (1964), «Notes on infant observation in psycho-analytic training». *International Journal of Psycho-analysis*, vol. 45(4), pp. 558-566.

Bion, W. (1961), «A theory of thinking». *International Journal of Psycho-analysis*, vol. 43, pp. 306-310.

Bowlby, J. (1982), **Vínculo mãe-filho e saúde mental**. Ourense: Galiza.

Brazelton, T. B. e Cramer, B. G. (1989), **A relação mais precoce: os pais, os bebés e a interacção precoce**. Lisboa: Terramar.

Dietz, L. J., Jennings, K. D., Abrew, A. J. (2005), «Social skill in self-assertive strategies of toddlers with depressed and nondepressed mothers». *Journal of Genetic Psychology*, vol. 166(1), pp. 94-116.

Esteves, M. A. B., Pires, A., Valada, M. J. S. (2001), «Depressão maternal e comportamento parental». *In* António Pires (Ed.), **Crianças (e Pais) em Risco** (pp. 347-373). Lisboa: ISPA.

FIGUEIREDO, B. (2003), «Os primórdios da construção do próprio no contexto da interacção mãe-bebé». *Psicologia: Teoria, investigação e prática*, vol. 8(2), pp. 311-322.

FIGUEIREDO, B. (2005), «Bonding pais-bebé». *In* Isabel Leal (Ed.), **Psicologia da Gravidez e da Parentalidade** (pp. 287-314). Lisboa: Fim de Século.

FIGUEIREDO, B. C. (Ed.) (1997), «Depressão pós-parto, interacção mãe-bebé e desenvolvimento infantil». Tese de Doutoramento. Braga: Universidade do Minho.

FRADIQUE, F. C. (1990), «Depressão Puerperal: Prevenir ou Remediar?». *In* Inês Botelho (Ed.), **Psicologia nos serviços de saúde** (pp. 61-68). Lisboa: Apport.

FRIZZO, G. B. e PICCININI, C. A. (2005), «Interacção mãe bebé em contexto de depressão materna Aspectos teóricos e empíricos». *Psicologia em estudo*, vol. 10(1), pp. 47-55.

GOLSE, B. (2002), **Do corpo ao pensamento**. Lisboa: Climepsi.

GONÇALVES, M. J. (2003), «Observação de bebés e escuta psicanalítica». *Revista Portuguesa de Psicanálise*, vol. 24, pp. 75-84.

GUEDENEY, N. (2004), «Conceitos-chave da teoria da vinculação». *In* Nicole Guedeney e Antoine Guedeney (Ed.), **Vinculação: conceitos e aplicações** (pp. 33-43). Lisboa: Climepsi.

HERNANDEZ-REIF, M., FIELD, T., DIEGO, M. A. (2004), «Differential sucking by neonates of depressed versus non-depressed mothers». *Infant Behaviour & Development*, vol. 27(4), pp. 465-476.

LOURENÇO, L. (2005), **O bebé no divã**. Almedina: Coimbra.

MARQUES, C. (2003), «Depressão materna e representações mentais». *Análise psicológica*, vol. 21(1), pp. 85-94.

MARTINS, C. e GAFFAN, E. A. (2000), «Effects of early maternal depression on patterns of infant-mother attachment: A meta-analytic investigation». *Journal of Child Psychology & Psychiatry & Allied Disciplines*, vol. 41(6), pp. 737-747.

MATOS, A. C. (2002), **Psicanálise e Psicoterapia Psicanalítica**. Lisboa: Climepsi.

QUINTAS, J. M. L. (Ed.) (2002), «Olhar a maternidade: depressão pós-parto, auto-estima materna e interacção mãe-bebé». Dissertação de Mestrado. Lisboa: Instituto Superior de Psicologia Aplicada.

SCHWENGBER, D. D. S. e PICCININI, C. A. (2004), «Depressão materna e interacção mãe – bebé no final do primeiro ano de vida». *Psicologia: Teoria e Pesquisa*, vol. 20, pp. 233-240.

STERN, D. N. (2006), **O momento presente na psicoterapia e na vida de todos os dias**. Lisboa: Climepsi

STERN, D. N. e BRUSCHWEILLER-STERN, N. (1998), **O Nascimento de uma mãe: como a experiência de maternidade transforma uma mulher**. Porto: Âmbar.

TAMMENTIE, T., TARKKA, M. T., ÅSTEDT-KURKI, M. T., PAAVILAINEN, E., LAIPPALA, P. (2004), «Family dynamics and postnatal depression». *Journal of Psychiatric & Mental Health Nursing*, vol. 11(2), pp. 141-149.

TAVARES, L. (1990), «Depressão e relacionamento conjugal durante a gravidez e o pós-parto». *Análise Psicológica*, vol. 8(4), pp. 389- 398.

TRACY, R. L. e AINSWORTH, M. S. (1981), «Maternal affectionate behavior and infant-mother attachment patterns». *Child Development*, vol. 52(4), pp. 1341-1343.

VAN DOESUM, K. T. M., HOSMAN, C. M. H., RIKSEN-WALRAVEN, J. M. (2005), «A model-based intervention for depressed mothers and their infants». *Infant Mental Health Journal*, vol. 26(2), pp. 157-176.

WINNICOTT, D. (1956), «A preocupação materna primária». *In* Donald Winnicott (Ed.), **Textos seleccionados: Da pediatria à psicanálise** (pp. 491-498). Rio de Janeiro: F. Alves

WINNICOTT, D. (1960), «Theory of the parent-infant relationship». *International Journal of Psycho-analysis*, vol. 41, pp. 585-595.

SER MÃE LONGE DA DROGA
ESTUDO DA QUALIDADE DA VINCULAÇÃO
DE CRIANÇAS COM MÃES EX-CONSUMIDORAS
E MÃES NÃO CONSUMIDORAS
DE SUBSTÂNCIAS PSICOTRÓPICAS [1]

IRENE SOBRAL [2]

RESUMO: O propósito desta investigação incide no estudo da qualidade da vinculação de crianças com mães que tiveram uma história de consumos de substâncias psicotrópicas e com um passado de dependência de substâncias (toxicodependência). O seu objectivo principal reside na influência que a toxicodependência poderá ter na vinculação do bebé à sua mãe. A amostra total será constituída por 8 mães provenientes do Estabelecimento Prisional de Tires (Pavilhão "Casa das Mães"), constituída por 4 mães toxicodependentes e 4 mães não toxicómanas. Foram utilizados três instrumentos (dois quantitativos e um qualitativo), respectivamente, o Attachment Behaviour Q-Set, desenvolvido por Waters e Deane (1985), o instrumento Ca-Mir (Instrumento dos Modelos Individuais de Relações) e a Entrevista Semi-Dirigida.

Verificou-se que, ao nível dos dados qualitativos recolhidos (Entrevista Semi-Dirigida), existem diferenças entre os dois grupos. No entanto, ao nível da qualidade de vinculação da criança (Attachment Behaviour Q-Set) e ao nível da representação da vinculação no adulto (Ca-Mir) não foram verificadas diferenças entre os grupos.

[1] Tese final de Licenciatura com orientação do Professor Nuno Reis (2006/2007), sendo transformada para Tese de Mestrado (Programa Bolonha), sob a orientação do Dr. Eduardo Sá (2007/2008).

[2] Membro do NIB. Psicóloga clínica e psicoterapeuta.
Psicóloga Clínica na Casa de Infância e Juventude de Castelo Branco.
Curso de Especialização em Psicoterapia (CEPSI) pela Contemporânea.
Email: irenesobral25@gmail.com, nucleobebe@gmail.com

PALAVRAS-CHAVE: Vinculação; Toxicodependência; Vinculação Segura; Transgeracionalidade; Maternidade

TITLE: ***Being a Mother Away from the "Drug": Study about the quality of attachment in children's with drug-addicted mothers***

ABSTRACT: *The intention of this investigation is to study the quality of attachment of children with mothers who had an history of drug abuse and with a past of substance dependence (drug-adicttion). Its main objective inhabits in the influence that this past dependency on psycotropics substance will have in the development of the attachment between the baby and its mother. The total sample will be constituted by 8 mothers proceeding from the Prisional Establishment of Tires (Pavilion "Casa das Mães"), constituted by 4 mothers with drug dependency and 4 none addicted mothers. Thus three instruments had been used (two quantitative and one qualitative) respectively, the Attachment Behaviour Q-Set developed for Waters and Deane, the Ca-Mir instrument (Instrument of the Individual Models of Relations) and a Clinical Interview.*

It was verified that on the level of the collected qualitative data (Clinical Interview) differences between the two groups exist. However on the level of the quality of attachment of the child (Attachment Behaviour Q-Set) and on the level of the representation of the attachment in adult (Ca-Mir) differences between the groups had not been verified.

KEYWORDS: *Attachment, Drug-Addiction, Secure Attachment, Transgerationality, Maternity*

Após uma revisão teórica do que tem sido escrito e investigado acerca do desenvolvimento da relação entre uma mãe toxicómana e o seu bebé, o resultado da procura demonstra nomeadamente uma perspectiva negativista. Daí que este tenha sido o principal objectivo desta investigação, porque, tal como Frazão e seus colaboradores (2001) afirmam, o desejo da gravidez numa mulher toxicodependente existe. No entanto, apenas se encontra perturbado por uma série de outros factores. Porque a mãe toxicodependente exactamente por ser de risco é a mãe que mais precisa de ajuda, e porque um caso não são casos, qualquer técnico deverá ter em conta que existem excepções que muitas vezes contrariam a regra, e que são estes os casos de maior sucesso.

Por esta mesma razão se valoriza a investigação em questão. Apesar de ser meramente de carácter exploratório, talvez nos faça pensar que muitas vezes antes de "olharmos" para o grupo social devemos "olhar" em primeiro lugar para a pessoa que faz parte deste grupo.

Assim sendo, serão expostos nesta narrativa teórica alguns factos que poderão influenciar a relação de uma mãe toxicodependente e o seu bebé.

A GRÁVIDA TOXICODEPENDENTE

Bonomi (2002, cit. por Sá e Dias, 2004c) descreve que: «É tão forte a influência da mãe sobre o feto que um sentimento absoluto de rejeição, ou uma dor profunda, pode levá-lo à morte» (p. 110). São vários os estados emocionais maternos que irão influenciar o equilíbrio fetal, e esta influência poderá prejudicar as aprendizagens fetais, se esta vivência for na sua totalidade desprazerosa com períodos de sofrimento, esta terá repercussões no futuro desenvolvimento da criança.

São vários os problemas que se colocam a uma grávida toxicómana, nomeadamente ao nível social, biológico, psicológico e familiar. Um desses problemas ocorre logo no início e relaciona-se com a não aceitação inicial do estado gravítico, o que muitas vezes conduz à detecção tardia da gravidez. Por várias razões, a mulher toxicodependente, mesmo após a confirmação do seu estado clínico, recusa-se a aceitá-lo. Pimenta (1997) descreve algumas dessas razões, nomeadamente a existência de amenorreia devido aos consumos de opiáceos e a uma diminuição da actividade sexual (ligada aos efeitos da substância), que conduz a uma desregulação hormonal. Estes, e outros factores, promovem aquilo que Pimenta (1997) denomina como o «mito de infertilidade». O que muitas destas mulheres desconhecem é que após uma paragem de consumos ocorre uma recuperação da fertilidade. Poderá, então, ocorrer uma denegação da presença do bebé dentro de si. Beja *et al.* (2004) descrevem da seguinte forma a vivência da gravidez por estas mulheres: «(...) como se a desejassem quando não estão grávidas e a ignorassem quando ela se declara» (p. 90). No que se refere às consequências obstétricas por uso de substâncias psicoactivas, é muitas vezes difícil traçar fronteiras entre os efeitos das próprias substâncias e os efeitos de outros factores, tais como as condições de vida, os aditivos que adulteram as substâncias, modo de administração das mesmas, etc. (Pires, 2001). Mas não se pode negar que o consumo de estupefacientes provoca uma série de riscos obstétricos no futuro bebé. Portanto, são vários os factores que influenciam negativamente esta nova relação, que logo desde o início se encontra "intoxicada".

Iremos resumir alguns desses factores:

→ As irregularidades menstruais. Estes períodos de amenorreia são a principal causa da surpresa e negação que estas mulheres têm quando sabem que estão grávidas. Este não conhecimento da gravidez permite a continuação dos consumos (Marcelino *et al.*, 1990), que poderá causar abortos espontâneos ou futuros bebés com síndrome de abstinência, baixo peso e prematuridade. Na investigação de Flores e Calheiros (2002) com 105 mulheres grávidas toxicodependentes, a média de semanas de gestação com que os bebés nasceram foi de 37,7 semanas e o peso dos bebés foi de 2,7kg, sendo que 74% destes bebés apresentavam síndrome de privação.

→ A anticoncepção é rara ou feita de forma anárquica, muitas vezes devido aos longos períodos de amenorreia. No entanto, a vida delinquente e a dificuldade identificatória também influenciam o não uso de métodos contraceptivos (Frazão *et al.*, 2001). Nas investigações de Frazão *et al.* (2001) de 37 mulheres inquiridas, 35,1% não usavam métodos contraceptivos porque pensavam que não podiam engravidar.

→ As carências ao nível alimentar, provocadas pela falta de recursos monetários (desviados para os consumos) e também porque muitas vezes a toxicomania associa-se a perturbações alimentares, tais como a anorexia e a bulimia. O que irá provocar gravidezes complicadas e debilitadas.

→ A gravidez não planeada e vagamente desejada, ou algumas vezes rejeitada. No estudo de Flores e Calheiros (2002) de 105 mulheres grávidas toxicodependentes, 89% dessas mulheres não planearam a gravidez e 50% tiveram a sua primeira consulta apenas no 2.º trimestre de gravidez.

UM BEBÉ NÃO DESEJADO? PORQUÊ?

«A mesma alma governa os dois corpos ... As coisas desejadas pela mãe encontram-se muitas vezes gravadas no corpo da criança que a mãe traz dentro de si, no momento em que as desejou.»
LEONARDO DA VINCI[3]

A dicotomia gravidez desejada *versus* gravidez planeada é alvo de inúmeras investigações. Uma gravidez desejada é consequentemente uma gravidez fantasiada e imaginada; é neste desejo que reside posteriormente a aceitação do bebé real e o desenvolvimento de uma boa relação mãe--bebé (Brazelton e Cramer, 2004). Já o conceito de uma gravidez planeada gira em torno da dimensão planeamento familiar, em que o fenómeno da gravidez é esperado pela mãe ou ambos os pais. Vários autores (Brazelton e Cramer, 2004; Sá, 2004a; Soulé, 1982; Bayle, 2005) descrevem que antes do período gravídico ocorre um período descrito como a pré-história da vinculação, que corresponde às fantasias subjacentes ao desejo de ter um filho. Brazelton e Cramer (2004) descrevem ainda que, se esse período tiver sido vivenciado de forma saudável ao nível do emocional, na altura do nascimento estarão presentes três bebés: «O filho imaginário dos seus sonhos e fantasias e o feto invisível mas real, cujos ritmos específicos e personalidade se foram evidenciando cada vez mais ao longo de vários meses, aparecem ao lado do verdadeiro bebé recém-nascido, que eles podem ver, ouvir e acariciar» (p. 17).

Este filho imaginário, ou filho do sonho, é aquilo que irá distinguir uma gravidez de facto desejada de uma gravidez levada a cabo apenas com fins reprodutivos, porque de facto aquilo «que preenche a mãe não é a reprodução biológica, nem o embrião, mas o filho do sonho» (Soulé, 1987, p. 141).

Quando uma mulher engravida, já traz consigo uma ideia do que é ser mãe, do significado da maternidade para si, que varia de mulher para mulher, porque a formação de uma mãe passa por uma construção que começa na infância, através da identificação com a sua mãe, e continua na adolescência com a formação da identidade sexual (Stern e Bruschweiller-Stern, 2000).

---

[3] Citado por Brazelton e col. (2004), **A relação mais precoce: os pais, os bebés e a interacção precoce**. Lisboa: Terramar.

Marcelino (1991b) refere-se às futuras mães toxicodependentes da seguinte forma: «(...) estas mulheres sugerem-nos a ideia de "grávidas sem bebé dentro", podendo não revelar a riqueza que esta vivência permite. Podemos identificar a pobreza a nível das fantasias e do imaginar o bebé (...)» (p. 154). Alguns estudos comprovam que a gravidez em mulheres toxicodependentes raramente é planeada (Marcelino, 1991b; Palminha, 1992) ou desejada (Marcelino, 1991a; Pimenta, 1997). Outros estudos apontam para uma grande maioria de gravidezes não planeadas, mas desejadas (Frazão *et al.*, 2001; Lowenstein *et al.*, 1998). De acordo com Almeida (1998), «na história destas crianças, há frequentemente um nascimento não só não desejado, como não imaginado, pensado ou sentido» (p. 43).

Parece ainda não haver um consenso a este nível, existindo uma oscilação entre sentimentos de rejeição e aceitação e mesmo que um predomine sobre o outro, o seu par nunca desaparece.

Por outro lado, o desejo da gravidez pode estar escondido por detrás da vontade de parar os consumos e a criança surge como uma esperança de mudança de vida (Pimenta, 1997). Vê-se bem em que medida essa criança representa ao mesmo tempo «uma criança reparadora», «uma criança para começar tudo de novo», «uma criança capaz de apagar as transformações operadas pela toxicodependência» (Mazet e Stoleru, 2003, p. 328). No entanto, segundo Pimenta (1997), mesmo que esta gravidez seja parcialmente desejada, sem nenhum motivo inconsciente, ao nascer, a criança real, dependente e exigente, obriga a um outro tipo de relação de dependência, que não é suficientemente gratificante e preenchedora como a substância. Desta forma, o desejo é uma vez mais falseado e o desejo intenso pela substância revela-se nas recaídas (Weissman, McAvay, Goldstein, Nunes, Verdeli e Wickramaratne, 1999).

Por outro lado, segundo Frazão *et al.* (2001), «o desejo e a ternura de ser mãe existem, embora perturbados e impedidos de ser vividos na sua plenitude pela consciência de que "não era a altura certa, por causa dos consumos"» (p. 103). Desta forma, o contexto em que a mulher toxicómana recebe a notícia do seu estado influencia muito o desejo que esta poderá vir a sentir pelo seu bebé. O estilo de vida destas mães e suas dificuldades económicas (muitas recorrem à prostituição para conseguirem dinheiro para os consumos), o ambiente familiar (podendo se encontrar em rotura com os familiares ou com um apoio demasiado fusional) e conjugal, a rotina diária dos consumos, a preocupação e o receio intenso das

malformações do feto devido a esses consumos, são factores que influenciam negativamente a ideia de dar à luz uma criança.

RELAÇÃO MÃE-BEBÉ: UMA RELAÇÃO PERTURBADA?

> *«Tudo o que nos liga ao mundo é basicamente MÃE, desde o dedo que se chupa*
> *ao livro que se devora... a mãe persiste como imaginário de cada um.*
> *A mãe é a imagem em espelho do nosso corpo e da nossa fantasia.»*
> JOÃO DOS SANTOS [4]

«O bebé vem ao mundo trazendo com ele capacidades imensas para
estabelecer uma relação humana. Ele é, de imediato, um participante activo
na formação das suas primeiras e mais importantes relações» (Stern, 1980,
p. 45).

A relação mãe-bebé com mães toxicómanas coloca à partida vários
problemas, por um lado os respeitantes à própria criança, às suas competências e reactividade; por outro lado, factores que dizem respeito à mãe e
às suas capacidades como prestadoras de cuidados; e ainda a existência de
carências de ordem sócio-económica, problemas sociais, problemas familiares, etc. (Palminha *et al.*, 1992). Os lactentes que nascem de mães toxicodependentes são muitas vezes prematuros, o que implica uma série de
cuidados "especiais", podendo apresentar juntamente sintomas típicos de
abstinência (desmame), tais como vómitos, irritabilidade excessiva, tremuras, gritos sobreagudos, taquipneia e agitação motora, etc. (Weissman
et al., 1999). Todas estas complicações à nascença – em simultâneo com
as dificuldades maternais de uma mãe toxicodependente com sintomas
depressivos, a tendência para repetir de forma transgeracional as suas
carências afectivas precoces, as dificuldades relacionais e socioeconómi-
cas – afectarão ainda mais a interacção entre a díade (Mazet e Stoleru,
2003). Desta forma, a primeira contrariedade que as mães toxicodependentes encaram no relacionamento com os seus filhos é a dificuldade de
serem complementares às necessidades destes. O síndrome de abstinência,
com que a maioria dos lactentes de mães toxicómanas nasce, provoca sin-

---

[4] Citado por Frazão, C. e colaboradores (2001), **A mulher toxicodependente: e o
planeamento familiar, a gravidez e a maternidade**. Lisboa: Fundação Nossa Senhora do
Bom Sucesso.

tomas físicos e mudanças de humor no bebé difíceis de conter (Pimenta, 1997). Esta incapacidade de compreender as necessidades do seu bebé provoca na mãe sentimentos de culpabilidade e sentimentos depressivos, que podem conduzir a uma recaída, o que dificultará ainda mais a relação mãe-bebé. «Vivendo permanentemente na nostalgia de uma relação mãe--criança idealizada, mostram-se incapazes de descodificar a linguagem do filho e de se adaptar às suas necessidades» (Pimenta, 1997, p. 35).

A interacção mãe-bebé deve ser bidireccional, ou seja, se por um lado os pais influenciam o comportamento do bebé, este último também influencia a atitude dos pais através das suas vocalizações, sorrisos, choro, etc. (Mazet e Stoleru, 2003).

Mas para que ocorra um bom entendimento entre mãe-bebé, uma mãe deve ter a capacidade de se colocar no lugar do seu bebé, de reconhecer as suas necessidades, de compreender o seu sofrimento, deve saber cuidá-lo. Este reconhecimento das necessidades da criança é descrito por Winnicott (2002) como uma mãe que é «suficientemente boa», que responde satisfatoriamente às necessidades do seu bebé no momento certo. Esta tarefa de prestação de cuidados adequados é o que Winnicott traduz como alguém que favorece um *holding* (segurar) e um *handling* (manipular) apropriado (cit. por Reis, 2001b). A esta capacidade que as mães vão construindo a partir dos últimos meses de gravidez, quando o bebé é cada vez mais real, Winnicott (2002) designou-a de «preocupação maternal primária».

Para além desta questão inicial que afecta o primeiro "olhar" entre uma mãe toxicómana e o seu bebé, o nascimento deste lactente acarreta outra problemática: a questão do internamento prolongado e da separação física da mãe. Este facto dificulta ainda mais o estabelecimento de uma ligação entre mãe-bebé, o desenvolvimento equilibrado do processo de vinculação e a adaptação das capacidades precoces do lactente, tal como o controlo dos seus estados de sono e vigília (Palminha, 1992).

Tendo em conta todas estas dificuldades, existem ainda os factores externos que poderão influenciar o desempenho da função maternal, factores que no caso das mães toxicómanas influenciam negativamente. Na investigação de Frazão *et al.* (2001), 33,3% das mães toxicodependentes inquiridas afirmaram que o principal factor que influencia a qualidade das funções maternas e a interacção com a criança é o consumo de "drogas". Uma mãe que continua a consumir dificilmente se encontra disponível quer física quer psicologicamente para o seu filho (Morel *et al.*, 1998), até mesmo uma mãe estando a fazer medicação para desabituação física de opiáceos ou mesmo uma desabituação de metadona poderá não estar com a sua percepção mais apurada e as necessidades da criança poderão uma vez mais não vir a ser satisfeitas de forma adequada (Pires, 2001).

Parece quase um "círculo vicioso": a criança que sofreu *in utero* influências do consumo de estupefacientes nasce com complicações físicas e psicológicas que diminuem a sua capacidade de interacção; a mãe que não consegue prestar cuidados ou regular os estados da criança deprime e fica frustrada por o seu bebé continuar a chorar e o resultado é a recaída para esquecer os problemas e não prestação de cuidados adequados.

Apesar de tudo isto, o uso de drogas não é incompatível com o desempenho da função maternal, mas deve ter-se em consideração que as experiências infantis e de adolescência negativas e os problemas sociais vão influenciar a capacidade da mulher toxicodependente se relacionar com os seus próprios filhos. Para Pimenta (1997), a criança apresenta uma dupla função reparadora, que se relaciona com a identificação que a mãe toxicómana faz com a sua própria mãe; a criança aparece então «(…) como uma defesa organizada da mulher contra a agressividade e os sentimentos de culpabilidade que desenvolveu em relação a ela própria e à sua mãe e por outro lado como aquela que vem irradicar o mal que se perpetua em cada geração (…)» (p. 34).

É fundamental que estas mães, após o nascimento dos seus filhos, tenham um apoio familiar e profissional que as ajude a compreender estes bebés "especiais", que as ajudem na interacção com eles, só assim será possível uma manutenção da abstinência e um rompimento deste «círculo vicioso» (Beja *et al.*, 2004).

VINCULAÇÃO

No primeiro volume da sua triologia, designado por **Apego – A Natureza do Vínculo**, Bowlby (2002) define que «a hipótese a ser apresentada aqui é diferente de qualquer das acima enumeradas e baseia-se na teoria do comportamento instintivo (…). Propõe que o vínculo da criança com sua mãe é um produto da actividade de um certo número de sistemas comportamentais que têm a proximidade com a mãe como resultado previsível» (p. 221). O vínculo de protecção entre a criança e sua mãe facilita assim a capacidade da criança em explorar e apreender aquilo que a rodeia.

É este mecanismo de exploração e retorno à segurança que irá permitir à criança ficar cada vez menos dependente e mais autónomo (Cassidy, 1999).

Assim, Bowlby argumentava que a representação interna de uma criança depende da qualidade de vinculação e do *caretaking* dos seus pais, e que tais modelos poderiam influenciar a criança na sua vida futura, ao longo das suas relações (Fonagy, 2001). Citando Bretherton e Munholland (1999): «Pais que experimentaram na sua infância transacções com figuras de vinculação responsivas e receptivas estão mais capacitadas para responder com empatia e suporte emocional às suas próprias crianças em momentos de ansiedade. Como resultado, os seus filhos provavelmente vão sentir-se não só compreendidas, valorizadas e competentes, como também estão em melhor posição de construir melhores modelos internos dinâmicos do seu *self* e dos seus cuidadores» (p. 94).

Isto significa que a forma como a criança é cuidada irá influenciar o desenvolvimento do seu *self*, e daqui surgem as diferenças individuais entre as crianças na forma de lidar com as suas relações intra-pessoais e inter-pessoais. Para Bowlby, é através da interacção que a criança irá construir representações internas, ao que ele designou de *Internal Working Models*. É através desta representação interna da figura de vinculação e dos seus comportamentos de *feedback* que as crianças se irão diferenciar ao nível dos padrões de vinculação. Por exemplo, uma criança só terá uma vinculação segura quando a sua representação mental da sua figura de vinculação seja de alguém disponível (física e psicologicamente) sempre que necessário (Belsky, 2006).

No entanto, isto não significa que determinados padrões de vinculação sejam a causa directa de uma psicopatologia, mas indicam uma probabilidade de isso vir a acontecer (Weinfield *et al.*, 1999).

O conceito de padrão de vinculação de que Bowlby argumentavam é colocado em prática em 1963 por Ainsworth e a sua experiência a Situação Estranha (Vaugh e Bost, 1999). Bowlby (2002) descreve a criança segura de Ainsworth como uma criança que é capaz de fazer explorações numa situação que lhe é estranha, usando a sua mãe como uma base segura, que não se aflige com a presença de um estranho ou durante a ausência da mãe e que reage bem ao reencontro com esta. Já crianças inseguras são descritas como crianças que «não fazem explorações, mesmo quando a mãe está presente, que se mostram alarmadas por um estranho, que desmoronam no desamparo e na desorientação com a ausência da mãe e que, quando ela regressa, podem não acolhê-la com demonstrações de contentamento»

(Bowlby, 2002, p. 418). Ao primeiro padrão Ainsworth definiu-o como padrão B e o padrão do tipo inseguro foi dividido em outros dois tipos de padrão o A e o C, o primeiro que corresponde a crianças que se desinteressam pela mãe (estando num período de vinculação) ou evitam o contacto com esta (padrão inseguro-evitante) e o outro que caracteriza crianças inseguras-ambivalentes (padrão ambivalente/resistente), ou seja, os seus comportamentos variam entre o querer receber o conforto da mãe e a resistência a este conforto (Cole e Cole, 2001).

«Não há nada que a teoria da vinculação diga que apenas o estado da vinculação ou o comportamento do cuidador é que podem influenciar o desenvolvimento. (...). A qualidade de vinculação providenciada depende de um conjunto de factores, incluindo o suporte social, preparação para a parentalidade, a história do desenvolvimento do cuidador e seus consequentes modelos relacionais são muitas vezes esquecidos. Culpar a mãe é culpar a sua própria mãe e por ai adiante até ao infinito» (Sroufe, 1988, p. 26).

Belsky e Isabella (1988) defendem que a sensibilidade materna é o primeiro factor que influencia a qualidade de vinculação, isto significa que mães mais carinhosas, cuidadosas e que respondem de forma correcta e eficaz às necessidades da criança estão associadas a um tipo de qualidade de vinculação seguro (Ainsworth, Bell e Stayton, 1974; Sroufe, 1979). No entanto, outros estudos (Miyake, 1985; Maslin e Bates, 1983) não encontraram diferenças significativas nos comportamentos e responsividade da mãe entre crianças definidas como seguras e inseguras (Belsky e Isabella, 1988).

Desta forma, é importante compreender que outros factores para além dos cuidados maternos que podem influenciar a qualidade de vinculação da criança à sua mãe: «(...) forças para além das interacções imediatas entre mãe e criança influenciam o desenvolvimento da relação de vinculação entre mãe-bebé, provavelmente afectando em extensão e natureza a disponibilidade física e psicológica da mãe ao seu bebé» (Belsky e Isabella, 1988, p. 45).

TRANGERACCIONALIDADE DA VINCULAÇÃO

Segundo a teoria de Bowlby (1984), a transmissão intergeracional da vinculação sugere que os modelos internos dinâmicos do *self* dos pais têm um papel fundamental no desenvolvimento e construção do *self* das crianças. Assim, o que Bowlby (1984) teorizou significava que os sujeitos que no decurso do seu desenvolvimento eram estáveis e auto-confiantes teriam normalmente pais apoiantes que encorajavam a autonomia do *self*. Estes pais seriam, então, capazes não só de comunicar acerca dos seus modelos de *self*, como também dispostos a revê-los e a questioná-los (Crowell e Waters, 2006).

Fraiberg, Adelson e Shapiro (1975) descreveram o "mito" da transgeracionalidade da seguinte maneira: «Há fantasmas em todos os quartos de crianças. São visitantes que surgiram do passado esquecido dos pais; não foram convidados para o baptizado (…). Mesmo nas famílias onde os laços de amor são intensos e duráveis, pode acontecer que os intrusos surjam do passado dos pais para afectar o círculo mágico num momento de menor vigilância. (…). Outras famílias parecem verdadeiramente possuídas pelos seus fantasmas. Os invasores saídos do passado alojaram-se no quarto das crianças, reivindicando uma tradição e direitos de propriedade. (…). Sem que ninguém os tenha convidado, os fantasmas instalam-se e dirigem a repetição da tragédia familiar (…).» (p. 65).

Segundo Fonagy, Steele, Steele, Moran e Higgit (1996), muitos pais, apesar de terem tido um passado marcado pela pobreza, maus tratos e abandono, conseguem ultrapassar o seu conflito sem colocar em perigo o laço afectivo que terão com os seus filhos. De acordo com Fraiberg *et al.* (1975), tal facto reside nas defesas psíquicas que os pais colocam em acção para evitar que determinados "fantasmas" surjam e invadam a relação com os seus filhos, tais como a negação do afecto associado ao traumatismo ou a identificação ao agressor. Esta última defesa permitirá como que um desvio da ansiedade, da dor, da incompreensão, da culpabilidade e do sentimento de ser vítima.

A questão da transmissão intergeracional sugerida por Bowlby (1984) foi investigada por vários autores (Main e Goldwyn, 1984; George, Kaplan e Main, 1985), de onde surgiu a definição dos padrões de vinculação no adulto e a sua relação com os padrões de vinculação na infância, definidos por Ainsworth (1963) através da Situação Estranha (cit. por Main, 1998). Foram definidos três tipos de padrões no adulto, seguros, desligados e preocupados. Poder-se-á afirmar que os sujeitos considerados como autónomos, contrariamente aos sujeitos descritos como desligados e preocupados, não consideram a temática da vinculação como estranha e, para além disso, abordam-na com relativa abertura e receptividade (Soares, 1996a).

Mais que isso, os sujeitos seguros/autónomos aceitam as suas imperfeições e dos seus pais, integrando-as e assumindo-as (Soares, 1996a).

Vários estudos (Van IJzendoorn, Kranenburg, Zwart-Woudstra, Van Busschbach e Lambermon, 1991; Sagi, Van Ijzendoorn, Aviezer, Donnell, Koren-Karie, Joels e Harel, 1993, 1992) reportaram uma correspondência elevada entre os padrões de vinculação das crianças (seguro *vs* inseguro: evitante e resistente) e os modelos internos dinâmicos dos pais (seguro: autónomo *vs* inseguro: preocupado e desligado).

Apesar desta transmissão de vinculação, tem que se ter em conta o conceito desenvolvido por Soares (1996b) «Histórias de vida marcadas pela adversidade não "produzem" sempre outras histórias adversas. O ciclo pode quebrar-se! Ainda que não se conheçam bem os mecanismos da transmissão e da mudança, sabe-se que a mudança no sentido da segurança pode ocorrer através da existência e do envolvimento numa relação emocionalmente significativa» (p. 61).

FUNDAMENTOS METODOLÓGICOS DA INVESTIGAÇÃO

O delineamento do presente trabalho enquadra-se num estudo exploratório-comparativo. Devido ao pequeno número de participantes que constituem esta amostra, o seu objectivo não consiste em comprovar hipóteses, mas sim suscitar dúvidas para futuros estudos.

Devido à quantidade das hipóteses levantadas e da sua impossibilidade de se colocarem no presente artigo, estas foram unificadas em três objectivos principais. São eles:

- Verificar se existem diferenças na vivência da gravidez e da maternidade entre os dois grupos ao nível do conteúdo.
- Verificar se a toxicodependência da figura materna influencia a qualidade de vinculação com a criança.
- Verificar se ocorre o fenómeno da transgeracionalidade entre gerações.

Participantes

Para a selecção da amostra, foram colocadas algumas condições, uma delas relacionava-se com a existência de uma história toxicológica entre 3 a 5 anos. Isto porque o objectivo era seleccionar mães que não tivessem tido apenas um consumo recreativo (Lowenstein *et al.*, 1998) ou um tipo de consumo ocasional. Outra das condições relacionou-se com a idade da criança, que deveria ser entre os 0 e os 3 anos, isto porque, segundo Bowlby (2002), é a este período que os comportamentos de vinculação entre a criança e a sua mãe estão mais activos.

Depois de terem sido analisados cada processo, só foi possível a selecção de quatro mulheres toxicodependentes. Para a selecção das mães para o grupo de controlo, teve-se em consideração a idade das crianças, o convívio actual com estas e algum nível de escolaridade.

Assim, a dimensão total da amostra foi de 8 mulheres, divididas em dois grupos, o grupo experimental (Grupo 1), constituído por 4 mulheres (A, B, C, D), apelidado como grupo de mães toxicodependentes ou com história de consumos, e o grupo de controlo (Grupo 2), constituído por 4 mulheres (E, F, G, H), apelidado como grupo de mães não toxicodependentes.

Com excepção das variáveis tempo de consumo e tempo de abstinência do grupo 1 (Figura 1), foram tidas em consideração as seguintes variáveis: idade dos sujeitos (mães e crianças) e tempo de detenção (Figura 2). Tentou-se que o grupo fosse o mais semelhante possível, daí que o nível de escolaridade dos sujeitos seja semelhante.

Figura 1: **Valores médios do tempo de consumo e abstinência do Grupo 1**

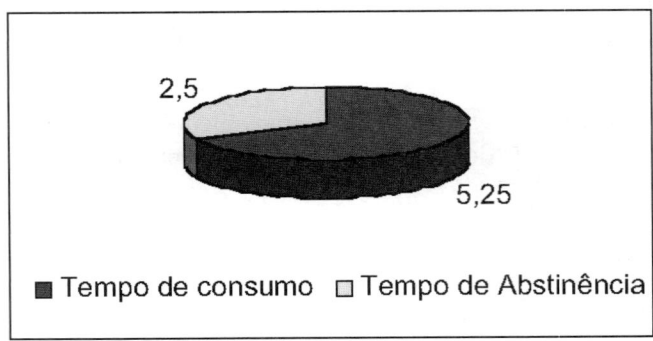

FIGURA 2: **Caracterização da Amostra**

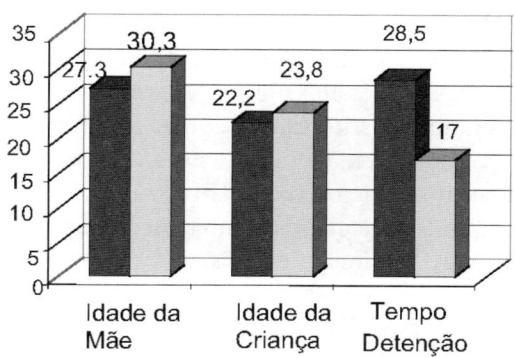

Procedimento

Pretende efectuar-se um estudo exploratório acerca das influência que a Patologia Toxicodependência pode ter no processo de vinculação de uma criança. Desta forma, pretende-se comparar entre mães toxicodependentes e não toxicodependentes o índice de segurança dos seus filhos.

Tem-se como variável dependente a existência ou não de uma história de consumos e como variável independente a qualidade de vinculação da criança à sua mãe (Seguro *vs* Inseguro).

Para a selecção do local de recolha, várias questões foram tomadas em consideração, Uma dessas questões foi a dimensão abstinência. Sabe--se que uma mãe com consumos de substâncias, para além de se verificar uma mudança no seu estado de humor, também a relação com os outros se modifica, especialmente a relação com o seu filho (Pires, 2001).

Importa referir que o objectivo do estudo é compreender a influência que poderá ter uma personalidade toxicómana na vinculação com a criança, considerando-se assim a toxicodependência como uma dependência crónica, que se prolonga ao longo de vários anos, podendo haver períodos de remissão parcial ou completa (Angel, Richard e Velleur, 2002).

Outra dimensão relevante que influenciou a escolha do local de recolha da amostra relaciona-se com a idade pretendida das crianças. Bowlby (2002) refere que o processo de vinculação começa a ocorrer desde o nascimento até aos 6 anos. No entanto, refere que o sistema comportamental de vinculação da criança está mais activo entre o 1 ano e os 3 anos de idade.

Em último lugar, a possibilidade da escolha de um grupo de controlo. Visto que era importante ter um grupo com que se pudesse comparar os resultados do grupo experimental (Mães Toxicómanas), considerou-se essencial que as mães do segundo grupo estivesse no mesmo meio (prisional) que as mães do primeiro grupo, com o objectivo final de diminuir outras variáveis que pudessem enviesar o estudo. Após a escolha do local, foi feito um primeiro contacto com a Direcção Geral dos Serviços Prisionais de Lisboa, onde foi solicitado uma permissão para desenvolver a investigação no Centro Prisional de Tires.

Após a selecção da amostra e divisão pelos dois grupos, o procedimento de recolha de dados dividiu-se em três momentos:

→ Num primeiro encontro, onde as mães seriam devidamente informadas sobre o que lhes iria ser pedido e o número de vezes que era necessário a sua presença, seguido de um selamento de um contrato entre ambas as partes (investigadora e mãe). Após a autorização da mesma, nesse mesmo encontro procedeu-se à aplicação do Instrumento da Entrevista Semi-Dirigida.

→ No segundo encontro aplicou-se o questionário Attachment Behaviour Q-Set.

→ Por fim, e caso não fosse necessário continuar a aplicação do instrumento anterior (o que muitas vezes acontecia), procedia-se à aplicação do questionário Ca-Mir, também apresentado com uma breve explicação.

Teve-se em atenção o controlo de variáveis parasitas (falhas de atenção; influências do meio; respostas induzidas; desejável social; etc.). Para isso cada um destes encontros decorreu num ambiente privado, onde estava apenas presente o investigador e a pessoa a ser entrevistada.

Medidas

Entrevista semi-dirigida

A entrevista desenvolvida nesta investigação foi construída com uma estrutura semi-dirigida ou semi-estruturada, com tipo de respostas livres.

Este tipo de entrevista permite um registo duradouro e um conjunto de dados que poderão ser úteis para a futura pesquisa.

A entrevista foi dividida em oito categorias, cada uma delas com várias perguntas relacionadas com o tema da respectiva categoria, que passar-se--á a citar:

→ Categoria 1: Sistema Prisional e Maternidade (questões que se relacionavam com a razão da detenção das mães, que seria importante não só na caracterização da personalidade dos sujeitos, como também a influência que o meio prisional poderá ter na relação mãe-bebé e nos comportamentos da criança);

→ Categoria 2: Toxicodependência;

→ Categoria 3: Gravidez (as questões desta temática giram em torno do desejo materno e do planeamento da gravidez);

→ Categoria 4: Parto (consequências directas dos comportamentos da mãe e estados emocionais que influenciam as condições físicas do bebé);

→ Categoria 5: Maternidade (significado e a importância que este conceito tem para estas mães, porque este significado surge antes mesmo da pessoa estar grávida, porque uma mãe antes de engravidar deve engravidar ao nível do pensamento e da emoção);

→ Categoria 6: Relação Mãe-Bebé (teve como objectivo registar os comportamentos de apego da criança para com a mãe, procurou-se compreender algum tipo de perturbação da vinculação, permitindo às mães pensarem em situações que se relacionem com os sistemas de medo e o sistema da vinculação/exploração definidos por Bowlby);

→ Categoria 7: Relações Familiares (refere-se especificamente à rede familiar da mãe);

→ Categoria 8: Características da Criança.

Tavares (2003) define: «As entrevistas semi-estruturadas são assim denominadas porque o entrevistador tem clareza de seus objectivos, de que tipo de informação é necessária para atingi-los, de como essa informação deve ser obtida (perguntas sugeridas ou padronizadas), quando ou em que sequência, em que condições deve ser investigada (relevância) e como deve ser considerada» (p. 49). Este foi o objectivo pretendido com a entrevista desenvolvida.

Attachment Behaviour Q-Set

A versão utilizada do método Q-Sort nesta investigação foi a versão de 79 itens validada por Pierrehumbert, Muhlemann, Antonietti, Sieye e Halfon (1995b). Trata-se de uma versão mais recente que provém da versão desenvolvida por Waters e Deane (1985), constituída por 100 itens. Não foi necessário recorrer-se a uma validação deste questionário para a população portuguesa, visto esta já ter sido realizada para a população francesa, considerada como muito semelhante à amostra da presente investigação. A validação deste questionário pode ser vista no seguinte artigo: Pierrehumbert, B., Munhlemann, I., Antonietti, J., Sieye, A., Halfon, O. (1995b, «Etude de validation d'une version du Q-Sort d'attachement de Waters & Deane». *Enfance*, vol. 3, pp. 293-315).

O objectivo deste instrumento consiste em avaliar a qualidade da relação de vinculação da criança aos seus pais (Pierrehumbert *et al.*, 1995a). O AQS (Attachment Behaviour Q-Set) permite estudar a representação da vinculação que a criança tem à sua mãe. O seu método propõe um processo alternativo para aceder à qualidade da vinculação entre pai--criança, tradicionalmente baseado na Situação Estranha de Ainsworth (Waters e Vaugh, 1990). O método do questionário permite que os observadores sejam figuras privilegiadas, tal como os pais, que possuem um melhor conhecimento do objecto em estudo (Waters e Deane, 1985).

A capacidade métrica deste método consiste em comparar grupos de crianças, com base em dois critérios: o de Segurança e o de Dependência (Waters, 1987), estes scores protótipos foram desenvolvidos por um conjunto de peritos e servirão de base para uma correlação com ambos os grupos (toxicodependentes e não toxicodependentes). Para além deste dois critérios, um outro critério será tomado em consideração e diz respeito os scores protótipos de Pierrehumbert *et al.* (1995b), respectivamente aos de uma criança segura, descritos por 83 peritos no estudo de validação da versão de 79 itens do AQS. Para este instrumento, é possível contabilizar os dados através de um método estatístico correlacional.

O Attachment Behaviour Q-Set (com 90 itens) foi utilizado por vários autores, entre eles Posada *et al.* (1995), cujo objectivo principal do seu estudo era comparar os resultados da aplicação do método Q-Sort (AQS) com os resultados do Adult Attachment Interview (AAI). Na presente investigação, o objectivo é semelhante, mas devido à impossibilidade de aplicação do AAI, recorreu-se ao instrumento Ca-Mir, cujo método é do mesmo formato que o Q-Sort. Posada *et al.* (1995) concluí-ram que uma das vantagens de aplicabilidade do AQS é o facto de permi-tir uma comparação entre o perfil da criança com um perfil de uma criança teoricamente segura (através dos protótipos definidos por peritos da teoria da vinculação).

Ca-Mir

Este questionário foi sujeito ao habitual procedimento de validação, através da análise da estrutura interna do instrumento, consistência, fiabi-lidade, capacidade de discriminar os sujeitos e as ligações com as diversas variáveis sócio-demográficas. A sua validação pode ser verificada na seguinte referência bibliográfica: Pierrehumbert, B., Karmaniola, A., Sieye, A., Meister, C., Miljkovitch, R., Halfon, O. (1996, «Les Modelès de Rela-tions: Développment d'un Autoquestionnaire d'Attachement pour Adults». *Psychiatrie de l'enfant*, vol. XXXIX(1), pp. 161-206).

Após a sua validação, os 72 itens que tinham sido agrupados nos dife-rentes factores (ou escalas) iriam constituir o questionário definitivo Ca-Mir (Pierrehumbert, 2003). A partir de um formato do tipo Q-Sort, o objectivo desta medida é fazer sobressair o carácter global do corpo de respostas, ou seja, esclarecer o carácter clínico das representações de vinculação do sujeito. Este procedimento de cálculo é semelhante ao procedimento do Attachment Behaviour Q-Set e consiste em que para cada Q-Sort obtido (scores atribuídos a cada um dos sujeitos dos dois grupos) se correlacionem com cada um dos 3 protótipos, dispondo de 3 protótipos de representações da vinculação no adulto: o «desligado», o «seguro» e o «preocupado».

Tal como o instrumento anterior, este questionário permite analisar os resultados através do método Q-Sort, onde se recorrerá a correlações de Pearson para se relacionar resultados com os protótipos (desligado, preo-cupado e seguro) achados pelos peritos da teoria de vinculação.

RESULTADOS

Entrevista Semi-Dirigida

Registaram-se diferenças ao nível do conteúdo das respostas entre os dois grupos. No entanto, as maiores diferenças foram ao nível de:

– consumos durante a gravidez, paragem correspondente à entrada no estabelecimento prisional;
– dimensão do planeamento e desejo da gravidez perturbados pelos consumos;
– crianças com mães toxicómanas nasceram com síndrome de abstinência (separação e internamento);
– todas as crianças manifestam comportamentos típicos de um sistema de vinculação (fase III e IV);
– relato por estas mães de memórias traumáticas na infância e adolescência.

Attachment Behaviour Q-Set

Crianças com mães toxicodependentes (A, B, C, D)

Verificaram-se correlações significativas para um nível de significância de 0,05 e para um nível de significância 0,01.

O sujeito A demonstrou correlações significativas com os níveis de segurança de Waters e Deane (r = 25, 4%; α = 0,05) e com os níveis de dependência de Pierrehumbert (r =23,6%; α = 0,05). No entanto, a correlação é superior com os critérios de segurança de Waters e Deane.

As correlações do sujeito B foram todas consideradas como significativas. No entanto, verificaram-se correlações mais significativas com os critérios de segurança de Waters e Deane (r = 27,5%; α = 0,05) e com os níveis de segurança definidos por Pierrehumbert (r = 30,9%; α = 0,01), sendo que estes últimos são mais relevantes, uma vez que a margem de erro é menor.

Os resultados do sujeito C demonstram correlações fortemente significativas com os critérios de segurança de Waters e Deane (r = 40,9%; α = 0,01) e de Pierrehumbert (r = 35,4%; α = 0,01).

Relativamente ao sujeito D, este apresenta também apenas resultados significativos com nível de significância de 0,01 nos critérios de segurança de Waters (r = 34,5%) e de Pierrehumbert (r = 42,5%).

Sintetizando, todas as crianças do grupo de mãe toxicodependentes encontram-se significativamente correlacionados com os critérios de segurança definidos por ambos os autores, isto significa que todas as crianças são representadas pelas mães com um tipo de vinculação segura (Figura 3).

FIGURA 3: **Gráfico de comparação dos sujeitos do grupo de mães toxicodependentes do** *Attachment Behaviour Q-Set*

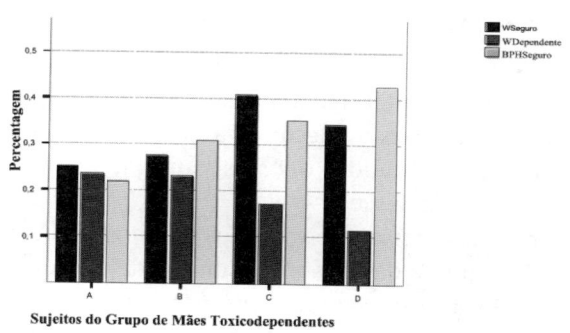

Sujeitos do Grupo de Mães Toxicodependentes

Crianças com mães não toxicodependentes (E,F,G,H)

No grupo de mães não toxicodependentes, também se verificaram correlações significativas com todos os critérios definidos.

A análise destes resultados decorreu de forma semelhante que na análise anterior. Sendo assim, em síntese, pode verificar-se que, à excepção do sujeito F, todos os sujeitos do grupo de mães não toxicodependentes se encontram correlacionados positivamente com os níveis de segurança. Conclui-se que a maioria das crianças é descrita pelas suas mães como tendo um tipo de vinculação segura (Figura 4).

FIGURA 4: **Gráfico de comparação dos sujeitos do grupo de mães não toxicodependentes no** *Attachment Behaviour Q-Set*

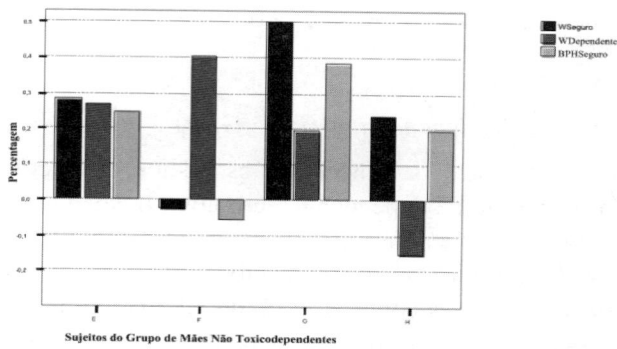

Sujeitos do Grupo de Mães Não Toxicodependentes

Ca-Mir

Mães toxicodependentes (A, B, C, D)

Verificaram-se correlações significativas positivas e negativas. No entanto, é importante salientar que todas as correlações cujo resultado for negativo indica que não existe relação entre cada uma das variáveis, isto porque se encontram em sentidos opostos, ou seja, quando uma sobe em termos de valores a outra desce.

Desta forma, verifica-se que todos os sujeitos parecem demonstrar uma representação interna das relações e um modelo interno da representação da vinculação do tipo seguro, com a excepção do sujeito D, que demonstra uma representação interna do tipo preocupado (Figura 5).

FIGURA 5: **Gráfico de comparação dos sujeitos do grupo de mães toxicodependentes do** *Ca-Mir*

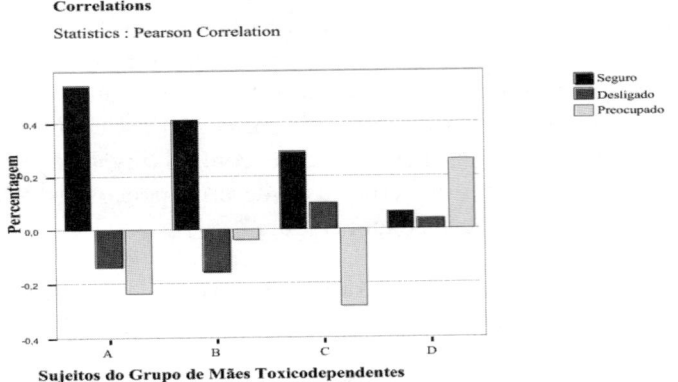

Mães não toxicodependentes (E, F, G, H)

Através da técnica da correlação estatística, verificou-se que, no grupo de mães não toxicodependentes, um dos sujeitos (sujeito F) parece não demonstrar nenhuma relação significativa com nenhum dos protótipos definidos. No entanto, os restantes sujeitos deste grupo revelam correlações significativas apenas com o critério que define um protótipo seguro.

É necessário salientar que, comparando os resultados do grupo de mães toxicodependentes com o grupo de mães não toxicodependentes, as correlações do segundo grupo são bastante mais elevadas que as do primeiro grupo, o que demonstra uma índice de segurança mais elevado (Figura 6).

Figura 6: **Gráfico de comparação dos sujeitos do grupo de mães não toxicodependentes do** *Ca-Mir*

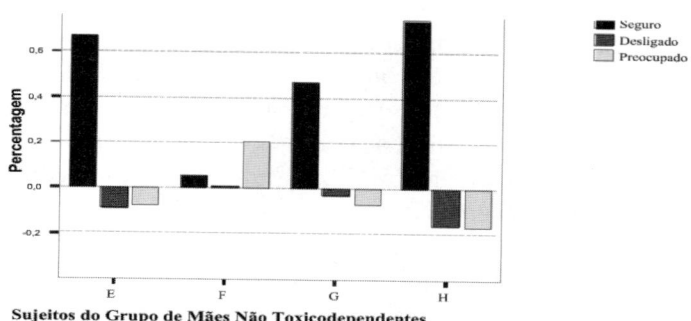

Foi efectuada uma análise descritiva com a utilização do teste de *Mann-Whitney*. As diferenças entre os dois grupos foram testadas através da aplicação deste teste não paramétrico, já que este era o mais adequado considerando-se a dimensão da amostra (Maroco, 2003). Devido à reduzida dimensão dos grupos a comparar, não permitindo a confirmação da normalidade dos dados necessária para a aplicação de testes paramétricos, por exemplo o teste t, que também analisa diferenças entre grupos (Maroco, 2003). Pela mesma razão procedeu-se também à aplicação deste teste para a análise descritiva das escalas pertencentes ao instrumento *Ca-Mir*.

Para ambos os instrumentos, os resultados da aplicação do teste de *Mann-Whitney* não demonstraram diferenças significativas entre os grupos em cada uma das escalas.

DISCUSSÃO DE RESULTADOS

De acordo com os objectivos definidos no início desta investigação, passar-se-á à discussão de cada um dos resultados para cada um dos instrumentos de medida.

Foram identificadas diferenças de conteúdo ao nível do discurso destas mães para a temática da gravidez e da maternidade. Através da aplicação da Entrevista Semi-Dirigida, foram verificados os seguintes aspectos:

- Continuidade dos consumos durante a gravidez, apesar de várias tentativas de paragem de consumos antes de serem detidas, só se mantiveram abstinentes no momento em que foram detidas. Isto significa que, na sua maioria, as mães do grupo de mães toxicómanas mantiveram os seus consumos durante a gravidez (no máximo até aos 6 meses). Esta observação parece ir ao encontro da maioria das investigações realizadas com mães toxicómanas. Frazão *et al.* (2001) verificaram que 74,4% das futuras mães toxicómanas não deixaram os consumos durante os 9 meses de gravidez. Na mesma ordem, Palminha *et al.* (1992) verificaram que 73% das mulheres inquiridas também mantiveram os seus consumos. A continuidade dos consumos muitas vezes acontece por desconhecimento do seu estado ou por denegação do bebé dentro de si, o chamado «mito da infertilidade» (Pimenta, 1997). As mães da amostra só conseguiram ficar abstinentes por mais de um ano na prisão, apesar de várias tentativas antes de serem detidas. Quando as mães toxicodependentes grávidas são enviadas para o estabelecimento prisional de Tires ("Casa das Mães"), a desabituação física é obrigatória (metadona). Para além disso, é realizado um controlo de pelo menos um ano às mães abstinentes. Sempre que estas vão de "precária" (saída do estabelecimento), antes de entrarem no estabelecimento são feitas análises de urina, caso tenham ocorrido consumos as mulheres ficam impedidas de irem de "precária" pelo tempo que a Directora do estabelecimento decidir. Pretende-se dizer com isto que as condições deste estabelecimento providenciam um ambiente diferente do meio onde estavam inseridas, um meio que, para Gomes (1993), deverá ser visto cada vez mais como um meio contentor que permite a mudança. Para além do tratamento físico, o estabelecimento prisional providencia um meio em que ocorre também um apoio psicológico, não só por parte dos profissionais especializados como também pelas guardas, que se tornam objectos securizantes e contentores, figuras fundamentais que facilitam o processo relacional entre a mãe e o seu bebé. Para além disso, segundo Serras e Pires (2004), o pavilhão a "Casa das Mães" providencia um ambiente diferente dos restantes pavilhões prisionais, já que promove a contenção e a securização destas mães ansiosas, deprimidas, culpabilizadas, assim como um cuidado especial a estas crianças facilmente irritáveis, com tremuras, agitação motora, gritos sobreagudos, etc. (Mazet e Stoleru, 2003).

- Comparativamente às mães não toxicómanas, as gravidezes das mães toxicodependentes raramente foram desejadas ou planeadas. Estes resultados vão ao encontro da revisão teórica. Relativamente às mães do grupo de toxicodependentes, e em relação ao planeamento e desejo da gravidez, os resultados parecem ir ao encontro das conclusões de Marcelino (1991a) e Pimenta (1992,1993), já que nenhuma gravidez foi planeada. Relativamente ao fantasiar do bebé, na sua maioria estas não pensaram em nada quando sentiram os primeiros movimentos fetais, isto porque algumas estavam com sintomas de abstinência e só sentiam dores, outras dizem que a junção de heroína e metadona as anestesiava e nem sequer sentiam os movimentos. O desejo de engravidar surge de três factores que se unem, são eles: o desejo da mãe se identificar com a sua própria mãe, deixar de ser filha e passar a ser cuidadora; um desejo narcísico de se duplicar; e, por fim, o desejo de se separar da sua mãe. Estes três factores poderão estar perturbados no sujeito toxicómano, o que se relaciona com a problemática da separação-individuação na adolescência e com o desenvolvimento da identidade. As mulheres toxicodependentes podem não ser capazes de se identificar à sua mãe e poderão desenvolver uma carência narcísica que as impede de aceitar a sua sexualidade, esta última temática relaciona-se com o desejo de engravidar e de ser mãe (Câmara, 1991). Esta falha narcísica poderá decorrer não só de perturbações na infância, como por perturbações ocorridas na adolescência. Todas estas hipóteses poderão ser também a causa do não planeamento e do não desejar do bebé nas mães do grupo de toxicodependentes pertencentes à amostra em estudo. O desejo pelo bebé nas mães toxicómanas muitas vezes é impedido de ser vivido devido, por um lado, à problemática dos consumos e, por outro, a falhas narcísicas precoces e a perturbações da separação-individuação na fase da adolescência. No entanto, isto não significa que o desejo não exista, ele está apenas perturbado, podendo, no entanto, ocorrer uma mudança.

- Ao nível das relações familiares, no grupo de mães toxicodependentes parece haver uma certa ambivalência de aspectos, já que estas mães manifestam situações traumáticas e separações bruscas de seus pais, no entanto valorizam o relacionamento com estes. De acordo com Pimenta (1997), a história pessoal das mulheres toxicómanas é acompanhada por uma infância de carências afectivas, maus-tratos, abandono, negligência, violência física, etc. Segundo determinados autores (Dias, 1979; Fleming, 1996, 1997; Marcelli, 1994; Matos, 2001b, 2002), a patologia toxicodependência pode ser o resultado de falhas narcísicas desenvolvidas na infância que poderão decorrer de um relacionamento com uma figura de amor do tipo abandónico ou do tipo fusional. Perante a impossibilidade de se identificar com uma figura materna cuidadora, este vazio narcísico terá que ser preenchido (mais tarde preenchido pelos consumos) e prolonga-se no tempo. A dificuldade de identificação conduz a uma perturbação da aquisição de autonomia e individualidade que se coloca na fase da adolescência. Perante uma relação com a mãe que se apresenta como descontínua ou simbiótica, os adolescentes idealizam essa relação, assim como uma figura materna inexistente. Provavelmente, esta idealização da figura materna terá ocorrido com as mães do grupo de toxicodependentes, já que, embora relatassem acontecimentos e memórias traumáticas com a mãe, esta continuava a ser a pessoa a quem recorriam em caso de necessidade.

No que diz respeito aos resultados do instrumento Attachment Behaviour Q-Set, os resultados contrariam o que a revisão de literatura aponta. Ou seja, comparativamente ao grupo de mães não toxicodependentes, as crianças do grupo de mães toxicómanas têm vinculações seguras, o que significa que a toxicomania da mãe não influencia a qualidade de vinculação com a criança. São levantadas duas hipóteses para a explicação destes resultados, uma relacionada com o contexto em que estas mães e crianças estão inseridas e outra que diz respeito às defesas psíquicas que os pais constroem para proteger a relação de vinculação com os seus filhos. Os resultados parecem contrariar a literatura teórica, já que a maioria dos autores (Frazão *et al.*, 2001; Lowenstein *et al.*, 1998; Marcelino, 1991b; Morel *et al.*, 1998; Pimenta, 1997; Pires e Ferreira, 2001) afirma que as relações de vinculação e a interacção entre mães toxicómanas e os seus bebés na maioria dos casos é perturbada. Esta falha precoce na interacção ocorre muitas vezes pela incapacidade (física e psicológica) da mãe em responder às necessidades do seu filho, por várias razões: ou devido à continuação do consumos e aos seus efeitos, ou por causa dos sintomas de síndrome de abstinência, ou pelos efeitos da medicação de substituição, e ainda existe a probabilidade do bebé não ser aceite devido ao não planeamento e desejo da gravidez (Frazão *et al.*, 2001; Lowenstein *et al.*, 1998; Marcelino, 1991a; Morel *et al.*, 1998; Pimenta, 1993; Pires e Ferreira, 2001; Sá, 2004a). Como já foi mencionado anteriormente, para além dos cuidados maternos e das características das crianças e a sua consequente complementaridade, existem ainda outros factores que influenciam a qualidade de vinculação entre a díade, nomeadamente o contexto em que ambos estão inseridos, a satisfação actual da mãe, a sua personalidade, o apoio social, o apoio familiar, etc. (Belsky e Nezworski, 1988). Daí que a primeira hipótese para explicar estes resultados poderá estar relacionada com o contexto em que estas díades estão inseridas. Segundo Serras e Pires (2004), o pavilhão a "Casa das Mães" em Tires dispõe de condições que propiciam a relação entre a mãe e o seu bebé. Outro aspecto a ser salientado diz respeito ao facto de que estas crianças passam a ser o centro da vida destas mães, passando a viver em função delas. Este poderá ser também um factor que propicia uma qualidade da vinculação segura em ambos os grupos.

Outra hipótese que poderá ser levantada relativamente a estes resultados diz respeito ao facto de terem sido verificados conflitos familiares e traumas de infância, que, como já foi explicitado, influenciam a qualidade de vinculação entre a mãe e o seu bebé. Daí que seria esperado que, no grupos de mães toxicodependentes, as crianças manifestassem padrões de vinculação do tipo inseguro. No entanto, tal não se verificou. Segundo Fonagy *et al.* (1996), alguns pais, apesar de terem um passado como o que estas mães descreveram, têm capacidades para ultrapassar este seu conflito e assim não colocam em risco o laço afectivo que estão a desenvolver com os filhos. Esta capacidade poderá estar relacionada com as defesas psíquicas utilizadas para evitar que certos "fantasmas" precoces perturbem a relação (Fraiberg, 1975).

Por último, os resultados do instrumento Ca-Mir confirmam a transgeracionalidade da vinculação para ambos os grupos conforme a revisão teórica. No entanto, contrariamente ao que seria esperado, as mães toxicodependentes manifestaram ter representações seguras/autónomas da vinculação.

Outro aspecto também a ser questionado diz respeito aos resultados da entrevista semi-dirigida e que parecem contrariar os resultados obtidos pelo Ca-Mir, já que a maiorias das mães toxicómanas relatam passados de infância traumáticos e desprazerosos, mas revelam representações da vinculação seguras.

Perante estes resultados foram levantadas quatro hipóteses, são elas:

– Os resultados podem comprovar ter ocorrido uma idealização das figuras parentais no grupo de mães toxicodependentes. Perante figuras negligentes e punitivas, a criança idealiza essas mesmas figuras como forma de defesa para a não desorganização psicológica, no entanto a necessidade de amor mantém-se, criando um vazio interno que terá que ser preenchido por algo (Fleming, 1996). Perante um objecto que não ameaça abandonar (a substância), estes sujeitos na adolescência encontram na "droga" o efeito desejado, uma fase caracterizada pela busca de autonomia, muitas vezes não é superada, conduzindo exactamente ao oposto, ou seja, à dependência. A separação das figuras parentais é sentida como um abandono, que é desorganizador. Perante a culpabilidade sentida do abandono das figuras parentais surge a dependência excessiva destas figuras e a sua idealização, esta última que é uma defesa por forma a suportar estes pais ausentes e traumatizantes.

– Poderá ter ocorrido uma mudança dos IWM. Esta hipótese relaciona-se com a suposta estabilidade dos modelos internos dinâmicos definido por Bowlby (1982). No entanto, Bowlby (1985) reestruturou a sua ideia de estabilidade, afirmando que estas representações poderiam sofrer mudanças, ao que Sroufe (1988) acrescentou que estas mudanças nas representações se podem dever a experiências relacionais actuais, nomeadamente às relações com os pares românticos (Feeney, 1999). Os modelos internos não podem ser considerados rígidos, pelo que, segundo diversos autores (Main, 1998; Main e Goldwyn, 1988; Pierrehumbert *et al.*, 2003, 1996; Soares, 1996a), um adulto através das suas relações actuais, especialmente com o seu parceiro amoroso, poderá proceder à mudança dos seus modelos internos, que, por sua vez, influencia a parentalidade e logo a qualidade de vinculação com o seu filho. Mas, por outro lado, essa mudança de representações internas no adulto que teve uma infância traumática ou desprazerosa, através de novas experiências de vínculo, como por exemplo com um parente próximo que serviu de figura de vinculação e contenção, talvez possa ocorrer uma mudança nos modelos de representação interna ou até a (re)construção de novos modelos de vinculação, que influenciará mais tarde os cuidados parentais e a qualidade de vinculação desta criança. Como Soares (1996b) afirma, o ciclo poderá quebrar-se através de «experiências emocionais correctivas».

– Outra hipótese considerada relaciona-se com a definição descrita por Main e Goldwyn (1988) segundo a qual inserem-se neste tipo de representação interna autónoma sujeitos que descrevem os pais como figuras que não apoiaram o seu desenvolvimento na infância, que não funcionaram como uma base segura, que tiveram comportamentos rebeldes durante a adolescência, mas que consideram a relação com os pais na infância como resolvida e o «passado perdoado» (p. 172).

– Por fim, existirá a hipótese de inviabilidade do instrumento utilizado. Esta questão não se relaciona com o instrumento em si, mas com a sua aplicação e procedimento, uma vez que este instrumento implica um nível de concentração e atenção elevados, já que as fases que o constituem são demoradas e exaustivas. Algumas mães manifestaram comportamentos de cansaço e entediamento ao realizar o instrumento, pelo que podem ter respondido de acordo com o desejado socialmente, ou seja, a disposição dos cartões terá sido feita com o objectivo de dar uma boa imagem como pais.

Para terminar, será de mencionar que a grande limitação deste estudo verificou-se no número reduzido de participantes, pelo que se poderia ter chegado a resultados mais conclusivos e explícitos com uma amostra maior. No entanto, tal não foi possível, por várias razões: poucas mães toxicómanas residentes na "Casa das Mães", tempo limitado, poucos estabelecimentos prisionais com as características específicas da "Casa das Mães" e recursos limitados.

CONCLUSÃO

Contrariamente ao que seria esperado, os resultados indicam que mães com um passado de toxicomania e situações familiares traumáticas serão capazes de desempenhar um papel materno suficientemente adequado, que induz a uma qualidade de vinculação com a criança do tipo seguro. De facto, não foram encontradas diferenças entre os grupos ao nível da qualidade de vinculação das crianças e ao nível dos modelos representacionais internos que as mães possuem em relação à sua família de origem.

Seria interessante dar uma continuidade a este estudo com as mesmas mães e as mesmas crianças, mas com outro tipo de instrumentos, no sentido de se tentar perceber se, após a saída destas mães do estabelecimento prisional, o vínculo se mantém e se ocorre ou não uma recaída nos consumos de estupefacientes.

Outra investigação que se poderia fazer seria na mesma base que esta investigação, mas com um terceiro grupo de mães toxicodependentes que não estivessem detidas, assim tentar-se-ia isolar a variável prisão e as suas possíveis influências na qualidade de vinculação entre a díade.

Por fim, outro género de investigação interessante seria colocar as guardas prisionais como observadoras, ou seja, seriam estas que responderiam ao instrumento Attachment Behaviour Q-Set, de forma a que se isolasse o desejável social, isto porque existe a possibilidade das mães responderem de acordo com o que é mais aceite moralmente acerca das suas crianças.

Este trabalho foi uma tentativa de salientar a importância que a patologia toxicómana poderá ter na qualidade da relação entre a mãe e o bebé e, apesar dos resultados contrariarem a revisão teórica, estes confirmaram as expectativas. Porque se acredita que a "doença" toxicodependência não é incompatível com a maternidade e que, antes pelo contrário, se deve cada vez mais fazer um trabalho de prevenção com estas mães.

BIBLIOGRAFIA CITADA

AINSWORTH, M., BELL, S. e STAYTON, D. (1983), «A ligação filho-mãe e o desenvolvimento social: A socialização como um produto da resposta recíproca a sinais». *In* M. Richards (1983), **A Integração da criança no mundo social**. Lisboa: Livros Horizonte. (tradução da obra original em inglês **The Integration of a child into a social world**. Cambridge University Press, 1974).

ANGEL, P., RICHARD, D. e VALLEUR, M. (2002), **Toxicomanias**. Lisboa: Climepsi.

BAYLE, F. (2005), «A Parentalidade». *In* I. Leal (2005), **Psicologia da Gravidez e Parentalidade**. Lisboa: Fim de Século.

BEJA, M., BISCAIA, J. e SÁ, E. (2004), «Gravidez e Toxicodependência». *In* Eduardo Sá (2004), **A maternidade e o bebé** (2.ª ed.). Lisboa: Fim de Século.

BELSKY, J. e ISABELLA, R. (1988), «Maternal, infant, and Social-Contextual determinants of attachment security». *In* J. Belsky e T. Nezworski (1988), **Clinical Implications of Attachment**. Estados Unidos da América: Lawrence Erbaum Associates Publishers.

BELSKY, J. e NEZWORSKI, T. (1988), **Clinical Implications of Attachment**. Estados Unidos da América: Lawrence Erbaum Associates Publishers.

BOWLBY, J. (1982), **Formação e Rompimento dos Laços Afectivos**. São Paulo: Martins Fontes. (tradução da obra original em inglês **The making and breaking of affectional bonds**. Londres: Tavistock, 1979).

BOWLBY, J. (1984), **Apego e Perda: Separação, Angústia e Raiva**. Vol II São Paulo: Martins Fontes. (tradução da obra original em inglês Attachment **and Loss – Volume II: Separation**. Harmondsworth: Penguin Books, 1973).

BOWLBY, J. (1985), **Apego e Perda: Perda, Tristeza e Depressão. Vol. III** São Paulo: Martins Fontes. (tradução da obra original em inglês **Attachment and Loss – Volume III: Loss, sadness and depression**. Harmondsworth: Penguin Books, 1980).

BOWLBY, J. (2002), **Apego: A Natureza do Vínculo. Vol. I: Apego e Perda**. São Paulo: Martins Fontes. (tradução da obra original em inglês **Attachment and Loss – Volume I: Attachment**. Londres: Tavistock, 1969).

BRAZELTON, T. e CRAMER, B. (2004), **A Relação mais Precoce: os pais, os bebés e a interacção precoce**. Lisboa: Terramar.

BRETHERTON, I. e MUNHOLLAND, K. (1999), «Internal Working Models in Attachment Relationships: A Construct Revisited». *In* J. Cassidy e P. Shaver (1999), **Handbook of attachment: theory, research, and clinical implications**. Nova Iorque: Guilford Press.

CÂMARA, J. (1991), «A mulher toxicodependente e a prostituição». *IV Colectânea de Textos do Centro de Taipas*. Lisboa, pp. 157-159.

CASSIDY, J. (1999), «The Nature of the Child's Ties». *In* J. Cassidy e P. Shaver (1999), **Handbook of attachment: theory, research, and clinical implications**. Nova Iorque, Guilford Press.

DIAS, C. (1979), **O que se mexe a parar: Estudos sobre a droga**. Porto: Afrontamento.

FEENEY, J. (1999), «Adult Romantic Attachment and Couple Relationships». *In* J. Cassidy e P. Shaver (1999), **Handbook of attachment: theory, research, and clinical implications**. Nova Iorque: Guilford Press.

FONAGY, P., STEELE, M., STEELE, H., MORAN, G. e HIGGIT, A. (1996), «Fantômes dans la chambre d'enfants: Étude de la répercussion des représentations mentales des parents sur la sécurité de l'attachment». *Psychiatrie de l'énfant*, vol. XXXIX, pp. 63-83.

FONAGY, P. (2001), **Attachment Theory and Psychoanalysis**. Nova Iorque: Other Press.

FRAIBERG, S., ADELSON, E. e SHAPIRO, V. (1975), «Ghosts in the nursery: A psychoanalytic approach to the problem of impaired infant-mother relationships». *Academy Child Psych.*, vol. 14, pp. 387-422

FRAZÃO, C., PEREIRA, M., AMARO, F. e TELES, L. (2001), **A Mulher Toxicodependente: E o Planeamento Familiar, a Gravidez e a Maternidade**. Lisboa: Fundação Nossa Senhora do Bom Sucesso.

FLEMING, M. (1996), **Família e Toxicodependência**. Porto: Afrontamento.

FLEMING, M. (1997), «Toxicodependência e Família Interna». *Revista Portuguesa de Psicanálise*, n.° 16, pp. 83-89

FLORES, I. e CALHEIROS, J. (2002), «Caracterização de uma amostra de mulheres grávidas toxicodependentes: A experiência do CAT do Conde». *Toxicodependências*, vol. 8(2), pp. 53-62.

GOMES, A. (1993), «Psicoterapia Institucional e Psiquiatria de Sector no Meio Prisional Português». *Análise Psicológica*, vol. 1(XI), pp. 61-73.

LOWENSTEIN, W., GOURARIER, L., COPPEL, A., LEBEAU, B. e HEFEZ, S. (1998), **A Metadona e os tratamentos de substituição**. Lisboa: Climepsi.

MAIN, M. (1998), «De l'attachement à la psychopathologie». *Enfance*, vol. 3, pp. 13-27

MARCELLI, D. (1994), «Du lien Précoce au lien D'Addiction: Quelques hypothèses sur les racines de la dépendance à l'adolescence». *Neuropsychiatrie de l'Enfance*, vol. 42(7), pp. 279-284.

MARCELINO, M. e SANTOS, F. (1990), «A Toxicodependência na mulher». *Toxicodependências – IV Colectânea de Textos, Centro de Taipas*, pp. 279-287.

MARCELINO, M. (1991a), «Toxicodependência e Gravidez». *XI Colectânea de Textos das Taipas*, pp. 153-156.

MARCELINO, M. (1991b), «A mulher toxicodependente (Consequências da Toxicodependência)». *XI Colectânea de Textos das Taipas*, pp. 161-168.

MATOS, C. (2001b), **A Depressão**. Lisboa: Climepsi.

MATOS, C. (2002), **Adolescência**. Lisboa: Climepsi.

MAZET, P. e STOLERU, S. (2003), **Psicopatologia do lactente e da criança pequena**. Lisboa: Climepsi. (tradução do original em francês **Psychopathologie du nourisson et du jeune enfant**. Paris: Masson, 1988, 1993).

MOREL, A., HERVÉ, F. e FONTAINE, B. (1998), **Cuidados ao Toxicodependente**. Lisboa: Climepsi.

PALMINHA *et al.* (1992), **Os filhos dos toxicodependentes: Novo grupo de risco bio-psico-social**. Lisboa: Bial.

PIERREHUMBERT, B., SIEYE, A., ZALTZMAN, V. e HALFON, O. (1995a), «Entre salon et laboratoire: L'utilisation du Q-Sort de Waters & Deane pour décrire la qualité de la relation d'attachement parent-enfant». *Enfance*, vol. 3, pp. 277-291

PIERREHUMBERT, B., MUHLEMANN, I. ANTONIETTI, J., SIEYE, A. e HALFON, O. (1995b), «Étude de validation d'une version francophone du Q-Sort d'attachement de Waters & Deane». *Enfance*, vol. 3, pp. 293-315.

PIERREHUMBERT, B., KARMANIOLA, A., SIEYE, A., MEISTER, C., MILJKOVITCH, R e HALFON, O. (1996), «Les Modèles de Relations: Développement d'un auto -questionnaire d'attachment pour adultes». *Psychiatrie de l'enfant*, vol. XXXIX(1), pp. 161-206.

PIERREHUMBERT, B. (2003), **Le Premier Lien – Théorie de l'attachement**. Paris: Odile Jacob.

PIMENTA, M. (1997), «A toxicodependência na mulher». *In* L. Patrício (1997), **Face à Droga: Como (Re)Agir?** Lisboa, Serviço de Prevenção e Tratamento da Toxicodependência (SPTT).

PIRES, A. (2001), **Crianças (e Pais) em Risco**. Lisboa: ISPA.

POSADA, G., WATERS, E., CROWELL, J. e KENG-LING, L. (1995), «Is it easier to use a secure mother as a secure base? Attachment Q-Sort correlates of the Adult Attachment Interview». *Monographs of the Society for Research in Child Development*, 244, vol. 60, n.º 2-3, pp. 133-145.

REIS, N. (2001b), «De Feto a Bebé». *In* Eduardo Sá (2001), **Psicologia do Feto e do Bebé** (2ed). Lisboa: Fim de Século.

SÁ, E. (2004a), **A Maternidade e o Bebé** (2.ª ed.). Lisboa: Fim de Século.

SERRAS, D. e Pires, A. (2004), «Maternidade atrás das grades. Comportamento parental em contexto prisional». *Análise Psicológica*, 2 (XXII), pp. 413-425

SOARES, I. (1996a), **Representação da Vinculação na Idade Adulta e na Adolescência: Estudo Intergeracional Mãe-Filho(a)**. Minho: Instituto de Educação e Psicologia.

SOARES, I. (1996b), «Vinculação: Questões teóricas, Investigação e Implicações Clínica». *Revista Portuguesa de Pedopsiquiatria*, n.º 11, pp. 35-71 (Associação Portuguesa de Pedopsiquiatria da Infância e da Adolescência).

SOULÉ, M. (1982), **L'enfant dans la Tête: l'enfant Imaginaire. La Dynamique du nourisson**. Paris: Les Editions.

SOULÉ, M. (1987), «O filho da cabeça, o filho imaginário: seu valor estruturante dentro das trocas mãe-filho». *In* T. Brazelton (1987), **A dinâmica do bebé**. Porto Alegre: Artes Médicas.

SROUFE, A. (1988), «The role of infant-caregiver attachment in development». *In* J. Belsky e T. Nezworski (1988), **Clinical Implications of Attachment**. Estados Unidos da América: Lawrence Erbaum Associates Publishers.

STERN, D. e BRUSCHWEILLER-STERN, N. (2000), **O nascimento de uma mãe: Como a Experiência da Maternidade transforma uma mulher**. Porto: Âmbar. (tradução da obra original em inglês **The birth of a mother**, 1998).

TAVARES, M. (2003), «A entrevista clínica». *In* Cunha *et al.*, **Psicodiagnóstico – V** (5.ª ed). Lisboa: Artmed.

WATERS, E. e DEANE, K. (1985), «Defining and assessing individual differences in attachment relationships: Q-methodology and the organization of behaviour in infancy and childhood». *Monographs of the Society for Research in Child Development*, vol. 50(1-2), pp. 41-65.

WATERS, E. e VAUGH, B. (1990), «Attachment Behaviour at Home and in the Laboratory: Q-Sort Observations and Strange Situation Classifications of One-Year-Olds». *Child Development*, vol. 61(6), pp. 1965-1973.

WATERS, E. (1995), «Attachment Q-Set (version 3.0)». *In* Waters, Vaughn, Posada e Kondo-Ikemura, **Monographs of Child Development**, vol. 60(2-3), pp. 234-246.

WEINFIELD, N., SROUFE, L., BYRON, E. e CARLSON, E. (1999), «The Nature of Individual Differences in Infant-Caregiver Attachment». *In* J. Cassidy e P. Shaver (1999), **Handbook of attachment: theory, research, and clinical implications**. Nova iorque York: Guilford Press.

WINNICOTT, D. (2002), **Os bebés e suas mães** (2.ª ed). São Paulo: Martins Fontes. (tradução da obra original em inglês **Babies and their mothers**, 1987).

BIBLIOGRAFIA LIDA (e recomendada)

AGRA, C.(1997), **Droga-Crime: A experiência portuguesa – programa de estudos e resultados**. Lisboa: Gabinete do Planeamento e de Coordenação do Combate à Droga.

AINSWORTH, M., (1969), «Attachment and Exploratory Behaviour of one-year-olds in a Strange Situation». *In* B. M. Foss (Ed.), **Determinants of Infant Behaviour IV**. Londres, Methuen & Co LTD.

AINSWORTH, M. (1979), «Attachment as related to mother-infant interaction». *In* J. Rosenblatt, R. Hinde, C. Beer e M. Busnel (Ed.), **Advances in the Study of Behaviour** (vol. 9). Londres: Academic Press.

ALMEIDA, M. (1998), «Filhos de peixe... o medo e o mar: Os filhos dos toxicodependentes ou o trabalho com crianças em risco». *Toxicodependências*, vol. 4(1), pp. 41-50.

BARROS, L. (2001), «O bebé nascido em situação de risco». *In* M. Canavarro (Ed), **Psicologia da Gravidez e da Maternidade**. Coimbra: Quarteto Editora.

BAKERMANS-KRANENBURG, M., JUFFER, F. e VAN IJZENDOORN, M. (1998), «Interventions with video feedback and attachment discussions: Does type of maternal insecurity make a difference?». *Infant Mental Health Journal*, vol. 19(2), pp. 202-219.

BELSKY, J. (1984), «The determinants of parenting. A process model». *Child Development*, vol. 55, pp. 83-89

BONOMI, A. (2002), **Pré-Natal humanizado: Gerando crianças felizes**. São Paulo: Atheneu.

BRAZELTON, T. (1988), **O desenvolvimento do apego**. Porto Alegre: Artes Médicas.

BRETHERTON, I. (1992), «The origins of attachment theory: John Bowlby and Mary Ainsworth». *Development Psychology*, vol. 28, pp. 759-775.

BRETHERTON, I. e MUNHOLLAND, K. (1999), «Internal Working Models in Attachment Relationships: A Construct Revisited». *In* J. Cassidy e P. Shaver (Ed.), **Handbook of attachment: theory, research, and clinical implications**. Nova Iorque: Guilford Press.

BRUNS, D. (2006), «Promoting mother-child relationships for incarcerated women and their children». *Infants & Young Children*, vol. 19(4), pp. 308-322.

CARDOSO, S. e MANITA, C. (2004), «Mulheres Toxicodependentes: O género na desviância». *Toxicodependências*, vol. 10(2), pp. 13-25.

CHAMBERLAIN, D. (1995), «La psychologie du foetus». *In* S. Lebovici, R. Diatkine e M. Soulé (Ed.), **Nouveau Traité de psychiatrie de l'enfant et de l'adolescence**, pp. 263-279. Paris: PUF.

CUNHA *et al.* (2003), **Psicodiagnóstico – V** (5.ª ed). Lisboa: Artmed

DIAS, C. (2000), **Adolescência e Toxicodependências. Adolescência: Abordagens, Investigações e Contextos de Desenvolvimento**. Direcção Regional da Educação, pp. 249-258.

DORMOY, O. (1992), «L'enfant et le prison». *Enfance*, vol. 46(3), pp. 251-263.

FARGES, F. (2002a), «Dependência, abuso, uso». *In* P. Angel, D. Richard e M. Valleur (2002), **Toxicomanias**. Lisboa: Climepsi.

FIGUEIREDO, B. (1996), «A interacção mãe-bebé». *Psicologia: Teoria, Investigação e Prática*, vol. 1, pp. 117-132.

FIGUEIREDO, B. (2003), «Os Primórdios da construção do próprio no contexto da interacção mãe-bebé». *Psicologia: Teoria, Investigação e Prática*, vol. 2, pp. 311-322.

FLEMING, M. (1997), «Toxicodependência e Família Interna». *Revista Portuguesa de Psicanálise*, n.º 16, pp. 83-89.

FLORES, I. e CALHEIROS, J. (2002), «Caracterização de uma amostra de mulheres grávidas toxicodependentes: A experiência do CAT do Conde». *Toxicodependências*, vol. 8(2), pp. 53-62.

GREENBERG, M. (1999), «Attachment and Psychopathology in Childhood». *In* J. Cassidy e P. Shaver (Ed.), **Handbook of attachment: theory, research, and clinical implications**. Nova Iorque: Guilford Press.

GUEDENEY, N., GUEDENEY, A. (2004), **Vinculação: conceitos e aplicações**. Lisboa: Climepsi. (tradução da obra original em francês **L' attachment. Concepts et applications**. Paris: Masson, 2002).

GUIMARÃES, R. e CABRAL, J. (1997), **Estatística**. Lisboa: McGraw-Hill.

GRELLA, C. e GREENWELL, L.(2006), «Correlates of Parental Status and Attitudes toward parenting among substance-abusing women offenders». *Prison Journal*, vol. 86(1), pp. 89-113.

KOBAK, R. (1999), «The Emotional Dynamics of Disruptions in Attachment Relationaships: Implications for Theory, Research, and Clinical Intervention». *In* J. Cassidy e P. Shaver (Ed.), **Handbook of attachment: theory, research, and clinical implications**. Nova Iorque: Guilford Press.

KLAUS, M. e KENNELL, J. (1992), **Pais/Bebé: A Formação do Apego**. Porto Alegre: Artes Médicas.

MANITA, C., NEGREIROS, J. e AGRA, C. (1997), **Droga-Crime: Estudos Interdisciplinares**. Lisboa: Gabinete do Planeamento e de Coordenação do Combate à Droga (Vol. 9).

MARTINS, A. (2002), «Famílias: O tempo parado na (Toxico)dependência». *Toxicodependências*, vol. 8(2), pp. 63-70.

MARVIN, R. e BRITNER, P. (1999), «Normative Development: The Ontogeny of Attachment». *In* J. Cassidy e P. Shaver (Ed.), **Handbook of attachment: theory, research, and clinical implications**. Nova Iorque: Guilford Press.

MATOS, C. (2001), «Funcionamentos depressivos no toxicodependente». *In* A. Matos (2001b), **A Depressão**. Lisboa: Climepsi.

MONTAGNER, H. (1993), **A Vinculação: A aurora da ternura**. Lisboa: Instituto Piaget. (tradução da obra original em francês **L'attachment, les débuts de la tendresse**. Éditions Odile Jacob).

MUNHOLLAND, K. (1999), «Internal Working Models in Attachment Relationships: A Construct Revisited». *In* J. Cassidy e P. Shaver (Ed.), **Handbook of attachment: theory, research, and clinical implications**. Nova Iorque: Guilford Press.

MYERS, B., SMARSH, T., AMLUND-HAGEN, K. e KENNON, S. (1999), «Children of incarcerated mothers». *Journal of Children and Family Studies*, vol. 8(1), pp. 11-25.

OLIEVENSTEIN, C. (1982), **A Droga: Drogas e Toxicómanos**. Lisboa: Editorial Pórtico.

PATRÍCIO, L. (1997), **Face à Droga: Como (Re)Agir?**. Lisboa: Serviço de Prevenção e Tratamento da Toxicodependência (SPTT).

PEDERSON, D., MORAN, G., SITKO, C., CAMPELL, K., GHESQUIRE, K. e ACTON, H. (1990), «Maternal sensitivity and the security of Infant-mother attachment: A Q-Sort study». *Child Development*, vol. 61, pp. 1974-1983.

PIONTELLI, A. (1995), **De Feto a Criança: Um estudo observacional e Psicanalítico**. Rio de Janeiro: Imago.

POEHLMANN, J. (2005), «Incarcerated mother's contact with children, perceived family relathionships, and depressive symptoms». *Journal of Family Psychology*, vol. 19, pp. 350-357.

RAPHAEL-LEFF, J. (1993), **The inside story**. Londres: Karnac Books.

REIS, N. (2001), «A Vida Fetal». *In* Eduardo Sá (Ed.), **Psicologia do Feto e do Bebé** (2.ª ed). Lisboa: Fim de Século.

SÁ, E. (2001), **Psicologia do Feto e do Bebé** (2.ª ed). Lisboa: Fim de Século.

SÁ, E. (2003), **Psicologia dos pais e do brincar** (4.ª ed.). Lisboa: Fim de Século.

SÁ, E. e BISCAIA, J. (2004b), «A gravidez no pensamento das mães». *In* Eduardo Sá (2004a), **A Maternidade e o Bebé** (2.ª ed.). Lisboa: Fim de Século.

SÁ, E., MATELA, S., MORAIS, R. e VEIGA, C. (2004c), «A doença psicológica no bebé». *In* Eduardo Sá (2004a), **A Maternidade e o bebé** (2.ª ed.). Lisboa: Fim de Século.

SÁ, E. e DIAS, M. (2004d), «A vida emocional do feto». *In* Eduardo Sá (2004a), **A Maternidade e o Bebé** (2.ª ed.). Lisboa: Fim de Século.

SCHAFFER, R. (2005), **Introdução à Psicologia da Criança**. Lisboa: Instituto Piaget. (tradução da obra original em inglês **Introducing Child Psychology**, 2004).

SPITZ, R. (1996), **O Primeiro Ano de Vida**. São Paulo: Martins Fontes. (tradução da obra original em inglês **The first year of life**, 1965).

STERN, D. (1980), **Bebé-Mãe: Primeira relação humana** (1.ª ed.). Lisboa: Moraes Editores. (tradução da obra original em inglês **The first relationship: infant and mother**, 1977).

STERN, D. (1992), **O Mundo Interpessoal do Bebé**. Porto Alegre: Artes Médicas. (tradução da obra original em francês **Le monde interpersonnel du nourisson**. Paris: PUF, 1989).

STERN, D. e BRUSCHWEILLER-STERN, N. (2000), **O nascimento de uma mãe: Como a Experiência da Maternidade transforma uma mulher**. Porto: Âmbar. (tradução da obra original em inglês **The birth of a mother**, 1998).

SUOMI, S. (1999), «Attachment in Rhesus Monkeys». *In* J. Cassidy e P. Shaver (1999), **Handbook of attachment: theory, research, and clinical implications**. Nova Iorque, Guilford Press.

TETI, D. e MCGOURTHY, S. (1996), «Using mothers *versus* trained observers in assessing children's secure base behaviour: theoretical and methodological considerations». *Child Development*, vol. 67, pp. 597-605.

THOMPSON, R. (Ed.), «Early Attachment and Later Development». *In* J. Cassidy e P. Shaver (Ed.), **Handbook of attachment: theory, research, and clinical implications**. Nova Iorque: Guilford Press.

VERÍSSIMO, M., MONTEIRO, L. e SANTOS, A. (2006), «Para além da Mãe: a Vinculação na tríade mãe-pai-criança». *In* Matos *et al.* (Ed.), **Caderno do Bebé**. Lisboa: Fim de Século.

WINNICOTT, D. (1990a), Da dependência à independência no desenvolvimento do

indivíduo». *In* D. Winnicott (1990), **O ambiente e os processos de maturação**. (3.ª ed.), pp. 79-87. Porto Alegre: Artes Médicas. (trabalho publicado
em 1965).

ZEANAH, C. e BORIS, N. (2000), «Disturbances and disorders of attachment in
early childhood». *In* **Handboock of Infant Mental Health**. Nova Iorque:
Guilford Press.

PROJECTOS

BEBÉBABÁ – POTENCIALIDADES TERAPÊUTICAS E COMUNICACIONAIS DE UM PROJECTO ARTÍSTICO E EDUCATIVO DIRIGIDO A FAMÍLIAS COM BEBÉS

HELENA RODRIGUES[1] E PAULO MARIA RODRIGUES[2]

«E por dentro do amor, até somente ser possível amar tudo,
e ser possível tudo ser reencontrado por dentro do amor.»
HERBERTO HELDER

Neste texto relata-se uma experiência musical dirigida a pais com bebés que, entre outros aspectos, se tem revelado um fértil viveiro de reflexões de âmbito musical e psicológico. Referimo-nos a *BebéBabá*, um pro-

---

[1] Licenciada em Psicologia pela Faculdade de Psicologia e Ciências da Educação da Universidade do Porto. Mestre em Ciências da Educação pela Faculdade de Psicologia e Ciências da Educação da Universidade de Coimbra. Doutorada em Psicologia pela mesma universidade.

Diplomada com o Curso Superior de Piano do Conservatório de Música do Porto, efectuou também formação nas áreas de Canto, Música de Câmara, Expressão Dramática, Pedagogia Musical e da Terapia.

Professora-Auxiliar da Faculdade de Ciências Sociais e Humanas da Universidade Nova de Lisboa. Coordena o projecto de investigação Desenvolvimento Musical na Infância e Primeira Infância financiado pela Fundação para a Ciência e Tecnologia em curso no LAMCI (Laboratório de Música e Comunicação na Infância) – CESEM (Centro de Estudos de Sociologia e Estética Musical). Tem publicados diversos trabalhos de natureza científica, tendo vindo a privilegiar o estudo da música, da comunicação e da linguagem no desenvolvimento humano.

Membro fundador da Companhia de Música Teatral, participa regularmente na concepção e interpretação dos trabalhos artísticos deste grupo (www.musicateatral.com).

[2] Possuindo formação paralela em ciência e música (que culminou com um Doutoramento em Bioquímica e Genética pela University of East Anglia e uma Pós-Graduação em Ópera na Royal Academy of Music, Londres), Paulo Maria Rodrigues é professor auxiliar no Departamento de Comunicação e Arte da Universidade de Aveiro. Fundou a

jecto educativo e artístico dirigido a famílias com bebés concebido, em 2001, pela Companhia de Musical Teatral, em que a música e a relação estabelecida entre os pais e o bebé são o ponto de partida para a criação de um espectáculo musical. E em que "brincar" é a palavra-chave.

Ao longo das várias edições deste trabalho, temos aprendido como é que a conjugação de técnicas de carácter musical com características de personalidade e formas de actuar dos artistas envolvidos podem promover o relacionamento humano entre díades constituídas por pais (ou outras figuras que sejam os principais prestadores de cuidados à criança) e bebés e também no grupo entre si. Ou seja, um projecto surgido por razões educativas e artísticas tem-se revelado uma experiência muito rica em termos psicológicos, e tem-nos obrigado a reconsiderar a música como "objecto intermediário", para além de "objecto artístico".

Efectivamente, desde 2001, a realização deste projecto em cinco contextos e com cinco grupos de participantes diferentes tem demonstrado que a concepção de *BebéBabá* possui os ingredientes necessários para potenciar todo um trabalho de interacção e funcionamento social com grupos de pais com bebés. E que oferece situações e circunstâncias, mediadas pela música e pela equipa dos artistas, que podem facilitar a comunicabilidade e a expressão de emoções de grupos, integrando participantes especialmente necessitados de intervenção a esse nível. A realização mais recente deste projecto, em colaboração com a Casa da Música do Porto, com um grupo de mães com bebés, reclusas no Estabelecimento Prisional Especial de Santa Cruz do Bispo, reforçou esta nossa convicção.

Neste artigo referem-se aspectos relativos à concepção e à implementação prática deste projecto desde a sua origem (ver também Rodri-

---

Companhia de Música Teatral, sendo o seu compositor residente. Desempenha actualmente as funções de coordenador do Serviço Educativo da Casa da Música do Porto.

O seu trabalho de investigação e criação artística integra-se nas áreas de "Comunicação e Arte na Educação" e "Criação Artística Multidisciplinar". Músico e artista versátil, tem liderado projectos artísticos diversificados, abrangendo campos de intervenção que vão desde a primeira infância até à mais sofisticada exploração tecnológica.

Entre outros, dirigiu projectos como: Bach2Cage, Uma Prenda Para Eugénio de Andrade; As Cidades e a Serra; O Gato das Notas; O Gigante Adamastor; Spidaranha; MNF/Morte e Nascimento de Uma Flor; BebéBábá; Andakibébé; CyberLieder; Zoo Lógico; A Flauta Quase Mágica; Grande Bichofonia; Bichofonia Concertante; Bebé-Plim--Plim.

gues *et al.*, 2003), reflectindo-se sobre possíveis "efeitos terapêuticos", e aponta-se a sua realização no contexto especial de uma prisão de mulheres.

O QUE É O PROJECTO *BEBÉBABÁ*

O projecto *BebéBabá* é um projecto que surgiu na sequência de uma série de sessões de orientações musicais para pais com bebés inspiradas na teoria de aprendizagem musical de Edwin Gordon. De acordo com esta teoria, as bases do vocabulário musical adquirem-se num processo de aquisição semelhante ao da linguagem, sendo importante proporcionar ao bebé, desde o nascimento, um ambiente musical rico e diversificado. Desde o nosso contacto com Edwin Gordon, em 1994, que nos temos interessado pelas questões do desenvolvimento musical na infância e primeira infância e temos realizado várias sessões práticas de orientações musicais dirigidas a pais com bebés.

O projecto *BebéBabá* surgiu na sequência deste tipo de trabalho, tendo sido concebido como o híbrido de um percurso formativo e de uma apresentação artística. Inspirado e dedicado a Edwin Gordon, o projecto ganhou entretanto a sua identidade própria e hoje integra influências variadas, que vão desde a literatura especializada, quer do domínio da Psicologia como do da Música, até aquilo que se poderia designar como sendo dados baseados numa metodologia de trabalho de "investigação--acção".

A primeira realização de *BebéBabá* ocorreu no Teatro Viriato, em Viseu, em Setembro de 2001, tendo sido uma co-produção da Companhia de Música Teatral com o Teatro Viriato. A experiência está documentada num vídeo e num livro publicados em Portugal e nos Estados Unidos.

Desde a sua estreia, o projecto tem sido reconstruído com outros pais e bebés participantes. Assim, desde essa primeira apresentação, o projecto teve lugar ainda em Coimbra (em Outubro de 2003, no Teatro Gil Vicente, numa iniciativa da Fundação Bissaya Barreto, com a colaboração da Escola Superior de Educação do Instituto Politécnico de Coimbra e integrada nas comemorações da Capital da Cultura), em Aveiro (em Março de 2004, integrado no Festival Internacional de Música de Aveiro), e no Porto (em Julho de 2004, no Teatro do Campo Alegre do Porto). Em 2008, em colaboração com o Serviço Educativo da Casa da Música do Porto e o

Estabelecimento Prisional Especial de Santa Cruz do Bispo, foi adaptado e realizado com mães reclusas e respectivos filhos.

A estrutura do projecto é a seguinte: uma série de workshops para adultos; uma série de workshops para bebés dos 0 aos 24 meses acompanhados pelos seus pais (ou avós, irmãos ou outros educadores); uma apresentação final aberta ao público em geral, em que os bebés e adultos acompanhantes participam também.

As várias produções de *BebéBabá* obedecem a uma estrutura comum, mas a sua concretização adapta-se à dinâmica e recursos musicais de cada grupo. A concepção do espectáculo final resulta, pois, do conjunto de workshops referidos, ao longo dos quais se vão ensaiando formas de interacção musical, estimulação plástica e táctil. Cada edição de *BebéBabá* é, pois, sempre diferente da anterior.

Quer a composição musical como a movimentação cénica em interacção com os objectos cenográficos – caracterizados por grande colorido e plasticidade – são como que elementos de um puzzle maleável moldável ao longo dos diversos workshops, não só em função de um resultado artístico mas também em função das necessidades dos participantes.

Nos workshops realizados exclusivamente com os adultos procura-se explorar capacidades musicais e expressivas dos participantes. Aspectos relacionais e comunicacionais entre os membros do grupo são também objecto de atenção, mediados por jogos dramáticos, musicais e de movimento.

Nos workshops realizados com pais e bebés seguem-se princípios da teoria da aprendizagem musical de Edwin Gordon, sendo a música usada de forma a promover a «musicalidade comunicativa» (Trevarthen e Malloch, 2000) das suas interacções relacionais. Os workshops constituem uma oportunidade de absorção musical por parte do bebé, mas também oportunidades de enriquecimento das formas de comunicação entre as díades e entre todo o grupo. Neste caso, no entanto, o foco de atenção são os bebés e a inter-relação adulto-bebé.

Em ambos os tipos de workshops, o canto – a solo e acompanhado – e a dança são os meios musicais privilegiados, funcionando os materiais musicais propostos e a própria actuação dos intérpretes da Companhia de Música Teatral como catalizadores da dinâmica de grupo que se vai gerando. Os workshops – quer os destinados exclusivamente a adultos como os destinados a bebés acompanhados pelos seus pais – são espaço para se "brincar musicalmente" a partir de actividades musicais previamente definidas, mas em que há também lugar para a imaginação e a experimentação de cada um dos participantes. Portanto, ao longo do projecto, tomando a música e a equipa artística como suporte, vai-se afinando a relação dos participantes consigo próprios, entre todo o grupo e mais especificamente entre as díades adulto-bebé. O objectivo é a co-criação de um espectáculo final. A existência desta meta é importante para galvanizar e dar sentido ao trabalho de todo o grupo.

Procurando-se contextualizar o público em todo o processo, imagens vídeo colhidas ao longo dos workshops são, depois, integradas no espectáculo final. Mas, mais do que um espectáculo, trata-se de organizar, transposta para o palco, uma espécie de festa em que participam pais, bebés e intérpretes. Esta festa é, com toda a sua genuinidade, naturalidade e simplicidade, partilhada com quem está sentado na plateia e que, regra geral, inclui muitos familiares dos bebés em palco. *BebéBabá* é, tão simplesmente, a festa de uma comunidade que se regozija por ver a alegria com que pais e filhos brincam ao som da música e do movimento. E isto enternece, tal como sucede quando se observam comportamentos de brincadeira entre pais e crias no reino animal.

BEBÉBABÁ: DA MÚSICA COMO PRÁTICA ARTÍSTICA À MÚSICA COMO POSSIBILIDADE COMUNICACIONAL

Relativamente às linhas conceptuais, bem como a possíveis desenvolvimentos do projecto, foram já tecidas considerações na publicação «BebéBabá – da musicalidade dos afectos à música com bebés» (Rodrigues, Rodrigues e Nunes, 2003). Concretamente, aí se abordam fontes de inspiração como a não-directividade rogeriana ou a abordagem sistémica. Aí se integram também reflexões como: a importância da estimulação musical na infância; pontos de convergência e de divergência entre esta experiência e a teoria da aprendizagem musical de Edwin Gordon; a "imposição" de uma certa forma de cultura musical; estratégias para promover a participação do grupo; considerações sobre o comportamento observado dos bebés; da díade mãe ou pai/bebé e do próprio grupo; interrogações relativas à investigação no âmbito do desenvolvimento musical na infância.

Interessa agora debater aspectos funcionais da música enquanto mediador comunicacional e como contentor relacional.

BebéBabá enriqueceu as perspectivas artísticas dos intérpretes envolvidos (treinados segundo o paradigma da música erudita, que, na generalidade, presta pouca atenção aos efeitos grupais e humanos da expressão musical). Trouxe, sobretudo, uma visão psicológica sobre a música.

Hoje, acreditamos que a comunicação humana radica em elementos de ordem musical que atravessam um *continuum* que vai desde as interacções verbais específicas que se estabelecem com o bebé (*motherese*) até a uma performance de elevado nível musical, passando por manifestações musicais espontâneas de músicos amadores ou mesmo por comportamentos não-verbais e verbais que modulam a postura corporal ou a entoação emocional e afectiva da voz.

Ou seja, a expressividade e a musicalidade que um intérprete imprime à obra musical que interpreta inscreve-se no âmbito do estudo da comunicação. Ao lidar com o não-verbal, a música (e outras formas de arte) mergulha em processos mais ancestrais da comunicação humana. Estes processos serão, talvez, de natureza biológica e podem ser demonstrados em situações que vão desde a musicalidade das interacções estabelecidas com o bebé, a situações de participação colectiva musical (em que, nomeadamente, o corpo se organiza em função de parâmetros de ordem rítmica), a respostas fisiológicas objectivamente mensuráveis (ex: níveis de batimento cardíaco, resposta muscular, sudação, ondas cerebrais) por parte de intérpretes e público face à interpretação de uma obra musical.

BebéBabá levou-nos também a repensar a música como uma expressão ligada à cultura do quotidiano, capaz de fortalecer (ou tecer) a identidade de um grupo. Obviamente, capaz de a destruir também.

Chamou-nos, igualmente, a atenção para aspectos ligados à comunicação na infância e à musicalidade da linguagem, aspectos que foram já objecto de reflexão (Rodrigues, 2005).

BebéBabá confrontou-nos com interfaces entre práticas educativas e práticas artísticas que pensamos poderem ser enriquecedoras para educadores (cujos objectivos, por vezes, ficam aquém do possível, por imperativos de rotina, de massificação do trabalho e por ausência de convívio com modelos de elevada qualidade artística) e para artistas (que, não raras vezes, se fecham no seu castelo de estética narcísica). E, finalmente, abriu-nos pistas para que pensássemos no enorme poder comunicacional e relacional que pode ser estabelecido por um terapeuta que domine, também, um código não-verbal, como a música.

DO «COLO DA CULTURA MUSICAL» À CONSTRUÇÃO DE UMA COMUNIDADE

Em *BebéBabá* é fascinante observar a progressiva participação e inte-resse dos bebés pela música (sendo objectivamente possível observar a sua vontade de participação musical e de integração no grupo, contrariando assim alguns preconceitos relativamente ao comportamento não sociável dos bebés).

Mas é igualmente fascinante observar as mudanças de atitude por parte dos pais quer em termos da sua atitude individual, da díade adulto/ /bebé como em termos de grupo. No início de *BebéBabá* não raras vezes nos confrontámos com uma postura por parte dos pais do tipo: «Façam um espectáculo para os nossos filhos; vocês são os artistas». Por vezes, assis-timos, também, a algumas formas de desconhecimento entre pais e filhos. Com o decorrer do projecto aquela atitude foi-se transformando e pude-mos assistir ao prazer da descoberta, por parte dos pais, de manifestações e capacidades dos seus filhos que desconheciam. E, inclusivamente, das suas próprias capacidades musicais que, regra geral, subvalorizavam.

Ou seja, a participação em sessões deste tipo traz dividendos também para os adultos que, regra geral, nos dizem tratar-se de uma relaxada vivência musical e comunicacional: descobrem em si próprios potenciali-dades que desconheciam e assimilam, por modelagem, formas de interagir com as suas crianças. Trata-se, pois, de uma experiência suficientemente intensa para marcar, também, os pais dos bebés, vinculando-os indelevel-mente à música e à forma como esta pode estar presente na comunicação e práticas educativas com os seus filhos.

Naturalmente, as vivências dos pais e dos bebés afectam-se mutua-mente.

Ao longo das diferentes implementações do projecto houve a mãe de um dos bebés participantes que se surpreendeu porque «já não somos mais a mãe ou o pai das nossas crianças, mas de todas as que aqui estão».

Ou quem, em pleno espectáculo final, sobre a sua criança prematura com alguns atrasos motores, declarasse emocionadamente: «A minha filha começou a andar no *BebéBabá*! Fez-lhe melhor que dez sessões de fisio-terapia!».

Ou a avó da mãe adolescente que chegou de longe – distância física e emocional – para ver o neto pisar o palco.

Ou os pais que escrevem porque os filhos querem sempre parar à porta do teatro, esse lugar mágico em que, mais do que serem iniciados, iniciaram os pais: «Eu não sabia, estava longe de imaginar que o meu filho reagia assim!».

De algum modo, passámos a olhar para este projecto como uma espécie de mecanismo de compensação social típico de uma sociedade industrializada que relega a Arte para salas de concerto, estádios e outras igrejas, entregando a sua disseminação a peritos e sofisticados esquemas tecnológicos. Ou seja, passamos a ver em *BebéBabá* uma forma de devolver às famílias uma certa forma de relação com as artes, mais próxima da tradição oral e do contacto humano, inscrevendo a música na cultura do quotidiano. Uma espécie de «colo da sua cultura» (Rodrigues, 2003, p. 88), que é também um mecanismo de compensação para o enfraquecimento da rede de relações humanas a que o estilo de vida urbana conduz. Isto é, *BebéBabá* constituiu para muitos dos participantes um ponto de encontro entre pessoas que estão a aprender a ser pais e que encontram no grupo uma certa forma de suporte emocional.

Para além de aspectos especificamente de ordem da aprendizagem musical, uma experiência como *BebéBabá* pode, pois, ajudar a criar um compromisso educativo entre pais e filhos e entre um grupo.

E, note-se, através das nossas observações pensamos poder dizer que é importante termos os pais como participantes, pois o modo como os bebés reagem ao seu pai ou mãe que canta é diferente do modo como reagem a outro adulto que cante. É como se nesta idade as crianças olhassem para os seus pais como um modelo, qual ganso de Konrad Lorenz: se os seus pais cantam ou dançam isso quer dizer que cantar e dançar é bom e, portanto, é algo a imitar. Trata-se, pois, de uma matriz de comportamento que se inscreve na mais tenra infância da construção destas famílias, pois os pais actuam simultaneamente como modelos e como supervisores (ou aprovadores) do comportamento dos seus pequenos "discípulos".

Ao aproximar músicos, artistas e pais, este projecto terá ajudado a tecer elos de ligação essenciais entre as crianças e suas famílias, mas também dentro do grupo e, de uma forma restrita, dentro das comunidades onde o projecto ocorreu.

As primeiras experiências de aprendizagem são fundamentais para o resto da vida. Pensamos que esta é uma afirmação que não diz respeito apenas ao bebé mas também àqueles que dele cuidam. «Um bom começo nunca tem fim», disse alguém. O compromisso com a integração do bebé numa comunidade é algo que se aprende também. E, nesse aspecto, acreditamos que *BebéBabá* constituiu também uma experiência de partilha de parentalidade importante na (re)construção de uma comunidade.

Em *BebéBabá*, tacitamente se estabeleceu entre todos a finalidade comum de pretender tornar mais plena e saudável a vida de cada criança através da «companhia festiva de um grupo» (Trevarthen, cit. por Rodrigues *et al.*, 2003, p. 7).

A música, através dos seus poderosos recursos vibracionais e comunicacionais – directamente conectados com mecanismos de ordem fisiológica, capazes de escapar ao controlo de comportas verbais de super-egos e afins – facilitou o trabalho relacional, ajudando a tecer laços entre o grupo. Desempenhou um papel de mediador comunicacional, tendo-se criado uma espécie de sentimento de pertença no grupo. Como se tacitamente cantar O Gafanhoto Canhoto ou a Salamandra Sandra conferisse uma identidade, uma marca distintiva, uma senha facilitadora de inclusão. Por outro lado, a existência de um espectáculo como objectivo final ajuda também a congregar o grupo. Como se a experiência musical vivida em conjunto constituísse uma redoma: os participantes ajudam-se mutuamente e reconhecem-se numa meta comum.

Finalmente, para além dos aspectos artísticos e musicais propriamente ditos, salientem-se aspectos presentes na concepção de *BebéBabá* que facilitam transacções entre as práticas educativas e artísticas integradas no quotidiano familiar e as práticas educativas e artísticas que podem ser proporcionadas por profissionais especializados e por artistas. Trata-se, em nosso entender, de uma saudável subversão, que reforça a expressão musical como algo que faz parte do quotidiano familiar e que devolve aos pais uma participação activa na educação dos seus filhos.

VALORIZAR OS PRIMEIROS MESTRES, DESESCOLARIZAR A EDUCAÇÃO

De acordo com investigadores como H. Papousek e M. Papousek (1996), há nos pais «predisposições intuitivas» para uma primeira estimulação musical e linguística. A comunicação pré-verbal que se estabelece entre pais e filhos é não só importante em termos linguísticos como é também uma importante fonte de estimulação musical. Isto é, pequenas brincadeiras que os pais estabelecem com os seus bebés – como cantar, dançar, dar pequenas palmadas, jogos sonoros variados – são a base da comunicação emocional, mas também as primeiras lições na aquisição de competências linguísticas e na aquisição de competências musicais.

Embora não dispondo de dados empíricos que o provem, acreditamos que não é por acaso que existem nos pais as tais «predisposições intuitivas» que os levam a cantar ou a balançar o seu bebé de acordo com elementos musicais básicos.

Por exemplo, interpretamos as pequenas canções que os pais improvisam para os seus bebés como uma predisposição inata para ensinar a linguagem: quando se canta é-se obrigado a ruminar, a dilatar as palavras. Ou seja, a canção obriga a declamar as palavras, o que faz com que, naturalmente, estas possam ser melhor ouvidas e aprendidas. Por outro lado, vemos nos vocalizos (cantar em nananá) que os pais fazem quando adormecem os seus bebés uma forma de ajudar a criança a concentrar-se nos contornos entonacionais das palavras e, portanto, uma iniciação quer à música quer à linguagem. Quem sabe, talvez estes vocalizos sejam as primeiras lições de aprendizagem da língua materna e, extensivamente, da aprendizagem da leitura. Talvez neles resida a chave do propagado "(in)sucesso educativo". Ou seja, para nós estas «predisposições intuitivas» dos primeiros mestres são cruciais para aprendizagens posteriores, para além de constituírem importantes alicerces em termos emocionais e afectivos.

No entanto, aqueles autores fazem ver que, nos dias de hoje, a sociedade industrializada criou hábitos de vida que vão alterando aquelas práticas. Do nosso ponto de vista, a falta destas práticas poderá explicar parte da desagregação social e do insucesso que é trazido para a escola de hoje. Talvez parte da falência da escola actual comece na ausência de práticas de «musicalidade comunicativa», que, havendo tempo e disponibilidade, ocorrem naturalmente numa relação de vinculação afectiva entre o adulto e o bebé.

Por outro lado, temos defendido a ideia de que os problemas da escola são provocados pelo próprio modelo de escola vigente e a necessidade de «desescolarizar a educação» (Rodrigues e Rodrigues, 2005). As medidas paliativas com que se tem procurado acudir aos problemas detectados na escola parecem piorar as causas dos sintomas (reflicta-se, por exemplo, na chamada "escola a tempo inteiro" e nas chamadas "actividades de enriquecimento curricular", em vigor no primeiro ciclo de escolaridade. Esta solução não resolve o "empobrecimento familiar", que, provavelmente, é uma das causas dos graves problemas que se observam hoje no primeiro ciclo de escolaridade).

É, pois, necessário criar oportunidades educativas que contrapesem o excesso de poder vazio da escola actual. É necessário destruir o locus de controlo externo que a máquina burocrática da escola criou diluindo responsabilidades individuais escondidas atrás de "estruturas", "o sistema", "os programas", "a formação de professores", "os currículos".

A saúde mental do sistema escolar depende não do reforço de medidas que lhe aumentem o seu poder, mas, pelo contrário, de reorganizações sociais e laborais que assegurem a qualidade de vida das famílias e esvaziem a escola de pedidos afectivos que não é possível preencher em contextos de relacionamento massificado.

É essencial substituir a industrialização do relacionamento pela construção de afectos.

BebéBabá é, assim, uma metáfora do que pensamos ser crucial num modelo alternativo à escola actual: sob o princípio do prazer, a brincadeira dá lugar à atenção individualizada do mestre. E os primeiros mestres são os pais.

MECANISMOS DE COMPENSAÇÃO NA ORFANDADE DE UMA SOCIEDADE INDUSTRIALIZADA

Em Portugal, há cada vez mais pais e programas educativos sensibilizados para a necessidade de se incluir a música como uma das áreas de aprendizagem das crianças. Os ensinamentos de Edwin Gordon, divulgados em Portugal desde 1994, terão ajudado a tomar consciência de que o contacto com a música deve iniciar-se o mais cedo possível. Para além deste dado factual, deveríamos interrogar-nos acerca das razões da muito elevada procura – e também da razoável oferta – de actividades musicais dirigidas a famílias com bebés que existe actualmente no nosso país.

Talvez tal ocorra porque alguns pais necessitam, simplesmente, de algum apoio no que concerne a "estar com o seu bebé". Por exemplo, na nossa experiência temos verificado que "brincar com o bebé" não é uma coisa tão simples como parece. Temos, simultaneamente, verificado a surpresa e o desconhecimento que alguns pais demonstram perante o seu bebé (sobretudo quando, por razões laborais, este é entregue dez horas por dia aos cuidados de creches e afins) e o prazer que a díade reencontra quando afina o brincar. As circunstâncias do *modus vivendi* da sociedade actual são bizarras: Tuiavii, o Chefe da Tribo Tiavéa retratado no livro **O Papa-lagui** surpreender-se-ia, com certeza, com a estranha dor da empregada doméstica que vai, de madrugada, deixar o seu bebé à ama para poder ir cuidar do bebé dos patrões que, por sua vez, vão, cada um à sua maneira, tratar dos bebés e dos velhos que não são os "seus".

Ou seja, desorganizamos afectos para organizar empregos. Na estrutura hierárquica desta estafada sociedade-estafeta há, pois, dois tipos de classes sociais com as correspondentes crianças: as que podem vincular-se e as que se bifurcam num desesperado zapping relacional. E, lá no alto, "corações ao alto", há quem se esqueça que o orçamento de uma nação deve contemplar, também, uma rubrica chamada "custos humanos", indexada a tempo e disponibilidade. Há quem se esqueça que uma boa gestão não contempla apenas custos financeiros – há gastos humanos que não têm preço. No meio deste tráfico é, pois, natural que desconheçamos o gozo e percamos a capacidade de brincar com as nossas crias.

Portanto, se para alguns estrategas da cultura, as ditas actividades de "música para bebés" são verniz para a sua imagem, chamariz para o marketing de outras actividades e a solução para necessidades estatísticas relativas a números de espectadores abrangidos, para algumas famílias essas mesmas actividades representam nada mais do que a tábua de salvação para aplacar a neurose familiar das manhãs de Domingo, já que a de Sábado ficou submersa na caixa do hipermercado.

Indubitavelmente, a chamada "música para bebés" tem suscitado um elevado interesse por parte da comunidade internacional também (começam, aliás, a proliferar na Europa vários Festivais de "arte para bebés"). Os bebés e seus progenitores constituem um target. Os sentimentos, as emoções e até a espiritualidade (premonição: próximas edições de importantes encontros internacionais de educação musical irão incluir a espiritualidade como tema de algumas das suas mesas redondas!) são uma fonte de receita. Em suma, não ignoramos os pilares do interesse comercial da chamada "música para bebés".

Não obstante, o que importa aqui é interpretar este súbito interesse pela "música para bebés" como uma espécie de mecanismo de compensação integrado numa sociedade de consumo. Isto é, se, por um lado, na sociedade contemporânea há hábitos que vão desenlaçando e desumanizando as relações, há também movimentos reorganizativos que se estabelecem para reequilibrar aquelas perdas. Na crescente urbanização do modo de vida das populações, a música enclausura-se em salas de concerto, estádios e sofisticados esquemas de disseminação tecnológica. As canções de embalar, as rimas, os jogos e as histórias já não se transmitem intergeracionalmente – passaram a adquirir-se em hipermercados, em que claramente os bebés e as crianças são um público-alvo capaz de gerar receitas. E os apartamentos e os centros comerciais revelam-se locais exíguos e inapropriados para o estabelecimento de laços comunitários através da dança e do canto.

O novo estilo de vida fragmentou laços familiares e comunitários e dificulta a vivência de práticas musicais colectivas inscritas no quotidiano. Não obstante, a música continua a ser um mecanismo necessário à sobrevivência da espécie. Por isso, a par do novo estilo de vida, a civilização socorre-se dos avanços tecnológicos para se armadilhar com sofisticados meios de audição e produção musical individual.

É, pois, neste contexto social que a chamada "música para bebés" surge como uma forma de devolver às famílias uma certa forma de relação com as artes, mais próxima da tradição oral e do contacto humano, inscrevendo a música na cultura do quotidiano. Ou seja, a "música para bebés" surge como uma resposta possível a necessidades de vinculação psicológica e social. Que, na verdade, não são só dos bebés.

Em suma, a música continua a ser um poderoso meio comunicacional capaz de enlaçar e tecer laços, um instrumento agregador de identidades relacionais e, por isso, a sua prática colectiva não pode ser dispensada. Que na orfandade global da sociedade de intermitência em que vivemos tenhamos passado a chamar-lhe "música para bebés" é pura coincidência.

Enfim, talvez esta visão deva estar presente quando lidamos com os inúmeros pedidos dos profissionais e das famílias que solicitam formação nesta área. Trata-se, de facto, de uma área de trabalho que pode contribuir para se redimensionar formas de relacionamento dos adultos entre si e dos adultos com os bebés. Assim, para além de dever ser proporcionada uma sólida e supervisionada formação em termos musicais e no âmbito da teoria da aprendizagem musical, devem ser igualmente equacionadas outras modalidades de formação, nomeadamente ao nível de capacidades de relacionamento e da comunicação. Ou seja, o modelo de formação deve estabelecer interfaces entre o terreno educativo e o terreno terapêutico.

Não chega pretender "aplacar a neurose de algumas manhãs de Domingo". Podemos contribuir para a "inscrição" da Música na vida destas famílias e para a vontade dos pais estarem presentes na vida dos seus filhos – escola incluída, obviamente.

BEBÉBABÁ – ANÁLISE DE ALGUNS ELEMENTOS CONCEPTUAIS

São vários os elementos presentes na concepção de *BebéBabá* que podem contribuir para que a música e os afectos se «inscrevam» (Gil, 2004). Destacamos e descrevemos apenas alguns.

Ao longo das várias edições do projecto, fomo-nos apercebendo que a existência de workshops só para adultos era importante mais por razões psicológicas do que pelas razões inicialmente planeadas (de carácter artístico). Na realidade, este espaço dedicado apenas aos adultos revelou-se ser um tempo essencial na partilha de experiências de parentalidade – sobretudo no caso dos pais que o eram pela primeira vez – e uma excelente rede de suporte entre pares. Por outro lado, nesses workshops vimos adultos a brincar com bóias, almofadas e a panóplia de elementos musicais oferecidos pela CMT, em comportamentos absolutamente inesperados – como se tivessem "fome" de brincar. Isto foi ainda mais visível na edição de *BebéBabá* realizada com as reclusas. Era como se de repente as suas próprias infâncias extravasassem numa energia vibrante e telúrica e a criança interior irrompesse todas as comportas da adultez e da convenção social. Reactivadas por uma "autorização especial" outorgada pela observação da infância das suas próprias crianças? Ou pelo fluxo não verbal da linguagem musical?

Um outro factor de grande importância é o de implicar os pais no sentido de serem eles o principal veículo de musicalidade na relação com os seus bebés. Assegurando-nos, no entanto, que a experiência musical vivida é de elevada qualidade artística e que a dinâmica relacional é de grande qualidade humana, através do envolvimento de artistas seleccionados em função de determinadas características musicais e psicológicas.

Mas procura-se sempre incentivar os pais a que continuem, no seu quotidiano familiar, a brincar com os seus bebés. Por exemplo, na edição de *BebéBabá* realizada numa prisão de mulheres tivemos vários relatos de que as mães ensaiavam com os seus filhos, nas celas, o repertório aprendido. E foi-nos igualmente reportado que passaram a dar-se com outras reclusas com quem anteriormente não conviviam – tinham de "ensaiar para o espectáculo".

Pequenos detalhes como a inclusão, no espectáculo final, de excertos de filmes correspondentes aos workshops, com os nomes dos participantes, ajudaram também ao auto-comprometimento do grupo. A realização de uma brochura, distribuída no dia do espectáculo, com a fotografia e os nomes dos participantes e a enunciação de uma série de "desejos para o meu bebé", foram cuidados que, no caso da edição realizada na prisão, pareceram ser algo de muito significativo na auto-estima das reclusas: eram mais que um número; tinham um nome e uma face. De enorme eficácia na sua motivação e auto-estima foram também as canções escritas "à medida" das reclusas e bebés participantes, a partir dos nomes que elas próprias nos disseram ser o que chamavam aos seus filhos na intimidade. E, sem dúvida, foi bonito ver como algumas destas mulheres – analfabetas – se organizavam e fascinavam em torno de uma colega letrada para aprender esta nova letra!

BEBÉBABÁ E A INTERVENÇÃO SOCIAL E PSICOLÓGICA DAS ARTES

> *«(...) a generalidade dos políticos interessa-se não pela verdade mas pelo poder e pela manutenção desse poder (...). Estamos pois rodeados por uma vasta teia de mentiras, de que nos alimentamos.»*
> HAROLD PINTER *In Arte, Verdade e Política*, p. 19.

Em Rodrigues e Rodrigues (2005) desmontamos os argumentos com que "a teia" política procura enredar a justificação das Artes na Educação. O que escrevemos relativamente à Educação aplica-se também à utilização das Artes em contextos terapêuticos. Mais do que os seus significados intrínsecos, a Arte e a Música são o que nós (pessoas, educadores e/ou terapeutas) delas conseguimos extrair ou o que nelas conseguimos colocar.

Isso não significa, evidentemente, que as Artes não possam ter um importante papel na intervenção social e psicológica. Mas podem, também, ter um papel nefasto. Depende, sobretudo, de quem e como as utiliza. E do seu conteúdo, evidentemente, que é sempre um produto humano. Ou seja, não obstante a Arte poder redimir, sublimar e transformar, são as Artes que são veiculadas pelas pessoas, pela sua ética e pelos seus valores e não o contrário. O discurso dos políticos (os da educação, da cultura e os da saúde) quer, por vezes, arrastar trupes ingénuas, projectando num farol messiânico uma missão redentora que as Artes, por si só, não têm.

De facto, quem intervém são as pessoas, e não os sons ou as cores, embora haja elementos musicais e artísticos que podem ajudar a reverberar determinadas intenções humanas. Por outro lado, talvez os fenómenos da comunicação humana sejam muito mais condicionados por fenómenos vibratórios (de que o som é uma extensão) do que o que supomos. O som e a música são poderosos, tanto mais que podem também actuar subliminarmente.

Por outro lado, por vezes o não explícito é mais poderoso do que o explícito. Por exemplo, relatámos o caso da criança prematura, com dificuldades motoras, cuja mãe referiu que a participação em *BebéBabá* teria sido a mais eficaz "terapia" em que alguma vez tivera participado com a sua criança. Isto não nos espantou, pois o facto de a sua participação no projecto não ter, à partida, objectivos terapêuticos pode ter ajudado a distender a sua relação com o corpo e com a mãe. O facto de estar numa atmosfera relaxada com pares da sua faixa etária poderá também ter ajudado.

Aonde queremos chegar? À ideia de que é possível ter uma "agenda terapêutica" – terapia em sentido desenvolvimental, antes de mais, mas não só – num projecto como *BebéBabá*. Poder-nos-emos depois interrogar se é legítimo e ético possuí-la se a mesma não tiver sido solicitada ou não for explicitada. Mas aí, a única coisa que podemos questionar é se a intenção de "ajudar o Outro" pode ou não fazer parte da nossa "agenda de vida" ou da nossa "agenda enquanto artistas".

BEBÉBABÁ: DA EXPERIÊNCIA ARTÍSTICA À TERAPIA EM SENTIDO DESENVOLVIMENTAL E REMEDIATIVO

O escritor António Lobo Antunes defendeu há anos, numa Conferência realizada na Gulbenkian, que «educar é dar instrumentos de felicidade às pessoas». Talvez esta definição possa também ser apropriada para definir terapia – e isto explicará parte dos interfaces que podem existir na maiêutica de ambas as actividades. Sobretudo se tivermos presente que a terapia pode ter objectivos desenvolvimentais e não apenas remediativos.

Incrementar experiências como *BebéBabá* é fomentar a prevenção primária da saúde mental. Não será possível, nem desejável, massificar projectos como *BebéBabá*. Mas, no que toca aos cuidados com a infância, é fundamental que, na prevenção primária da saúde, haja modelos de excelência, mesmo que eles possam ser desfrutados por apenas algumas crianças ou algumas famílias. O bem-estar de uma sociedade depende de algumas âncoras, de algumas ilhas de luz.

Ora, a experiência musical é algo que enriquece a nossa forma de viver, algo a que mais nenhuma experiência humana é capaz de fazer aceder. Que pode traduzir-se por: revelação, caminho de acesso a outros de nós. Outros psíquicos, cognitivos, emocionais, místicos (estas são as estruturas profundas. Na prática musical, a competência técnica não é mais do que a estrutura superficial necessária para que se possa desfrutar da estrutura profunda). Se entendermos a expressão artística como uma forma de enriquecimento pessoal talvez a possamos mesmo pensar como uma forma de auto-terapia. Ou não é a terapia uma forma de entrarmos dentro de nós para vivermos com maior plenitude?

Na concepção de *BebéBabá*, as práticas educativas, artísticas e terapêuticas podem, pois, situar-se num mesmo continuum de intervenção. Essa é parte da sua riqueza. E, se desde o princípio percebemos as suas potencialidades em termos de prevenção primária, percebemos também que há na concepção do projecto ingredientes vários que o podem tornar extremamente adequado para uma intervenção em contextos especialmente necessitados de uma refuncionalização das relações parentais e do relacionamento social em geral. Ou seja, à agenda artística do projecto é possível acrescentar uma agenda terapêutica, de carácter desenvolvimental ou de carácter remediativo. Dependerá apenas do pedido e, em sintonia, dos objectivos que consentaneamente se desenvolvam.

CODA

Defendemos já que as Artes e a Música são um luxo e são supérfluas. Pode-se sobreviver, rastejar sem elas. Mas, justamente porque são um luxo, devem ser oferecidas àqueles a quem queremos oferecer "o melhor do Mundo" (Rodrigues e Rodrigues, 2005).

No caso de *BebéBabá*, gostaríamos de pensar que os germes do ritmo e da vibração ficarão para sempre inscritos nos subterrâneos afectivos, em completa efervescência, dos bebés e pais que estiveram connosco. E que renascerão sempre que alguém venha acordar essas memórias ancestrais. Para o bem ou para o mal, é esse o poder da música: vazar o amor ou o desamor com que fomos escutados.

Dissemos, mentindo, que «as Artes e a Música são um luxo». Faltava, no entanto, dizer que «o luxo das Artes e da Música» não é nada quando comparado com os custos de manutenção de uma prisão.

REFERÊNCIAS BIBLIOGRÁFICAS

GIL, J. (2004), **Portugal, hoje: o medo de existir**. Lisboa: Relógio de Água.

GORDON, E. (2000), **Teoria de Aprendizagem Musical para Recém-Nascidos e Crianças em Idade Pré-Escolar**. Lisboa: Fundação Calouste Gulbenkian.

PAPOUSEK, M. (1996), «Intuitive parenting: a hidden source of musical stimulation in infancy». *In* I. Deliège e J. Sloboda (Eds.), **Musical begginings – Origins and development of musical competence**, pp. 88-112. Oxford: Oxford University Press.

RODRIGUES, H. (2008), «Investigação, Criação Artística, Formação e Serviço à Comunidade no estudo do desenvolvimento musical na infância e primeira infância». *Revista da Faculdade de Ciências Sociais e Humanas*, (no prelo).

RODRIGUES, H., RODRIGUES, P. e NUNES, P. (2003), **BebéBabá – Da musicalidade dos afectos à música com bebés**. Porto: Campo das Letras.

RODRIGUES, P. e RODRIGUES, H. (2004), *BebéBabá – Explorations in Early Childhood Music*. Chicago: GIA.

RODRIGUES, H. e RODRIGUES, P. (2005), «A Educação e a Música no divã – "nóias", paranóias, dogmas e paradigmas – seguido de apontamento sobre uma "gota no oceano". *Revista de Educação Musical*, 121-123, pp. 61-79.

RUUD, E. (1986), **Música e saúde**. São Paulo: Summus Editorial.

TREVARTHEN, C. (1999-2000), «Musicality and the intrinsic motiv pulse: Evidence from human psychobiology and infant communication». *Musicae Scientiae, Special Issue*, pp. 155-215.

PÓSFACIO

«Que triste não saber florir
Ter que pôr verso sobre verso, como quem constrói
um muro
E ver se está bem, e tirar se não está!...
(...)
Quem tem as flores não precisa de Deus.»

ALBERTO CAEIRO, *O Guardador de Rebanhos*

Olho à minha volta e tenho a sensação de que há livros a mais, diplo-mas e graus académicos a mais, encontros científicos a mais, enfim, um excesso de produção que não somos capazes de consumir, mas que ainda assim parece não ser suficiente para nos preencher. Olho à minha volta e no supermercado da produção científica vejo mais um conceito emergente, mais uma palavra nova (isto é, uma velha palavra recauchutada de novos significados), mais um *output* que um ser igualmente vulnerável virá ava-liar e, regra geral, muita gente entediada. A música continua a fazer parte da vida do quotidiano (como não poderia deixar de ser, pois é necessária à sobrevivência da espécie), mas é muitas vezes não mais do que um bilhete, um CD, um concerto que se consome e se tem de repôr.

E citamos. Citação, citação, citação. Fulano de tal (data) disse que, por sua vez citando sicrano (data), que por sua vez cita a "autoridade" (data). Desautorizamo-nos buscando autores para aquilo que queremos expressar mas que é "propriedade" de outros. A posse e o registo de pro-priedade invadiram já o pensamento e a citação reverencial é uma forma de imposto.

Isto é, industrializamos a informação, os relacionamentos, o conheci-mento. Retalhamos a alma e vendemo-la em bens consumíveis e produtos exteriores a nós na ilusão de que outros lhe irão atribuir significado. E compramos, também.

No *mainstream,* a educação já não é a partilha do saber entre mestre e discípulos, mas mais um produto que atinge ou não parâmetros de normatividade e, portanto, se submete às regras da concorrência. O saber, a educação, a ajuda, fazem parte da montra. Compramos e vendemos produtos que se submetem às regras da concorrência e da competição e vamos perdendo a dimensão do trabalho como expressão de criatividade. Estamos a ficar uns seres taciturnos, oprimidos na ditadura de termos de fazer coisas que não somos. Não sobra tempo para sermos selvagens e livres nos tesouros da nossa interioridade. Ou seja, vamos produzindo em vez de criar. Estamos a morrer.

Mas eis que, num cantinho da nossa respiração, mora um lapso de luz que esbraceja e clama que a única forma de sermos seres saudáveis, plenos de vibração interior, é deixando fluir a nossa chama interior. E que é preciso plantar flores em pequenos oásis onde a nossa individualidade possa estar inteira.

Em conjunto com outros artistas, através da minha actividade na Companhia de Música Teatral, tenho procurado fazer com que isso aconteça para mim e para outros procuradores de criatividade, gente simples e de boa-vontade. Também com alunos e colegas da Faculdade de Ciências Socias e Humanas e do CESEM. E agora, com a Dra. Lourdes Lourenço e o Núcleo de Investigação do Bebé.

Esta aproximação ao Núcleo de Investigação do Bebé representa para mim a reentrada na casa da psicoterapia – uma casa que, de há longo tempo, tem estado a preparar-se para saber acolher melhor. De algum modo, desde que iniciei o meu trabalho musical com pais e bebés, sinto que o meu percurso de formação como psicoterapeuta foi reactivado. Dentro da casa da música fiz algumas remodelações também, mas os alicerces de ambas as casas estão agora geminados. Estou extremamente grata à Dra. Lourdes Lourenço e ao Professor Coimbra de Matos por toda a inspiração e encorajamento para a planta desta nova arquitectura. Mais do que bons vizinhos, daqueles que nos cuidam da casa quando estamos ausentes, são anfitriões da minha própria casa.

Há tempos, numa consulta na internet aos trabalhos de Mary Ainsworth e John Bowlby, confrontei-me com um vídeo em que se expunham ideias relativas ao *attachment* e à «situação estranha». Neste vídeo, deparei-me com imagens em que a mãe embala o bebé com palmadinhas ritmadas. Onde uns vêem vinculação, eu vejo ritmo e primórdios de uma iniciação musical informal. «Musicalidade comunicativa», porta de inspiração que me foi aberta por Colwyn Trevarthen.

Estamos todos a ver o mesmo? Ou são apenas as palavras dos nossos olhos que são diferentes? Ou os olhos vêem diferente conforme as palavras de que dispomos? Teremos de juntar os olhos e as palavras de vários videntes se quisermos ver melhor. O mesmo se passa quando perante as vocalizações de bebés nos interrogamos se o bebé está a cantar, a falar, a imitar ou a comunicar. Teremos de juntar a escuta e as palavras de vários mundos se quisermos ter uma ideia mais completa (não real, que a realidade não é real) da nossa relação com o bebé.

É perante questões como estas que nos propomos articular o trabalho de investigação, de formação, de criação artística e de intervenção na comunidade no âmbito do desenvolvimento musical na infância com a dimensão psicoterapêutica. Poderemos aceder a uma realidade mais completa se as palavras do nosso olhar e as palavras da nossa escuta sentirem a necessidade das palavras de outros incompletos. Poderemos, então, intervir melhor.

Porque o trabalho só faz sentido se nos ajudar, a todos, a viver melhor e a crescermos por entre as flores. Essa é a génese da nossa criatividade: voltar a florir com as crianças do nosso coração.

Helena Rodrigues